Spuren der Befreiung –
Herbert Marcuse
*Ein Materialienbuch zur Einführung
in sein politisches Denken*

Herausgegeben von Detlev Claussen

mit Beiträgen von Lothar Baier, Detlev Claussen,
Herbert Marcuse, Xenia Rajewsky, Bruno Schoch,
Johann Schülein

Luchterhand

CIP-Kurztitelaufnahme der Deutschen Bibliothek
Marcuse, Herbert:
Spuren der Befreiung : e. Materialienbuch zur Einf. in sein
polit. Denken / Herbert Marcuse. Hrsg. von Detlev Claussen.
– Orig.-Ausg. – Darmstadt ; Neuwied : Luchterhand, 1981.
(Sammlung Luchterhand ; 333)
ISBN 3-472-61333-5
NE: Claussen, Detlev [Hrsg.]; GT

Originalausgabe. Sammlung Luchterhand, August 1981
Lektorat: Wieland Eschenhagen
Umschlagfoto: Abisag Tüllmann

© 1981 by Hermann Luchterhand Verlag GmbH,
Darmstadt und Neuwied
Alle Rechte vorbehalten
Gesamtherstellung bei der
Druck- und Verlags-Gesellschaft mbH, Darmstadt

# Inhalt

## Die geschichtliche Erfahrung: Nationalsozialismus und Stalinismus

## Kritik des Realitätsprinzips

# Gegenbilder: Subjektivität als Wirklichkeit

PEKING, 30. März (AFP). Die weltbekannte sozialphilosophi-
sche »Frankfurter Schule« und die ihr nahestehenden Philosophen wie Herbert Marcuse sind in einem theoretischen Artikel
der »Volkszeitung« als »Gegenkultur« verurteilt worden, weil
sie für Gewalttätigkeit und Terrorismus im Westen verantwortlich seien. Die soziologisch-philosophischen Lehren des
Kreises um Max Horkheimer und Theodor W. Adorno, die
zur Zeit der chinesischen Kulturrevolution (Mitte der 60er bis
Mitte der 70er Jahre) unter der Jugend des Westens populär
geworden waren, seien lediglich eine »Verbindung verschie-
denster Ideologien, die Individualismus und Anarchismus
miteinander vermischt«, heißt es. Niemals könnten diese Lehren das Proletariat zum Sieg führen.
Marxismus könne nicht mit den Lehren Sigmund Freuds
vermischt werden, wie Marcuse es versucht habe, heißt es
weiter in der »Volkszeitung«. Einen »psychoanalytischen
Marxismus«, wie übrigens auch einen »existentialistischen
Marxismus«, gebe es nicht. An der Universität Schanghai
wurden kürzlich erstmals Vorlesungen über Freud aufgenommen, doch sind die Werke des Entdeckers der Psychoanalyse
noch nicht ins Chinesische übersetzt worden.
(Frankfurter Rundschau, 31. 3. 1981)

Unsere Ausführungen vom 4. Februar zum Thema *Jugend-
krawalle* (»Vertrauliche« Nr. 2303, Ziffer 7) haben das erwartet starke Echo gefunden. Man ist dankbar, daß wir die
verheerende Wirkung der *»Frankfurter Schule«* aufgezeichnet
haben und bedauert nur, daß es (aus Platzmangel) unterblieben ist, auf die *»Umerziehung« durch »sexuelle Emanzipation«* hinzuweisen. Denn gerade damit sei das wirkungsvoll-
ste Mittel geschaffen worden, unser Staatswesen zu zerstören.
S. Freud, der Erfinder der »Sexuellen Befreiung«, formulierte
schon 1905: *»Kinder, die sexuell stimuliert werden, sind nicht*

*mehr erziehungsfähig. Es führt zu Haß und Selbsthaß.« (S. Freud, Drei Abhandlungen zur Sexualtheorie, Wien 1905)* Der Wissenschaftler Freud hatte prophezeit, was unter SPD-Führung im Deutschland der 70er und 80er Jahre Realität wurde. Gerade vor der Pubertät, in der Grundschule, soll zunächst Ekel und Haß erzeugt werden gegen die eigenen Eltern, gegen die Erwachsenen. »Schamlosigkeit ist die Voraussetzung für die Ablösung des Kindes von den Eltern.« (H. Kentler, Sexualerziehung, Reinbek 1970) – »Aufbrechen der Eltern-Kind-Beziehung« (2. Familienbericht). *Diese Zerstörung der Personalität ist irreparabel!*

Hier werden »Schwachsinnige« herangezogen als »Material« für die marxistische Revolution, zur Auslöschung des christlichen Menschenbildes, zur Zerstörung unseres Volkes an der Wurzel. Mangelnder Leistungswille und fehlende Leistungskraft, zunehmende Neurosen der Lebenssinnlosigkeit, Flucht aus der Haltlosigkeit und Antiautorität in Rauschgift und Alkohol, in Kriminalität und Krawalle, in Mord und Selbstmord werden von den regierenden Parteien in Kauf genommen. Alle Linken wollen die »autoritäre Gesellschaft« (Staat, Kirche, das »Narrenparadies« der Älteren) durch sexuelle Befreiung aus den Angeln heben. »Der Mensch ist dort (im Kern seiner Persönlichkeit) am ehesten zu erfassen, wo er am stärksten sensibilisiert ist, und das ist die Sexualität, der Geschlechtstrieb.« (Amerik. Verhaltensforscher B. F. Skinner, The behavior of organismus, 1938)

Die Ansätze der Umerziehungs-Forderungen wurden vom sozialistischen »Institut für Sozialforschung, Frankfurt/M.« (M. Horkheimer) übernommen und in der Emigration zur neomarxistisch-anarchistischen »Kritischen Theorie« – »Emanzipatorische Erziehung« weiterentwickelt (E. Fromm, Th. Adorno, H. Marcuse, J. Habermas). *Ein internationaler Kongreß der Neofreudianer übertrug 1944 in New York Prof. M. Horkheimer die »Umerziehung der Deutschen«.* Jetzt reifen auf den Straßen unserer Großstädte die Früchte. Welch ein Irrsinn, die »Sexualerziehung« als Schulfach aufzunehmen, ohne zu wissen, was das Ziel der Emigranten war, die als »Umerzieher« nach Deutschland zurückgeschickt wurden.

Und was als immerwährende Strafe für »Nazi-Deutschland« gedacht war, schlägt eine Generation später auch auf den NATO-Partner Amerika zurück. Einmal mehr »das falsche Schwein geschlachtet«!

(Vertrauliche Mitteilungen aus Politik und Wirtschaft, 31. Jg., Bücken, 22. 2. 1981, © Verlag Arbeit und Wirtschaft, Hoya/Weser.)

# Detlev Claussen
## Spuren der Befreiung

Das Bild hat sich eingeprägt: ein Mann mit schlohweißen Haaren, mitten im Auditorium Maximum der Berliner Universität, umlagert von einer Generation, die über vierzig Jahre später geboren ist als der, dem sie zuhörten und mit dem sie diskutierten. Herbert Marcuse hat sich dieser Diskussion nie entzogen, er hat sie geradezu gesucht – auch wenn es Streit, Widerspruch und Meinungsverschiedenheiten gab. Man hat sich oft genug den billigen Scherz geleistet, daß diese antiautoritäre Protestbewegung in Deutschland, die ihn 1967 einlud und empfing, ihre eigene Autorität brauchte – aber darin spiegelt sich nur der Widerwille einer Gesellschaft gegenüber einer Theorie, die auf Erfahrung beruht und doch nicht das Gütesiegel des praktischen Erfolges besitzt. Aber an diesem Tag im Juni ging es in Berlin darum, Welten zu vermitteln – zwischen Nordamerika und Europa, zwischen Vorfaschismus und der Zeit nach der Befreiung, der neoliberalen Demokratie, mit der diese Generation auf den Straßen zusammengestoßen war. Von dieser Vermittlungsarbeit hat Marcuse nicht mehr abgelassen – nicht nur die sogenannte 68er-Generation war sein Gesprächspartner, sondern alle die, die davor oder danach Protest erhoben gegen eine Welt, die er als eine eindimensionale charakterisiert hatte.

Berlin war seine Stadt gewesen, hier war er 1898 als Sohn recht wohlhabender assimilierter Juden geboren worden, und hier hatte er seine ersten politischen Erfahrungen gemacht – als Mitglied des Soldatenrates in der Novemberrevolution 1918.

Editorische Notiz
Um den Charakter einer Einführung in die theoretischen Arbeiten Marcuses zu wahren, haben wir möglichst auf Sekundärliteratur und Fußnoten verzichtet. Die Bücher, Artikel und Vorträge Marcuses sind oft mehrfach erschienen, die Ausgabe seiner »Schriften« im Suhrkamp Verlag ist noch längst nicht abgeschlossen. Um eine Überprüfung der Nachweise zu ermöglichen, haben wir Marcuse nach den verbreitetsten Auflagen zitiert, die am Ende dieses Bandes aufgeführt sind.

Aber hier hatte er auch seine erste große politische Enttäu-schung erlebt: 1919 trat er aus der sozialdemokratischen Partei wegen ihres Verrats am Proletariat wieder aus und zugleich erwies sich dasselbe Proletariat als unfähig, in Deutschland die herrschenden Mächte zu stürzen. Hier in Berlin wandelte er auf den Spuren seiner eigenen Lebensgeschichte, die in ent-scheidenden Knotenpunkten mit geschichtlichen Ereignissen verknüpft war, von denen seine Gesprächspartner meist nur aus Büchern wußten. Zwischen der Welt von 1918, die Marcu-ses lebenslanges Engagement für die soziale Revolution weckte, und der Wirklichkeit von 1967, in der Marcuse für seine Form der kritischen Gesellschaftstheorie ein Massenpu-blikum fand, lag ein fundamentaler Bruch: die nationalsoziali-stische Periode.

Der Sieg des Nationalsozialismus in Deutschland hatte ihn zuerst nach Genf, dann in die USA vertrieben. Aber ohne seine Erfahrungen in der Weimarer Republik ist der Marcuse undenkbar, der aus den Vereinigten Staaten zurückkehren konnte und mußte, wenn sich in Europa und speziell in Deutschland etwas in Bewegung setzte, was nicht in die Wiederkehr des Immergleichen paßte. Die merkwürdigen Überschneidungen der Inhalte, die Marcuse erfahren und analysiert hat, mit den Erfahrungen von Menschen, die Gene-rationen später ins politische Leben eintraten, liegen nicht auf der Hand – sie müssen aufgespürt werden. Allerdings sind dazu Anstrengungen nötig: man muß sich von liebgeworde-nen Vorurteilen trennen und sich auf den beschwerlichen Weg der politisch-theoretischen Rekonstruktion machen, um die Spuren gemeinsamer emanzipatorischer Interessen freizule-gen. Das Motiv bleibt gleich durch die Zeiten: Befreiung. Marcuse hat sich nicht gescheut, dieses Motiv für 1917 ebenso wie für 1967 oder heute als vorhanden vorauszusetzen. Es gilt für Revolutionen wie für Revolten. Aber um sich aus der Ohnmacht zu befreien, Objekt der bestehenden Verhältnisse zu sein oder als freakiger Außenseiter die Herrschaft des Ganzen zu bestätigen, bedarf es der Arbeit der Befreiung: in der Form der Erinnerung möglichen Glücks, in der Form der Theorie als Durchdringung der scheinbar übermächtigen

Objektivität – und in der Form der Praxis als Bildung einer neuen Subjektivität.

»Worum es ging und immer noch geht, ist ein neues Realitätsprinzip. Das wird bei Marx nicht thematisch; es ist zwar als Spur da, besonders in den Jugendschriften, aber verschwindet dann.« (*Gespräche mit Herbert Marcuse*, a. a. O., S. 59)

Wenn man die Diskussionen von 1967 in Berlin heute liest, scheint diese Frage nach dem neuen Realitätsprinzip hinter allem zu lauern. Man mußte wohl erst die Erfahrungen der Mühsal, des individuellen und des kollektiven Scheiterns machen, um die falsche Erwartungshaltung aufgeben zu können, daß, wenn man nur das Richtige im Kopf hat, es auch umstandslos sich in die Praxis umsetzen ließe. Nicht allein der Machtapparat der Herrschenden versperrt den Weg, sondern vor allem die durch die Geschichte verstümmelten Individuen selbst. Die einfachen Lösungen müssen scheitern: den Machtapparat kann man nicht auf seiner Ebene mit Waffengewalt schlagen, wenn das alte Realitätsprinzip die Mehrheit der Unterdrückten beherrscht – aber auch die Therapie oder Kleingruppe kann die Praxis nicht ersetzen, die allein das Ende der Utopie, also die Möglichkeit der konkreten Utopie, signalisieren kann. Theoriefeindschaft, die aus dem Unsinn der einfachen Wahrheiten des marxistisch-leninistischen Sektierertums genährt wird, macht aber die Revoltierenden schwächer, als sie sein müssen – und Intellektuelle, die Theoriefeindschaft kultivieren, strafen sich selbst. In vielen Diskussionen der sechziger Jahre hat Marcuse diesen »intellektuellen Masochismus« angegriffen, weil er doch die herrschende Theorie- und Intellektuellenfeindschaft nur komplettiert. Kein Blatt hat es ausgelassen, auf dem Soziologenchinesisch herumzuhacken, das dem »einfachen Mann« unverständlich ist. Tatsächlich: affirmativer Charakter, repressive Entsublimierung, kompensatorische Interessen, bestimmte Negation, gehören nicht zur Alltagssprache, kommen auch nur dann im Kino vor, wenn zum hundertstenmal die Abgehobenheit der 68er Generation von den breiten Volksmassen genüßlich vorgeführt werden soll. Aber dahinter steckt die Angst, daß die

Massen nicht immer aus zugerichteten Individuen bestehen müssen, sondern ihre Lage erkennen können, ihren Kopf benutzen, um ihre Ansprüche auf Glück geltend zu machen, die sich nicht mit mehr Konsum abdecken lassen. Der Bruch mit dem herrschenden Konformismus läßt sich nicht in einer konformistischen Sprache formulieren.

Allgemein sind heute aus Marcuses theoretischen Arbeiten nur noch Versatzstücke bekannt: Große Weigerung, Randgruppentheorie, autoritärer Charakter; aber ihr Zusammenhang ist in Stichworte zerschlagen, die sich dann um so leichter der Bedeutungslosigkeit überantworten lassen. Marcuse hat die Diskussion auch deshalb gesucht, um genau dies nicht mit sich geschehen zu lassen. Es gehört zum Mechanismus der Mediendarstellung, hinter allen Aktionen und Revolten den klugen Kopf zu vermuten, den Drahtzieher. Weil Marcuse sich nicht als der Theoretiker der antiautoritären Revolte verstand, sondern seine Arbeit als Bestandteil einer radikalen Systemopposition, haben ihm die Medien den Titel »Vater der weltweiten Studentenbewegung« angedichtet. Diese Teilung in Generationen scheint zum Arsenal der Herrschaftstechnik zu gehören: aus der antiautoritären Revolte wurde die »Studentenbewegung« gemacht, um sie von der Gesamtbevölkerung zu isolieren – und ebenso wird in Europa seit Monaten die Frage »Gibt es eine neue Jugendrevolte?« wiederholt, um sich selbst und allen anderen vorzumachen, daß man die alte Jugendrevolte bruchlos hat integrieren können und daß die Inhalte von Ökologie, Wohnungsnot, Leistungsverweigerung, anderen Beziehungen zwischen Geschlechtern, neue Lebens- und Arbeitsformen usw. ausschließlich das Interesse von Kindern wären. Und Streit kommt ja schließlich in den besten Familien vor.

## Das Ende der bürgerlichen Epoche

Die Ideologie der bürgerlichen Familie hat die bürgerliche
Epoche überlebt. Noch heute stellt sie das verschleiernde
Hauptdeutungsmuster von gesellschaftlichen Konflikten dar.
Wenn die Gesellschaft schon nicht harmonisch ist, so soll
doch ihre erste Bastion auch die letzte sein, aus der sich das
Bild von Harmonie gewinnen und auf die Gesellschaft über-
tragen läßt. Die Novemberrevolution 1918 brachte den Zu-
sammenbruch der bürgerlichen Welt in Deutschland: viele
Kinder bürgerlicher Eltern, die als Soldaten schon einige
Erfahrungen von Konflikt und Gewalt außerhalb der Familie
gemacht hatten, schlossen sich der Revolution an. Die assimi-
lierte jüdische Familie im kaiserlichen Deutschland mag vielleicht am reinsten den Typus einer gebildeten bürgerlichen
Familie vertreten haben, in der die Ideale der bürgerlichen
Epoche lebendig waren, die doch im schreiendsten Widerspruch zur Verfassung der Gesamtgesellschaft mit ihrem proletarischen Massenelend standen. Viele der späteren Wegge-
fährten Marcuses haben in der Novemberrevolution ähnlich
wie er reagiert. Der schroffe Zusammenstoß mit einer in
Bewegung geratenen Welt von Armut und Unterdrückung
veränderte abrupt die Gesellschaftsvorstellungen. Horkheimer, mit dem Marcuse später die programmatischen Aufsätze
über »Kritische Theorie« formulieren sollte, hat diese Erfahrung festgehalten:

> »Trotz der Abgeschlossenheit in den Zellen ist die psycho-
> logische Typologie des Strafgefangenen leicht zu zeichnen;
> das Zuchthaus nivelliert! Die Geburt der meisten Menschen
> geschieht in ein Zuchthaus hinein. Gerade deshalb ist die
> gegenwärtige Gesellschaftsform, der sogenannte Individua-
> lismus, in Wahrheit eine Gesellschaft der Gleichmacherei
> und Massenkultur, und der sogenannte Kollektivismus, der
> Sozialismus, im Gegenteil die Entfaltung der individuellen
> Anlagen und Unterschiede.« (unter dem Pseudonym *Hein-*
> *rich Regius, Dämmerung,* Zürich 1932, S. 89)

Aus dem Konflikt von bürgerlicher Welt und proletarischem
Elend hat sich dieser Sozialismusbegriff herausgeschält, der

die Entfaltung der individuellen Kräfte als Zweck revolutionärer Umgestaltung bestimmt. Der »Verein freier Menschen« und die »freie Assoziation der Individuen« waren die Bilder, die Marx als Alternative zum Kapitalismus entworfen hatte, die aber in den großen proletarischen Massenorganisationen wenig Verbindlichkeit besaßen. Bei den Theoretikern der Arbeiterbewegung hatte sich mehr oder weniger ein mechanistisches Weltbild festgesetzt: man vertraute auf das unendliche Anwachsen der Produktivkräfte, das auch ein entsprechendes Anwachsen des proletarischen Klassenbewußtseins zur Folge haben müsse. Geteilter Meinung war man vor allem darüber, ob die volle Entwicklung der Produktivkräfte, die erst im Sozialismus möglich sein sollte, auf friedlichem oder auf revolutionärem Wege zu erreichen sei. Die Effektivität von Massenorganisation stand im Mittelpunkt des politischen Interesses; der »Verein freier Menschen« verflüchtigte sich zur bloßen Utopie. Der November 1918 brachte überhaupt erst ans Licht, wie beschädigt das Proletariat nicht nur durch den kapitalistischen Arbeits- und Lebensprozeß und wie ausgezehrt es durch den Krieg war, sondern daß die Teilung in Führer und Massen noch zu seiner Entmündigung beigetragen hatte. Die Mehrheitssozialdemokratie, die den Krieg sogar durch ihre Burgfriedenpolitik unterstützt hatte, schien ein wesentliches Hindernis auf dem Weg zum »Verein freier Menschen« zu sein – und trotz ihres Verrats, der Marcuse nach kurzer Zugehörigkeit zum Austritt veranlaßte, blieb sie die große Mehrheitsorganisation der deutschen Arbeiterklasse.

Nach der verpaßten Revolution von 1918 begann Marcuse in Berlin und Freiburg Philosophie zu studieren. In seiner Promotion aus dem Jahre 1923 über den »Künstlerroman« klingt ein Lebensthema an: die ästhetische Dimension. Seinem letzten Buch hat er diesen Titel im Englischen gegeben, der deutsche Verlag nannte es »Permanenz der Kunst«. In der ästhetischen Dimension erscheint die Mehrdimensionalität der bürgerlichen Welt: das Ahnen eines Anderen jenseits des normalen Geschäftsgangs, das Versprechen des Glücks – Leitmotiv jeder emanzipatorischen Philosophie. Aus seiner Interpretation einer von Thomas Mann immer wieder dargestellten

Konstellation wird deutlich, daß der Künstler aus einem lebensgeschichtlichen Konflikt die bürgerliche Existenz nicht mehr aufrechterhalten kann:

»Zu dem lebenssicheren, starken, klaren und praktischen Bürgertum des Vaters kam das vage, dunkle ›Zigeunertum‹ der Mutter, und der Sohn dieser Verbindung steht schon von Haus aus zwischen den beiden Welten, in keiner von ihnen ganz heimisch und erfüllt, ist schon von Haus aus der moderne Künstler. Der Zigeuner in ihm durchbricht die Schranken heller und tüchtiger Bürgerlichkeit, durchschaut hellsichtig diese Begrenztheit und Bedingtheit und ahnt den Zauber unbürgerlicher Welten, – er wird zum Künstler.« (*Der Künstlerroman*, S. 303 f.)

Marcuse begreift die ästhetische Dimension als politische.* In seinem späteren Aufsatz *»Über den affirmativen Charakter der Kultur«* (1937), der alle bisherige Kultur als abgespaltenen, versöhnlichen Bestandteil des schlechten Lebens radikal kritisiert, hat er keinen Beitrag zur Kunsttheorie geliefert, sondern zur Gesellschaftskritik:

»Die Schönheit der Kunst ist – anders als die Wahrheit der Theorie – verträglich mit der schlechten Gegenwart: in ihr kann sie Glück gewähren. Die wahre Theorie erkennt das Elend und die Glücklosigkeit. Auch wo sie den Weg zur Veränderung zeigt, spendet sie keinen mit der Gegenwart versöhnenden Trost. In einer glücklosen Welt muß aber das Glück immer ein Trost sein: der Trost des schönen Augenblicks in einer nicht endenwollenden Kette von Unglück. Der Genuß des Glücks ist in den Augenblick einer Episode zusammengedrängt. Der Augenblick aber trägt die Bitterkeit seines Verschwindens in sich.« (*Über den affirmativen Charakter der Kultur*, S. 86)

Diese Form der Kulturkritik als Gesellschaftskritik ist nicht nur dem bürgerlichen Kunstbegriff, sondern auch dem Kulturpathos der organisierten Arbeiterbewegung strikt entgegengesetzt. Die ästhetische Dimension wird bei Marcuse zu einer Kategorie der Lebenspraxis, die die Grausamkeit der

---

* Vgl. den Aufsatz von Lothar Baier in diesem Band, S. 179.

abstrakten Zeit, des unendlichen Fortschritts, der die Glücklosigkeit der Individuen kennzeichnet, kritisiert:

»Der schreckliche Satz, daß nur die verlorenen Paradiese
wahre Paradiese sind, verdammt die ›verlorene Zeit‹ und
rettet sie gleichzeitig. Die verlorenen Paradiese sind nicht
deswegen die einzig wahren, weil im Rückschauen die
verflossene Freude schöner erscheint, als sie wirklich war,
sondern weil einzig die Erinnerung Freude ohne Angst vor
ihrem Schwinden verschafft und damit eine sonst unmögliche Dauer verleiht. Die Zeit verliert ihre Macht, wenn
Erinnerung die Vergangenheit wieder zurückbringt. Dennoch ist dieser Sieg über die Zeit künstlich und unecht; das
Gedächtnis ist keine wirkliche Waffe, wenn es nicht in
geschichtliche Aktion übertragen wird.« (*Triebstruktur und
Gesellschaft*, S. 229 f.)

Die ästhetische Dimension zum integralen Bestandteil emanzipatorischer Theorie zu machen, bedeutet für Marcuse Spu-
renlesen: die ästhetische Dimension geht nicht in der geschichtlichen Aktion auf, aber sie hält die Erinnerung wach,
daß künstliches Glück keines ist.

Die Blockierung der geschichtlichen Aktionsmöglichkeiten
bestimmte die Inhalte von Marcuses Studium. Nach seiner
Promotion 1923 versuchte er sich in Berlin als Buchhändler
und Verleger und nahm 1929 in Freiburg seine Studien bei
Martin Heidegger wieder auf. Besonders Leute, die sich als
»orthodoxe Marxisten« verstehen, haben versucht, diese Periode in Marcuses Studium als einen lebensgeschichtlichen Ma-
kel darzustellen: wie konnte man nur bei einem Philosophen
studieren, in dessen Philosophie der politische Sündenfall
schon angelegt war? Daß Heidegger dann später, in seiner
berühmten Rektoratsrede, die Machtergreifung der Nazis
freudig begrüßte, dient diesen Kritikern als post-festum-Be-
weis gegen die Inhalte der Philosophie Heideggers selbst.
Diese Kritiker gehen nach der Methode »Angriff ist die beste
Verteidigung« vor; denn als 1927 Heideggers *Sein und Zeit*
erschien – beileibe noch kein faschistisches Buch –, hatte sich
im parteimäßig organisierten Marxismus ein blinder Gesetzes-
formalismus durchgesetzt, in dem das Proletariat wie eine

entsinnlichte mathematische Größe nur noch als »subjektiver Faktor« vorkam.* Geschichte wurde unter dem übergreifenden Gesichtspunkt weltgeschichtlicher Logik begriffen, die gesetzmäßig zum Sozialismus führte, während die geschichtlichen Subjekte nicht als Menschen aus Fleisch und Blut, als sich assoziierende Individuen bedeutend waren, sondern nur als Exekutoren einer schon vorher feststehenden, von ihnen unabhängigen Notwendigkeit. Freiheit – Inhalt und Zweck emanzipatorischer Theorie – hatte im Weltanschauungsmarxismus nur noch eine untergeordnete Funktion.

Marcuses revolutionäres Interesse brachte ihn mit der Existentialphilosophie in Berührung; er ging nach Freiburg, ohne Heideggerianer zu werden. Er selbst hat diesen Prozeß geschildert:

> »Was geschieht nach dem Scheitern der Revolution? Eine Frage, die für uns ganz entscheidend war. Philosophie wurde damals durchaus gelehrt, die akademische Szene war beherrscht von Neukantianismus, Neuhegelianismus, und da plötzlich erschien ›Sein und Zeit‹ als eine wirklich konkrete Philosophie. Da war die Rede vom ›Dasein‹, von ›Existenz‹, vom ›Man‹, vom ›Tode‹, von der ›Sorge‹. Das schien uns anzugehen. Da haben wir allmählich gemerkt – und ich sage ›wir‹, weil es eben wirklich nicht nur eine persönliche Entwicklung war –, daß diese Konkretion ziemlich falsch war ... Anscheinend so konkrete Begriffe wie Existenz, Sorge wurden wieder verflüchtigt zu schlecht abstrakten Begriffen. Während der ganzen Zeit hatte ich schon Marx gelesen und habe fortgefahren Marx zu lesen, und dann kam das Erscheinen der *Ökonomisch-philosophischen Manuskripte*. Das war wahrscheinlich die Wende. Hier war in einem gewissen Sinne ein neuer Marx, der wirklich konkret war und gleichzeitig über den erstarrten praktischen und theoretischen Marxismus der Parteien hinausging.« (*Gespräche mit Herbert Marcuse*, S. 10 f.)

Der theoretische Konflikt mit Heidegger war seitdem unausweichlich geworden. 1932 erschien zum Abschluß dieser Peri-

---

* Vgl. dazu den Aufsatz von Bruno Schoch in diesem Band, S. 47.

ode Marcuses erstes Buch *Hegels Ontologie und die Grundle-gung einer Theorie der Geschichtlichkeit*, mit dem er bei Heidegger habilitieren wollte. Wir besitzen ein unverfälschtes Zeugnis darüber, in welchem Widerspruch sich Marcuse zu diesem Zeitpunkt theoretisch befand. Theodor W. Adorno hat gleich nach dem Erscheinen dieses Buch im Band 1 der *Zeitschrift für Sozialforschung* rezensiert:

»Damit scheint M. von Heideggers publiker Lehrmeinung, die er sonst mit der Strenge des Schülers vertritt, abzuwei-chen: er tendiert vom ›Sinn vom Sein‹ zur Erschließung des Seienden; von der Fundamentalontologie zur Geschichts-philosophie: von Geschichtlichkeit zur Geschichte.« (ZfS, Bd. 1, 1932, S. 409 f.)

Im Zentrum des Buches steht nach Adorno die Suche nach einem konkreten Subjekt und hypothetisch denkt Adorno den Weg vor, den Herbert Marcuse dann gemacht und der Her-bert Marcuse zu dem Theoretiker gemacht hat, der für die systemoppositionellen Bewegungen des Spätkapitalismus brennendes Interesse entwickeln mußte:

»Dann schlüge die Frage nach dem Hegelschen Sinn von Sein als Möglichkeit um in die nach dem *Sinn von Subjekti-vität als Wirklichkeit*.« (a. a. O., S. 410, Hervorhebung von mir, D. C.)

Der politische Eklat folgte auf dem Fuße. Die versprochene Assistentenstelle wurde Marcuse in Freiburg nicht gegeben; er konnte nicht mehr habilitieren. Heideggers demonstrative Rektoratsrede nach der Machtergreifung ließ sich schon in der Substanz seiner philosophischen Theorie aufspüren; der revo-lutionär interessierte Marcuse konnte hier keinen Platz mehr finden. Das politische Kernstück der deutschen Existential-philosophie bildet der Dezisionismus. Freiheit unterscheidet sich nicht qualitativ von Willkür – egal wofür man die Dezi-sion trifft, Hauptsache, man entscheidet sich. Der konkrete Inhalt der Entscheidung wird zum abstrakten, gleichgültigen Material: der Dezisionismus bezeichnet die Selbstvernichtung des Bürgertums. Er signalisiert die Rebellion der Ohnmacht in einer übermächtigen Welt. Der Nationalsozialismus vollzieht die Liquidation der bürgerlichen Epoche, in der Theorie noch bemüht war, die Verhältnisse zu rechtfertigen, und Kunst die Funktion besaß, mit ihnen zu versöhnen. In einer Kritik an dem faschistischen Dezisionisten par excellence, Carl Schmitt, formuliert Marcuse in aller Schärfe:

»Der ›Existentialismus‹ in seiner politischen Form wird die Theorie von der (negativen) Rechtfertigung des nicht mehr zu Rechtfertigenden.« (*Der Kampf gegen den Liberalismus in der totalitären Staatsauffassung*, S. 44)

# Die Vertreibung des Widerspruchs

Die Nazis erkannten sehr schnell, daß das »Institut für Sozialforschung« keinen Beitrag zur völkischen Wissenschaft leisten würde – im April 1933 wurde es wegen »staatsfeindlicher Aktivitäten« geschlossen. Seinen Posten am »Institut für Sozialforschung« hatte Marcuse schon bei der Außenstelle angetreten, die Horkheimer in Genf hatte einrichten lassen. Das Institut war bereits 1924 auf Drängen Horkheimers und Pollocks mit dem Gelde Felix Weils als halboffizielle Institution gegründet worden. Nach außen hin hatte man sich Direktoren gesucht, die als ordentliche Professoren der radikalen Wissenschaft, die dort betrieben werden sollte, einen Schutzschild bieten konnten. Ursprünglich sollte es »Institut für Marxismus« heißen, aber aus taktischen Gründen wählte man den schlichteren Titel »Institut für Sozialforschung«. Die Sklavensprache, die Horkheimer schon in dieser Zeit bevorzugte, enthielt auch den späteren Begriff »Kritische Theorie«, der im Kulturbetrieb der fünfziger Jahre das falsche Bewußtsein förderte, es handele sich bei dieser Theorie um eine Erfindung von Horkheimer und Adorno.

Geschichte der Arbeiterbewegung und Erforschung des Antisemitismus gehörten in der Weimarer Republik nicht zum Bestandteil des Lehr- und Forschungsprogramms deutscher Universitäten. Horkheimer und Pollock erarbeiteten ein dezidiertes Programm, um den Marxismus aus seiner mechanistischen Verknöcherung zu lösen und ihn wieder in eine historisch adäquate revolutionäre Gesellschaftstheorie zu verwandeln. Als Galionsfigur hatten sie sich den bekannten Geschichtsforscher der Arbeiterbewegung Carl Grünberg gewählt, dessen Zeitschrift *Grünbergs Archiv* internationales Renommée besaß. Horkheimer hatte früh erkannt, daß die organisatorische Unabhängigkeit des Instituts nicht nur akademische, sondern auch politische Voraussetzung war, um eine radikale Erneuerung revolutionärer Gesellschaftstheorie durchzusetzen. Schon bevor er das Direktorium besetzte, sah er sich nach künftigen Mitarbeitern um, mit deren Hilfe er sein Programm würde realisieren können. Grünberg hatte hervorragende Leute ans Institut gezogen, die politisch allerdings eher der KPD nahestanden, deren Forschungsinhalte für die spätere Arbeit sich aber als außerordentlich fruchtbar erwiesen: vor allem Henryk Grossmann, der gebildete politische Ökonom, und Karl Wittfogel, dessen Studien über asiatische Gesellschaften Furore machen sollten. Aber dem theoretischen Neuansatz Horkheimers, der die Marxsche kritische Gesellschaftstheorie radikal allen Formen traditioneller Theorie entgegensetzen wollte, standen sie indifferent gegenüber. Die Weltwirtschaftskrise schien die ökonomiekritische Analyse von Marx brutal zu bestätigen – wichtiger erschien es deshalb zu untersuchen, warum die offenen ökonomischen Tatsachen nicht in revolutionäres Bewußtsein und Aktion der Massen umschlugen. So rückten Erscheinungen in den Vordergrund des analytischen Interesses, die traditionelle Marxisten abschätzig als Überbauphänomene bezeichneten. In Leo Löwenthal und Theodor W. Adorno fand Horkheimer loyale Mitarbeiter, die am Übergang von bürgerlicher Kultur in Massenkultur ebenso interessiert waren wie er selbst. Noch wichtiger erscheint nachträglich als Pionierleistung, daß Pollock und Horkheimer der damals verpönten »jüdischen« Außenseiterwissenschaft Psychoanalyse den Zugang zum Institut ermöglichten. Mit Erich Fromm hatte man einen Kopf gefunden, der durch sein gleichzeitiges gesellschaftstheoretisches Interesse geeignet war, die in dieser Form einmalige Hochzeit von Marx inspirierter Gesellschaftskritik und Psychoanalyse vorzubereiten. Vor allem durch die *Zeitschrift für Sozialforschung* verfügte Horkheimer, der bei aller Eigenständigkeit der Mitarbeiter der spiritus rector blieb, über ein Instrument, die wissenschaftliche Arbeit nach außen zu tragen und zugleich freie Mitarbeiter anzuziehen, die durch ihre Beiträge erheblich bereicherten. Als der wichtigste unter ihnen konnte Walter Benjamin gelten, dem Marcuse zeitlebens die Treue hielt.

In dieser Gruppe kritischer Theoretiker fand Marcuse in den dreißiger Jahren seine intellektuelle Heimat – gerade zu einem Zeitpunkt, als kritische Wissenschaft aus Deutschland und Europa vertrieben und die Opposition in Deutschland liquidiert wurde. Ohne die Prägung, die Herbert Marcuse in dieser Gruppe erfuhr, muß die Konsistenz, die seine Arbeiten in den sechziger Jahren attraktiv machten und heute so aktuell erscheinen lassen, nur als Wunder erscheinen – sie bietet dann Stoff zur Mythenbildung. Das sensible Erspüren der gegenwärtigen Inhalte, die auch die Zukunft beherrschen werden, macht das produktive Geheimnis der kritischen Theorie aus. Wer konnte damals schon wissen, daß der Existentialismus zur herrschenden Nachkriegsideologie in Europa und vor allem in Deutschland werden würde? Sein intellektuelles Eintrittsbillett in die Gruppe kritischer Theoretiker verschaffte sich Marcuse 1934 mit dem schon zitierten Aufsatz *Der Kampf gegen den Liberalismus in der totalitären Staatsauffassung* (1934), der ihm die Gelegenheit bot, die Nähe zwischen deutscher Existentialphilosophie in ihrer politischen Gestalt zum Faschismus aufzuzeigen. 1948 hat Marcuse dieses Thema in einer Kritik von Sartres *Das Sein und das Nichts* wieder aufgegriffen, in der er den ambivalenten Kern des deutschen wie des französischen Existentialismus freigelegt hat. Er besteht in dem Protest gegen ein »logisches Subjekt«, wie es die abendländische Philosophie gedacht hat. Der Mensch als »fehlgeschlagenes Projekt« (Sartre) begriffen kann zur Parole der totalen Anpassung werden, oder aber das Scheitern an der Realität kann Philosophie in eine »Moral der Befreiung« umschlagen lassen. In einer Nachschrift zu seinem Sartre-Essay aus dem Jahre 1965 schlägt Marcuse den Bogen auch zu seinem eigenen frühen existentialistischen Interesse zurück, indem er Sartres Philosophie seit *Sein und Zeit* würdigt:

> »Philosophie wird Politik, weil kein philosophischer Begriff mehr gedacht und entfaltet werden kann, ohne daß er die Unmenschlichkeit in sich aufnimmt, die heute von den Regierenden organisiert und von den Regierenden akzeptiert wird. In der politisch gewordenen Philosophie wird die existentialistische Grundkonzeption gerettet durch das Bewußtsein, das dieser Realität den Kampf ansagt – in dem Wissen, daß die Realität Sieger bleibt. Wie lange?« (*Existentialismus, Kultur und Gesellschaft II*, S. 84)

An dem Motiv Existentialismus läßt sich die Dialektik von

Vorwärts und Rückwärts veranschaulichen, die Marcuses Arbeiten durchzieht – nicht als abstrakte Methode, sondern bestimmt durch die geschichtliche Erfahrung. Sie unterscheidet sich von der traditionellen marxistischen »Zwei Schritte vor, ein Schritt zurück« in ihren verschiedenen Variationen, die sich noch an dem Kontinuum des säkularen Anwachsens der revolutionären Bewegung orientiert. Aus dem klassischen »Aus Niederlagen lernen«, das seit 1830 in der sozialistischen Tradition allzu oft formuliert werden mußte, wird durch die Erfahrung der epochalen Niederlagen ein Programm, die Wurzeln der Konzeption von revolutionärer Veränderung zu untersuchen und ohne Rücksicht auf gesicherte Wahrheiten die gewandelte Objektivität der Gesellschaftsstruktur einer neuen radikalen Kritik zu unterziehen. Die physische Liquidierung der sozialistisch-kommunistischen Opposition durch den Nationalsozialismus hat auch theoretische Folgen, die angesichts der Opfer nicht einfach als belanglos zu bagatellisieren sind. Eine Gesellschaft wie die faschistische, die keinen Widerspruch mehr duldet, kann das Ende jeder Opposition anzeigen – zur Überprüfung dieser Frage, die Theorie allein zwar nicht beantworten, aber ohne Theorie gar nicht gestellt werden kann, muß man zu den Ursprüngen der Welt zurückkehren, die diese Gesellschaftsform hervorgebracht hat. Am Ende seines Aufsatzes *Der Kampf gegen den Liberalismus* ... kündigt Marcuse sein politisch motiviertes Studienprogramm an. Bis zum Beginn der nationalsozialistischen Epoche wurde der alte materialistische Satz, die Arbeiterklasse sei die Erbin der klassischen deutschen Philosophie, akzeptiert. Marcuse aber stellt dies am Ende seiner Existentialismuskritik in Frage:

> »Nicht mit Hegels Tode, sondern jetzt erst geschieht der Titanensturz der klassischen deutschen Philosophie. Damals wurden ihre entscheidenden Errungenschaften in die wissenschaftliche Theorie der Gesellschaft, in die Kritik der politischen Ökonomie hinübergerettet. Heute liegt das Schicksal der Arbeiterbewegung, bei der das Erbe dieser Philosophie aufgehoben war, im ungewissen.« (*Der Kampf* ..., S. 55)

Die Gruppe um Horkheimer begann in den folgenden Jahren die Kritik der bürgerlichen Gesellschaft über die Kritik des ökonomischen Krisenablaufs im Kapitalismus hinaus neu zu formulieren. Wurzeln und Tradition von Herrschaft treten in den Mittelpunkt des Interesses; Ideologie wird im strikten Sinne nicht nur als falsches Bewußtsein begriffen, sondern als materielle Alltagsgewalt einer Realität, die Emanzipation blockiert. Als Ergebnis dieser Anstrengungen erschienen 1936 *Studien über Autorität und Familie* in Paris.

Marcuse war der philosophische Teil in dieser Arbeit zugefallen. Ausgehend vom Protestantismus versucht er, die Dialektik von Freiheit und Unfreiheit, von Heteronomie und Autonomie nachzuzeichnen, die an der Wiege der bürgerlichen Gesellschaft stand. Wie in der Gesellschaft der Nationalsozialismus die überholten »bürgerlichen« Lebensformen angreift, tritt an die Stelle des widersprüchlichen Autoritätsverhältnisses, das zugleich auch Rebellion, den Aufstand gegen sich erzeugte, die total-autoritäre nicht mehr Familien-, sondern Staatstheorie. Der Rückgriff auf vorproletarische Rebellionskräfte wird in Marcuses Analyse des Protestantismus deutlich:

> »In dieser mit der Anerkennung des ganzen Systems der irdischen Autoritäten zugleich gesetzten Transzendierung aller irdischen Autorität kündet sich ein sehr wichtiges Moment der christlich-bürgerlichen Freiheitslehre an: ihre *anti-autoritäre Tendenz.* Der gesellschaftliche Sinn dieser Freiheitslehre ist keineswegs einfach der, das Individuum in toto jeder irdischen Autorität auszuliefern und so das jeweils gegebene System von Autoritäten in toto zu bejahen. Der lutherische und calvinische Protestantismus, welcher der christlichen Freiheitslehre ihre für die bürgerliche Gesellschaft entscheidende Gestalt gegeben hat, ist mit dem Aufkommen einer ›jungen‹ Gesellschaft verbunden, die sich ihr Dasein in erbittertem Kampf gegen bestehende Autoritäten erst erobern mußte.« (*Studie . . .,* in: *Ideen zu einer kritischen Theorie der Gesellschaft,* S. 57)

Über dreißig Jahre später wurde diese theoretische Erinnerung an den rebellischen Gehalt des Protestantismus praktisch neu belebt: die Rolle von Pastoren und Gemeinden in der schwarzen Bürgerrechtsbewegung, die Marcuse emphatisch begrüßte, ist nicht zu übersehen, die radikale Predigt erreichte neue Inhalte im free speach movement. Im Nachkriegsdeutschland fielen diese Studien auf einen fruchtbaren Boden: zwar hatte der Faschismus nicht als Gesellschaftssystem überstanden, aber Autorität hatte in der Familie als Erbschaft dieser Zeit überlebt. Nicht nur der protestantische Hintergrund einiger der Hauptakteure (Dutschke, Krahl – um nur zwei Namen zu nennen) ist ein empirischer Hinweis auf dieses innere Band – sondern der selbstgewählte Name »antiautoritäre Revolte« hatte die doppelte Bedeutung: *antiautoritär* als Revolte gegen die herrschenden Autoritäten und gegen die autoritäre Alternative, die sich in den versteinerten kommunistischen Parteien darstellte.*

1937 erschien in der *Zeitschrift für Sozialforschung* Horkheimers für die ganze Gruppe programmatische Aufsatz *Traditionelle und kritische Theorie*. Er liest sich als eine explizite Absage an die abendländische Form der Theoriebildung, die mit der Herrschaft verknüpft war und in Deutschland ihren faschistischen Endpunkt erreicht zu haben schien. Aber allzuoft wird vergessen, daß der Essay implizit auch als Absage an den traditionellen Marxismus geschrieben ist. Seit 1936 fand in der Sowjetunion die »Große Säuberung« statt, die rational nicht mehr zu rechtfertigen schien, obwohl einige großartige Theoretiker in der Emigration wie zum Beispiel Ernst Bloch auch noch die Moskauer Schauprozesse legitimieren wollten. Die Franco-Rebellion erstickte in Spanien Europas letzte sozialrevolutionäre Hoffnung, die französische Volksfront erwies sich als zerbrechliches Zwischenspiel. In allen europäischen Demokratien wuchsen die faschistischen Bewegungen rapide an. Im inzwischen nach New York emigrierten Institut kam es zu heftigen Auseinandersetzungen. Die älteren Mitarbeiter Wittfogel und Großmann wollten den

---

* Dies förderte auch die Aneignung der anarchistischen Tradition. Schon in der Polemik gegen Marx erscheint der Begriff »antiautoritär« und provozierte die für jeden traditionellen Marxisten abscheuliche Frage, ob nicht die geschichtlichen Verhältnisse in gewisser Weise Bakunin gegen Marx rehabilitiert hätten.

Bruch mit dem traditionellen Parteimarxismus nicht vollziehen.

Auf Grund vieler Diskussionen in Emigrantenkreisen entschloß man sich in der Redaktion der »Zeitschrift«, die Diskussionsgrundlagen zu Horkheimers Aufsatz zusätzlich zu veröffentlichen. Sie erschienen im Inhaltsverzeichnis des Bandes 6, 1937, gemeinsam unter Max Horkheimer und Herbert Marcuse *Philosophie und kritische Theorie*. Horkheimer verdeutlicht in seinem Teil, daß es nicht gegen die Intention der Marxschen Theorie, sondern gegen ihre Erstarrung im Ökonomismus geht:

> »... die Kritik des Ökonomismus liegt gar nicht in der Abkehr von ökonomischer Analyse, sondern darin, auf ihre Vollständigkeit und angezeigte Richtung zu dringen. Die dialektische Theorie übt keine Kritik aus der bloßen Idee. Schon in ihrer idealistischen Gestalt hat sie die Vorstellung von einem an sich Guten, das der Wirklichkeit bloß entgegengehalten wird, abgetan. Sie urteilt nicht nach dem, was über der Zeit, sondern nach dem, was an der Zeit ist.« (*ZfS*, Bd. 6, S. 630)

Es wurde zu Herbert Marcuses Aufgabe, diesen Rückgriff auf die verlorene kritische Dimension idealistischer Philosophie zu unternehmen.* 1941 vollendete Marcuse *Vernunft und Revolution*, das er Max Horkheimer und dem Institut für Sozialforschung widmete. Die Rehabilitation der Dialektik, die im Zentrum seiner Interpretation steht, richtet sich offensichtlich gegen die faschistische Vereinnahmung Hegels, die von vielen angelsächsischen Autoren mit ihrer Abneigung gegen dialektisches Denken als durchaus berechtigt empfunden wurde.

In der Einleitung zu *Vernunft und Revolution* klingt aber schon ein Thema an, das mit dem positiven Weltanschauungsmarxismus als Ideologie einer nachrevolutionären Gesellschaft unvereinbar ist.

> »Hegels kritische und rationale Maßstäbe, besonders aber seine Dialektik, mußten notwendig mit der herrschenden

---

* Vgl. den Aufsatz von Bruno Schoch in diesem Band, S. 47.

gesellschaftlichen Wirklichkeit in Konflikt geraten. Aus diesem Grunde könnte sein System mit dem Namen, den ihm seine zeitgenössischen Gegner gegeben haben, gut eine *negative Philosophie* genannt werden.« (S. 11)

In seiner Analyse des Sowjetmarxismus, die er erst 1957 fertigstellte, kehren die Probleme aus den dreißiger Jahren wieder: jetzt aber werden sie zu Gegenständen direkter Kritik. Die Rückverwandlung der kritischen Marxschen Gesellschaftstheorie in eine Ideologie durch die sowjetische Wirklichkeit, die den Widerspruch von Klassengesellschaft und Freiheitspathos im »real existierenden Sozialismus« nivellieren soll, hat den sogenannten Überbauphänomenen eine neue Funktion gegeben:

> »Je mehr die Basis auf die Ideologie übergreift, sie manipuliert und mit der bestehenden Ordnung gleichschaltet, desto mehr wird die ideologische Sphäre, die von der Wirklichkeit am entferntesten ist (Kunst, Philosophie) eben wegen dieser Entfernung zur letzten Zufluchtsstätte der Opposition gegen diese Ordnung.« (*Die Gesellschaftslehre des sowjetischen Marxismus*, S. 126)

Ideologiekritik wird auf Grund der veränderten Rolle von Ideologie in der Wirklichkeit zur Kritik der gesellschaftlichen Organisation selbst. Die für viele Menschen im Westen unverständlichen Verlaufsformen von Opposition im »real existierenden Sozialismus«, ihr Ausdruck in künstlerischem und philosophischem Dissens, zugleich die Wiederkehr des religiösen Bedürfnisses erscheinen in Marcuses Kritik als Protest gegen ein Realitätsprinzip, das substanziell sich in beiden Gesellschaften gleicht, ohne daß die beiden Gesellschaften in ihrer Struktur gleich sind.[*] Gegen die durch bloße Verstaatlichung versäumte Befreiung äußert sich das Bedürfnis nicht nach einem Rückwärts in der Geschichte, sondern gegen einen Fortschritt, der für die verewigten Leiden entfremdeter Arbeit nur vermehrten Konsum anzubieten hat. Der von oben geführte »ideologische Kampf« verweist darauf, wie empfindlich

---

[*]    Vgl. den Aufsatz von Detlev Claussen *Die versäumte Befreiung* in diesem Band, S. 77.

das System für jeden sich der herrschenden Rationalität ent-
ziehenden Widerspruch ist. Die verkehrte Welt wird dann
perfekt, wenn vermehrter Konsum als Kompensationsmittel
ausfällt: in der herrschenden Terminologie entsteht die »kon-
terrevolutionäre Situation«. Dieser gesellschaftliche Kampf
läßt sich schon auf der Ebene der Theorie ablesen:

»Der Angriff auf den ›bürgerlichen Irrationalismus‹ ist besonders erhellend, weil er die Züge an den Tag bringt, die
der sowjetischen und der westlichen Realität gemeinsam
sind, nämlich das Herrschen technischer Elemente über
humanistische. Schopenhauer und Nietzsche, die verschiedenen Schulen der Lebensphilosophie, Existentialismus und
Tiefenpsychologie unterscheiden sich und widersprechen
sogar einander in höchst wesentlichen Aspekten; sie sind
jedoch darin verwandt, daß sie die technische Rationalität
der modernen Zivilisation sprengen. Das tun sie, indem sie
die psychischen und biologischen Kräfte dieser Rationalität
aufzeigen und die nicht wiedergutzumachenden Opfer, die
sie dem Menschen abverlangt.« (*Die Gesellschaftslehre . . .*,
S. 213)

# Flaschenpost

»Schon der ganze Anfang mit unserer inter-
disziplinären Ausrichtung und Zusammenarbeit im Rahmen unserer politischen Philosophie, dann in der Emigration der zähe Wille,
diese Tradition aufrechtzuerhalten, die einzig
fortschrittliche Stimme des deutschen Gei-
steslebens, das ist wohl außerordentlich.
Adornos Wort von der ›Flaschenpost‹ trifft
diesen Sachverhalt ja genau. Wir alle haben
uns dann freilich in den sechziger Jahren sehr
gewundert, mit welchem Knall diese Flasche
entkorkt worden ist. Jeder von uns hat verschieden darauf reagiert.«

Leo Löwenthal 1980[*]

Nicht nur Faschismus und Stalinismus blieben Gegenstand
der Analyse der kritischen Theoretiker. In den USA hatten die
aus Europa vertriebenen Intellektuellen eine Gesellschaft vor-
gefunden, in der auch ohne totalen Terror die revolutionäre
Alternative sich nicht bildete. Marcuse führte diese Erfahrung
dazu, nicht nur auf die Gewalt zu sehen, sondern auch auf die
Elemente, die zur freiwilligen Unterwerfung unter das System
führen. Die Abwesenheit eines selbsttätigen kollektiven Subjekts in Europa und den Vereinigten Staaten legten eine
Fragestellung nahe, ob der Widerspruch in der autoritären
Gesellschaft wirklich ausrottbar wäre. Marcuse sieht sich gezwungen zur letzten Substanz zurückzukehren, die der traditionelle Marxismus allzu schnell aufgegeben hatte: zur Individualität. Gegen die herrschende Rationalität behauptet das
kritische Individuum sich eigensinnig, ja geradezu unvernünftig:

»Daß der Kampf um die höhere Allgemeinheit der Zukunft
in der Gegenwart zur Sache besonderer Individuen und
Gruppen wird, macht nach Hegel die Tragik der weltge-
schichtlichen Personen aus. Sie greifen gesellschaftliche

[*] Leo Löwenthal, *Mitmachen wollte ich nie, Ein autobiographisches Gespräch mit Helmut Dubiel*, Frankfurt 1980, S. 85 f.

Verhältnisse an, in denen – wenn auch schlecht – das Leben des Ganzen sich reproduziert; sie kämpfen gegen eine konkrete Gestalt der Vernunft, ohne daß die Praktibilität der zukünftigen Gestalt, die sie vertreten, schon empirisch bewiesen wäre. Sie sind Frevler an dem, was in Grenzen immerhin bewährt ist. Ihre Rationalität wirkt notwendig in partikularer, irrationaler, sprengender Form, ihre Kritik an Verfall und Anarchie als anarchisch und destruktiv.« (*Zur Kritik des Hedonismus*, 1938, in: *Kultur und Gesellschaft, Bd. I*, S. 165)

Marcuse umreißt hier auch einen Typus von Theorie, der treffend als Flaschenpost umschrieben worden ist. Bis 1945 war darin noch die Hoffnung enthalten, daß der Nationalsozialismus die Menschen so weit politisieren würde, daß sie bei seinem Zusammenbruch die neue Chance der Befreiung ergreifen würden:

»Unter dem Einfluß des Terrors, der nun die Welt entsetzt und bedroht, zieht sich das Ideal zu einer einzigen und zugleich allgemeinen Forderung zusammen. Angesichts der faschistischen Barbarei weiß jeder, was Freiheit bedeutet, und jeder wird sich der Irrationalität innerhalb der herrschenden Rationalität bewußt.« (*Einige gesellschaftliche Folgen moderner Technologie*, 1941, in: *Schriften*, Bd. 3, S. 314)

Die politische Enttäuschung kam 1945. Ebenso wenig wie der Nationalsozialismus als Katastrophe 1933 allgemein empfunden wurde, erschien die Befreiung 1945 als reinigende Katharsis. Die Weltgeschichte erwies sich nicht als antike Tragödie, sondern die Alltagswirklichkeit blockierte noch einmal die Kräfte der Befreiung wie schon 1918. Wo doch äußerlich die kapitalistische Klassengesellschaft in ihren Grundfesten erschüttert schien, blieben die subjektiven Kräfte zur Herstellung einer menschlichen Gesellschaft aus. Diese Erfahrung konnte nicht allein im Mechanismus des Kapitalismus begründet sein, sondern man mußte tiefer suchen: in der widersprüchlichen Subjektwerdung des Menschen. Horkheimer hatte schon in den dreißiger Jahren diesen Untersuchungsgegenstand als Erforschung der Anthropologie umschrieben

– nicht als Fachwissenschaft, sondern als materialistische Voraussetzung jeder Gesellschaftstheorie. Dafür bot sich die Psychoanalyse geradezu an; nicht ihre klinische Praxis als Therapie, sondern ihre radikale Frühform in Gestalt der Freudschen Theorie.* In einem Brief an Löwenthal formulierte Horkheimer 1942 gültig das Interesse an Freud, das Marcuse in *Triebstruktur und Gesellschaft* ausgeführt hat:

» Du erinnerst, daß viele sagen, seine ursprüngliche Methode sei direkt auf den Wiener Mittelstand zugeschnitten gewesen. Das trifft in dieser Allgemeinheit überhaupt nicht zu; dennoch steckt ein Körnchen Wahrheit darin, das Freuds Werk keinerlei Abbruch tut. Je größer ein Werk, um so tiefer wurzelt es in der konkreten historischen Situation... Mit dem Niedergang mittelständischen Familienlebens erreichte seine Theorie jene neue Stufe, die ihren Ausdruck findet in *Jenseits des Lustprinzips* und den nachfolgenden Schriften. Diese Wende in seiner Philosophie zeigt, daß er in seiner speziellen Arbeit durchaus die Veränderungen wahrnimmt... Die Begriffe, die im Zusammenhang mit dem Todestrieb verwendet werden, sind anthropologische Kategorien (und zwar in der deutschen Bedeutung des Wortes). Selbst dort, wo wir ihrer Verwendung und Interpretation durch Freud nicht zustimmen, stellen wir fest, daß ihre objektive Intention zutiefst richtig ist und daß sie Freuds Fingerspitzengefühl für die Situation offenbaren... Freud hat sich objektiv von der Psychoanalyse entfernt, während Fromm und Horney auf eine commonsense Psychologie zurückfallen und auch Kultur und Gesellschaft psychologisieren.« (Zitiert nach Martin Jay, *Dialektische Phantasie*, Frankfurt 1973, S. 131)

Was war vorgefallen? Fromm, der quasi als Fachmann für Psychoanalyse am Institut mitgearbeitet hatte, geriet in der amerikanischen Emigration immer mehr in Konflikt mit Horkheimers radikalem Programm. 1939 verließ er das Institut – das hieß praktisch, daß andere als er die Integration von Psychoanalyse und kritischer Gesellschaftstheorie vorantrei-

---

* Vgl. den Aufsatz von Johann Schülein in diesem Band, S. 117.

ben mußten. Diese Aufgabe fiel vor allem Adorno und Marcuse zu. Aber zugleich gingen die finanziellen Mittel des Instituts ihrem Ende entgegen. Horkheimer organisierte Geld in Los Angeles, mit dem die *Studies in Prejudice* finanziert werden konnten. Marcuse nahm an dieser Arbeit keinen direkten Anteil mehr, er verdiente sein Geld beim Office of Strategie Services, einer Stelle des State Department, bei der Studien über Deutschland hergestellt wurden.

Diese Tätigkeit haben vor allem Parteikommunisten in den sechziger Jahren, als Marcuse zu einer öffentlichen Person geworden war, zu schäbigsten Vorwürfen wie »CIA-Mitarbeiter« verleitet, weshalb es heute angebracht erscheint, etwas Licht in dieses Dunkel zu bringen. Bei einer Gedenkfeier zum Tode Marcuses in San Diego, November 1979, berichtete sein ehemaliger Vorgesetzter Stuart Hughes:

»Was die Arbeitsatmosphäre von damals anbelangt – ja, da hat eben eine hochbegabte Kollektion unabhängiger Intellektueller Berichte geschrieben und Stellungnahmen entworfen, deren Ziel stets verschleiert blieb. Oft ist überhaupt nicht klar geworden, was von uns erwartet wurde; klar war höchstens das eine, daß nämlich die Hervorbringungen unserer gemeinsamen geistigen Tätigkeit von den Großkopfeten im State Department höchst selten gelesen wurden und daß es nie vorkam, daß daraufhin praktisch gehandelt wurde. Dennoch – die Gehälter waren gut, der Arbeitsdruck war mäßig, wir hatten reichlich Zeit für ausführliche, freie Gespräche untereinander. Eben diese Möglichkeit, auf Staatskosten vernünftige Gespräche zu führen, hat Herbert aufs trefflichste zu einer ermutigenden Erfahrung werden lassen. Sicherlich, Herbert hatte wie alle anderen Zweifel an unseren Aufträgen, zum Beispiel an seinem speziellen Auftrag, eine Analyse von einem Deutschland herzustellen, das aus den Trümmern aufzusteigen begann ... Herbert hat uns vorgeführt, wie man diese Arbeit gut machen kann. Was er schrieb war klare, genaue Prosa – weltweit entfernt von den schwerfälligen, grammatisch wehtuenden Germanizismen, mit denen andere ihre Reports damals garniert haben. Und dieser sprachlichen Akribie hat es entsprochen,

daß Herbert in einer Art schweigender Strenge uns vorge-
schrieben hat, die Verweigerung gegenüber einem Begriff
zu leisten, den wir damals noch gar nicht gebrauchten – dem
Begriff Kalter Krieg. Aus taktischer Vorsicht durfte der
Name Marx in Herberts Ausarbeitungen damals nicht auf-
tauchen. Aber die Theorie des Begründers des dialektischen
Materialismus ging damals im Hintergrund um. Dieser
Hintergrund entsprach weniger den Bedürfnissen der Ame-
rikaner als denen der Antifaschisten in Europa.«

Bis er 1954 endlich eine Professur an der Brandeis University
erhielt, mußte sich Marcuse noch an der Columbia University
im Russischen Institut und am Russian Research Center in
Harvard durchschlagen. Aber das heißt nicht, daß er thematisch sich von seinen Freunden Horkheimer und Adorno
löste. Er arbeitete weiter an seiner Analyse des Sowjetmarxismus, aber zugleich hielt er 1950 bis 1951 eine Vorlesungsreihe
über Freud, die Grundlage von *Triebstruktur und Gesellschaft*
wurde. Anlaß war eine scharfe Abrechnung mit Fromm und
Horney, die in ihrem Gehalt sich mit der Kritik Adornos am
»neofreudianischen Revisionismus«[*] deckt. Aber darüber
hinaus geht es Marcuse darum, den widersprüchlichen Charakter in Freuds Metapsychologie, d. h. seiner Philosophie,
aufzudecken. Er befreit sie, wie Horkheimer in seinem Brief
andeutete, aus dem Gefängnis des bürgerlichen Kulturpessi-
mismus und arbeitet die Dialektik der Kultur heraus, die
Dialektik von Fortschritt und Unterdrückung:

»Überall in der Welt der industriellen Zivilisation ist die
Beherrschung des Menschen durch den Menschen im
Wachsen begriffen. Auch erscheint diese Tendenz nicht als
ein zufälliger vorübergehender Rückschritt auf dem Wege
des Fortschritts. Konzentrationslager, Massenvernichtung,
Weltkriege und Atombomben sind kein ›Rückfall in die
Barbarei‹, sondern die hemmungslose Auswirkung der Er-
rungenschaften der modernen Wissenschaft, Technik und
Herrschaftsform über Menschen. Und diese erfolgreichste
Unterwerfung und Vernichtung des Menschen geschieht

---

[*]  Vgl. dazu Bernard Görlich u. a., *Der Stachel Freud*, Frankfurt 1980

auf der Höhe der Kultur, in einem Zeitpunkt, wo die materiellen und intellektuellen Errungenschaften die Schaffung einer wirklich freien Welt zu erlauben scheinen.« (*Triebstruktur und Gesellschaft*, S. 10)

1944 hatten Horkheimer und Adorno in der *Dialektik der Aufklärung* das Ende einer Epoche formuliert – einer Epoche, an deren Endpunkt die kapitalistische Gesellschaft aus sich selbst heraus die bestimmte Negation produzieren sollte: die sozialistische Revolution. Die Abwesenheit eines revolutionären Subjekts in Europa und den USA hatte die kritische Theorie ohne Praxis in Philosophie zurückverwandelt, die am Widerspruch festhält. In der *Dialektik der Aufklärung* ist die Kritische Theorie verkorkt und als Flaschenpost abgesandt.

»Wenn die Rede heute an einen sich wenden kann, so sind es weder die sogenannten Massen, noch der Einzelne, der ohnmächtig ist, sondern eher ein eingebildeter Zeuge, dem wir es hinterlassen, damit es doch nicht ganz mit uns untergeht.« (*Dialektik der Aufklärung*, Amsterdam 1947, S. 307)

Marcuse hat dem nicht widersprochen*, sondern im Gegenteil: die Tendenz zur Aufhebung des Widerspruchs wird zum Kernpunkt seiner Analyse des Kapitalismus, dessen Bild er vor allem an der fortgeschrittenen amerikanischen Gesellschaft gewonnen hat.

Bei genauer Lektüre erweist es sich als völlig unsinnig, den Pessimisten Adorno und Horkheimer den Optimisten Marcuse entgegenzustellen. Die Analyse des objektiven Geschichtsverlaufs, die Marcuse im *Eindimensionalen Menschen* unternimmt, siedelt die drohende Katastrophe, deren Vorboten Auschwitz und Hiroshima waren, in Technik und Vernunft an, die die industrielle Kultur hervorgebracht haben.** Kein organisiertes revolutionäres Proletariat kann und wird diesem Fortschritt in die Barbarei den Weg versperren. Was aber den politischen Unterschied zwischen Marcuse und Horkheimer/ Adorno ausmacht, ist der Versuch, jenseits der »Dialektik der

* S. Jürgen Habermas u. a., *Gespräche mit Herbert Marcuse*, S. 56.
** Vgl. den Aufsatz von Detlev Claussen *Im Universum der totalen Verdinglichung* in diesem Buch, S. 152.

Aufklärung«, die in die eindimensionale Welt geführt hat, Spuren der Befreiung zu suchen. Wie er schon in *Triebstruktur und Gesellschaft* eine Perspektive »jenseits des Realitätsprinzips« andeutete, tritt im *Eindimensionalen Menschen* an die Stelle der bestimmten Negation die Große Weigerung. In der ästhetischen Dimension bleibt der Widerspruch gegen das herrschende Realitätsprinzip ablesbar – die ästhetische Dimension geht nicht in Kunst auf*, sondern wird zur Zufluchtstätte von Widerspruch, den der akademische Wissenschaftsbetrieb aufgegeben hat – ebenso wie die Massenkultur dem unpolitischen Konformismus der verstümmelten Menschen entspricht. Die Herrschaft der Vernunft, die zur Vollendung der Unfreiheit im produktiv-technischen Apparat wird, wird um so unangreifbarer, je mehr sie Ästhetik und Wirklichkeit verschmilzt.

»Die Schönheit offenbart ihren Terror in nuklearen Fabriken, die an vorderer Stelle stehen, und Laboratorien werden zu ›Industrieparks‹ in angenehmer Umgebung; das Civil Defense Headquarter stellt einen ›erstklassigen Bunker gegen atomaren Niederschlag‹ zur Schau, ganz mit Teppichstoff ausgelegt (›weich‹), mit Klubsesseln, Fernsehen und Brettspielen, ›entworfen als kombiniertes Zimmer für die Familie in Friedenszeiten (sic!) und als Familienbunker gegen Atomniederschläge, sollte der Krieg ausbrechen‹ . . . Die abstoßende Verschmelzung von Ästhetik und Wirklichkeit widerlegt die Philosophien, die die ›poetische‹ Einbildung der wissenschaftlichen und empirischen Vernunft entgegensetzen.« (*Der eindimensionale Mensch*, S. 259)

---

* Vgl. den Aufsatz von Lothar Baier in diesem Buch, S. 179.

# Die Entkorkung

An radikaler Konsequenz läßt der *Eindimensionale Mensch* gegenüber der *Dialektik der Aufklärung* nichts zu wünschen übrig. Gegenüber der alten revolutionären Theorie hat Marcuse in einem Nachwort zu Walter Benjamins *Zur Kritik der Gewalt und andere Aufsätze,* 1964, das Ende der alten Welt konstatiert:

> »So steht die tatsächliche Entwicklung als blutiger Zeuge für die Wahrheit Benjamins: aus dem Blick auf die Vergangenheit, nicht aus dem Blick in die Zukunft schöpft der Kampf um Befreiung seine Kraft.« (*Nachwort,* S. 106)

Völlig unvermittelt stehen am Ende des *Eindimensionalen Menschen* zwei Seiten, die über die *Dialektik der Aufklärung* hinausgehen, die inmitten der Hoffnungslosigkeit Hoffnung *gegen* das herrschende Realitätsprinzip formulieren:

> »Unter der konservativen Volksbasis befindet sich jedoch das Substrat der Geächteten und Außenseiter: die Ausgebeuteten und Verfolgten anderer Rassen und anderer Farben, die Arbeitslosen und Arbeitsunfähigen. Sie existieren außerhalb des demokratischen Prozesses; ihr Leben bedarf am unmittelbarsten und realsten der Abschaffung unerträglicher Verhältnisse und Institutionen. Damit ist ihre Opposition revolutionär, wenn auch nicht ihr Bewußtsein ... Wenn sie sich zusammenrotten und auf die Straße gehen, ohne Waffen, ohne Schutz, um die primitivsten Bürgerrechte zu fordern, wissen sie, daß sie Hunden, Steinen und Bomben, dem Gefängnis, Konzentrationslagern, selbst dem Tod gegenüberstehen. Ihre Kraft steht hinter jeder politischen Demonstration für die Opfer von Gesetz und Ordnung. Die Tatsache, daß sie anfangen, sich zu weigern, das Spiel mitzuspielen, kann die Tatsache sein, die den Beginn des Endes einer Periode markiert. Nichts deutet darauf hin, daß es ein gutes Ende sein wird.« (*Der eindimensionale Mensch,* S. 267)

Die Bürgerrechtsbewegung in den Vereinigten Staaten wurde von Marcuse als Hinweis genommen, daß der Widerspruch in der eindimensionalen Welt nicht ganz ausgerottet ist. Die kritische Theorie, wie Marcuse sie formuliert hat, produziert das Bedürfnis nach einem praktischen Subjekt, das sie sich wieder aneignen könnte: »Ohne diese materielle Gewalt bleibt auch das geschärfteste Bewußtsein ohnmächtig.« (a. a. O., S. 264) Die Eindimensionalisierung hat den Widerspruch aus dem produktiven Zentrum der Gesellschaft an ihren Rand gedrängt. Diese Feststellung hat man später zur sogenannten »Randgruppentheorie« ausgebaut; es mag wohl das Schicksal jeder Flaschenpost sein, daß man nicht bestimmen kann, was der Empfänger mit der Botschaft macht. Marcuse sieht den Widerspruch, der in der Systemopposition enthalten ist, als Protest gegen das herrschende Realitätsprinzip, nicht als Revolution.

Der provokative Protest folgt aus der Kritik der eindimensionalen Welt, die schon als negative Theorie das Brechen der Tabus zum Inhalt hat:

> »Hier sind die exponierten Stellen, an denen Benjamin die ›progressiven‹ Tabus der sich fortwälzenden Industriegesellschaft angreift: das Tabu des Fortschritts, der Produktivität, der Legalität. Er erinnert daran, daß es nicht um die Verbesserung, sondern um die Abschaffung der Arbeit geht, nicht um die Ausbeutung, sondern um die Befreiung der Natur, nicht um den Menschen, sondern um den ›gerechten Menschen‹, und daß eben diese Aufgaben revolutionäre sind – sie fordern den ›Tigersprung‹, das Aufsprengen des Kontinuums, nicht seine Aufputzung.« (*Nachwort*, S. 102 f.)

In diesem Zusammenhang sieht Marcuse die Bürgerrechtsbewegung; in ihr artikuliert sich der Protest gegen den reibungslosen Ablauf. Die technologische Organisation der Produktion zieht auch eine Aushöhlung der bürgerlichen Freiheitsrechte nach sich: Politik wird ebenso vom Apparat beherrscht wie die Produktion. Toleranz als Kampfmittel der bürgerlichen Emanzipation gegen die Intoleranz von Feudalherren und Priestern schlägt in der eindimensionalen Welt in »repressive Toleranz« um: die erzwungene Gewaltlosigkeit von Opposition soll sie zum Akzeptieren der Systemspielregeln bewegen. Die Gewalt, die gegen die herrschende Übermacht aufgebracht wird, wird von Marcuse nicht als revolutionäre Gewalt interpretiert, sondern als menschliche Negation der eindimensionalen Gesellschaft. Radikale Opposition wird zur Hoffnung für die Überwältigten – eine »Hoffnung, für die all diejenigen einstehen, die in ihrer Schwäche den Kampf gegen das Kontinuum des Bestehenden weiterkämpfen: als Zerbrochene brechen sie den Schuldzusammenhang der rechtsetzenden und rechterhaltenden Ordnung.« (Nachwort, S. 107)*

Der Kampf gegen das Kontinuum verlangt den Bruch mit der traditionellen Form der Politik. Die Logik der Revolte ist eine andere als die der Revolution; nicht Machtkampf kann die Kräfte der Befreiung im Spätkapitalismus in Freiheit setzen; die große Veränderung ist nicht mehr als Sturm auf das Winterpalais denkbar – Machtkampf verkürzt die Befreiung auf ein Problem der Technik, eine Ebene, auf der die Herrschenden allemal überlegen sind. Es geht, wie Marcuse deutlich gesagt hat, um die Herstellung eines neuen Realitätsprinzips, in der Technik vom Selbstzweck wieder zum Mittel der Menschen wird. Romantische Technikfeindlichkeit hat in der Welt jenseits des herrschenden Realitätsprinzips keinen Platz:

»Die Technik hemmt die individuelle Entfaltung nur insofern, als sie in einen gesellschaftlichen Apparat eingebunden ist, der den Mangel verlängert, doch hat derselbe Apparat die Kräfte freigesetzt, die die besondere historische Form zerschlagen könnten, in der die Technik verwertet wird. Aus diesem Grund dienen alle Programme mit anti-technologischem Charakter, alle Propaganda für eine anti-industrielle Revolution nur denjenigen, die die menschlichen Bedürfnisse als Nebenprodukt der Verwertung von Technik betrachten.« (*Einige gesellschaftliche Folgen . . .*, S. 315)

Bedürfnis – wir sind beim Residuum der Marcuseschen Theorie angelangt. Bedürfnisse erscheinen manipulierbar in der eindimensionalen Welt; aber gegen die Manipulation der Bedürfnisse existiert eine Revolte, die in den sechziger Jahren begann und seither immer neue Formen angenommen hat.

---

* Vgl. den Aufsatz *Die Gewalt der Überwältigten* von Detlev Claussen in diesem Band, S. 207.

Darin hat Marcuse die Bedeutung der Studentenrevolte gesehen:

>Die Studentenbewegung hat diejenigen Bilder realer Möglichkeiten bewußtgemacht, die im traditionellen Marxismus tabuiert oder niedergehalten wurden. Sie war die erste Bewegung, die die sozialistische Revolution wieder als eine qualitative Differenz und den Aufbau des Sozialismus als eine qualitativ andere Gesellschaft gedacht hat, weitab von dem Fetischismus der Produktivkräfte.« (Jürgen Habermas u. a., Gespräche mit Herbert Marcuse, S. 59)

Die Studenten traten nicht die Nachfolge des revolutionären Proletariats als historisches Subjekt an, sondern sie wirkten wie Katalysatoren, durch die die antiautoritäre Tendenz ihrer Revolte auch auf andere gesellschaftliche Bereiche wirkte – die Revolte trug den Keim zu einer gesamtgesellschaftlichen Bewegung in sich. Diese Katalysatorenfunktion hat Marcuse sich in den siebziger Jahren vervielfältigen sehen, wie er in seinem letzten Aufsatz *Über Bahro, den Protosozialismus und den Spätkapitalismus* schrieb:

>Die antiautoritäre, die ökologische und die Frauenbewegung sind so innerlich verbunden: sie sind die (noch sehr unorganisierte und diffuse) Manifestation einer die Herrschaft des Leistungsprinzips und der entfremdeten Produktivität erschütternden Triebstruktur als Grund eines verwandelten Bewußtseins. So mobilisiert diese Opposition Kräfte der Umwälzung in einer (nicht nur) vom Marxismus vernachlässigten Dimension, die im Spätstadium des kapitalistischen Fortschritts diesem Einhalt gebieten kann: die rebellierende menschliche und äußere Natur.« (S. 22)

Marcuse hat die gesellschaftliche Objektivität als einen circulus vitiosus beschrieben – als eine Katze, die sich in den Schwanz beißt, ohne die Schmerzen zu spüren. Doch seit der Protestbewegung der sechziger Jahre hat er sich immer wieder in die Diskussion eingemischt: *Versuch über die Befreiung* (1969), *Konterrevolution und Revolte* (1973) und zahlreiche Vorträge legen darüber Zeugnis ab. Die Opposition, die in verschiedene, oft einander bekämpfende Gruppen zerfällt, wird nicht durch eine einheitliche Theorie geleitet – das würde auch ihrem Sinn von Befreiung widersprechen, die aufgrund des Kampfes um ein neues Realitätsprinzip der Theorie erst die Konkretion geben kann. Aber es besteht auch kein Grund, jeder Rebellion kritiklos gegenüberzustehen. So wie aus den Erfahrungen der Protestbewegung falsche Konsequenzen gezogen werden konnten (z. B. bewaffneter terroristischer Kampf oder »marxistisch-leninistische« Anbiederung ans Proletariat), dringt in jede Rebellion auch etwas von dem herrschenden falschen Bewußtsein ein, das aber nicht notwendig die konkret-utopischen Inhalte vernichten muß. Am meisten böses Blut geschaffen hat vielleicht Marcuses Einmischung in die Feminismusdiskussion*, in der er noch einmal die dem Leistungsprinzip entgegenstehenden erotischen Qualitäten eines »feministischen Sozialismus« mobilisiert.

»Seine Verwirklichung wäre weit mehr als die Ersetzung einer Hierarchie durch eine andere. Die Frauenbewegung verfällt heute oft eben jenem Biologismus, den sie am patriarchalischen Bild der Frau zu Recht kritisiert: ›der Mann‹ ist identifiziert mit Unterdrückung und Aggression – trotz der evidenten und zahlreichen ›Ausnahmen‹. Dieses Bild vom Mann schreibt ihm als biologisch-physiologischem Wesen Qualitäten zu, die gesellschaftlich determiniert sind, und es konstruiert eine Kategorie ›Frau‹ *als* Frau, als wesentliche Antithese zum ›Mann‹. Eine Gesellschaft jedoch, in der die Frau dominiert, eine Art Matriarchat als geschichtliche Nachfolge des Patriarchats wäre noch nicht per se eine bessere Gesellschaft. Erst und nur dann, wenn die weiblichen Qualitäten, die wirklich antithetisch zu Unterdrückung und Aggression stehen, durch die Emanzipation der Frau zu gesellschaftlichen Qualitäten werden (bestimmend in der Gesellschaft als ganzer), wäre das Patriarchat tatsächlich überwunden. Ein einziger Blick auf die Photographien weiblicher Aufseher in Konzentrationslagern zeigt, bis zu welchem Grade auch Frauen in der kapitalistischen Gesellschaft funktionalisiert und dehumanisiert werden können.« (*Zeit-Messungen*, S. 16 f.)

* Vgl. den Aufsatz von Xenia Rajewsky in diesem Band, S. 250.

In einer total dehumanisierten Welt, die im Nationalsozialismus sich ankündigte, versuchte Marcuse hinter der Verdinglichung die menschlichen Subjekte aufzuspüren. Je weniger durch den technologischen Fortschritt das individuelle Wesen sich in der Arbeit verwirklichen kann, je weniger die Industrie wie beim jungen Marx noch das »aufgeschlagene Buch der menschlichen Wesenkräfte« ist, um so näher rückt eine Utopie, in der sich eine neue individuelle Qualität auf der Basis sinnvoller Naturbeherrschung entfalten kann:

> »Diese Grundlage vorausgesetzt, ist der Mensch ein Individuum kraft der Einzigartigkeit seines Körpers und seiner einzigartigen Stellung im raum-zeitlichen Kontinuum. Er ist Individuum, insofern die natürliche Einzigartigkeit seine Gedanken, Triebe, Gefühle, Leidenschaften und Sehnsüchte prägt. Das ist das natürliche *principium individuationis*.« (*Einige gesellschaftliche Folgen . . .*, S. 316)

Aber diese Individualität ist nicht durch einen Zauberschlag in Freiheit zu setzen; sie bildet nur die natürliche Basis der Befreiung. Individualismus als kulturpessimistische Kategorie verstärkt dagegen die Ohnmacht des im System verstümmelten Individuums und der Irrationalismus des individuellen Aussteigens bestätigt nur die Macht der herrschenden Rationalität.

> »Die Philosophie des einfachen Lebens, der Kampf gegen die Großstädte und deren Kultur dient gegenwärtig dazu, den Menschen Mißtrauen den möglichen Instrumenten ihrer Befreiung gegenüber einzuflößen.« (ebenda)

Am Ende seines Lebens hat Marcuse das Motiv wiederaufgenommen, das ihn über den Existentialismus zur Kritischen Theorie geführt hat: Subjektivität als Wirklichkeit. Die Kräfte rebellierender Subjektivität zu wecken, war der politische Sinn seiner Theorie geworden – die politisch über Horkheimer und Adorno hinausging. Die Weigerung mitzumachen, die Verweigerung gegenüber dem Leistungsprinzip hat aber ein Maß an dem gesellschaftlichen Unglück, an dem die rebellierende Subjektivität ihre Konkretion gewinnt. Es ist nicht die inhaltsleere Subjektivität der dezisionistischen Existentialphilosophie, sondern die kritische, die dem ziellosen Fortschritt eine andere Richtung geben will. Im Mai 1979 wandte er sich gegen eine neue Verherrlichung der Innerlichkeit, das selbstgewählte Reservatbewußtsein:

». . . nicht alle Probleme, Sorgen, Erlebnisse des Ich sind gesellschaftlich relevant, auf das Konto der Klassengesellschaft zu schreiben! Es gibt ein Kriterium, an dem sich zeigt, wie sich heute authentische von nicht-authentischer Innerlichkeit unterscheidet; jede Verinnerlichung, jede veröffentlichte Erinnerung, die nicht die Erinnerung von Auschwitz festhält, die nicht von Auschwitz als belanglos desavouiert wird, ist Flucht, Ausflucht; und ein Begriff des Fortschritts, der nicht eine Welt begreift, in der Auschwitz immer noch möglich ist, ist (in schlechtem Sinne) abstrakt.« (*taz*, 31. 7. 1979)

Um diese Erinnerung wachzuhalten, bedarf die Subjektivität einer kritischen Theorie, die jenen die Treue hält, »die ohne Hoffnung ihr Leben der Großen Weigerung hingegeben haben und hingeben« (*Der eindimensionale Mensch*, S. 268). Die Spur der Befreiung führt zurück zu dem Schuldzusammenhang, der die bisherige Geschichte der Menschheit als Vorgeschichte bestimmt. Das Schuldgefühl selbst aber bleibt die negative anthropologische Konstante, von der sich auch in der eindimensionalen Welt der Widerspruch – theoretisch wie praktisch – gegen das herrschende Realitätsprinzip nährt:

»Das Schuldgefühl wird trotz wiederholter und intensivierter Sühne weiter beibehalten: die Angst besteht fort, weil das Verbrechen gegen das Lustprinzip nicht getilgt ist. Es besteht Schuldgefühl über eine Tat, die nicht zur vollen Ausführung kam: die Befreiung.« (*Triebstruktur und Gesellschaft*, S. 71)

Im Frühling 1979 kehrte Herbert Marcuse nach Deutschland zurück; er sprach im Mai in Frankfurt bei den Römerberggesprächen über *Die Angst des Prometheus*. In 25 Thesen faßte er seine Kritik an der politischen Technik der Industriegesellschaft zusammen und reflektierte den widersprüchlichen Charakter der Gegenbewegung. Fast beschwörend liest sich sein Einspruch gegen ein historisches Subjekt, das es im traditionellen Sinne nicht mehr gibt und als neues noch nicht entstanden ist: »Es geht um jeden einzelnen und die Solidarität von einzelnen; nicht nur um Klassen oder Massen!« (*taz*, 31. 7. 1979)

Marcuse starb im Sommer 1979 in Deutschland. Über sein Verhältnis zu Europa und speziell zu Deutschland haben wir in seinem Sohn Peter einen Zeugen, der über die persönlich-politischen Motive seines Vaters Auskunft geben konnte. Bei einer Veranstaltung zu Ehren Herbert Marcuses sagte er in der University of California von San Diego, wo Marcuse auch nach seiner Emeritierung sein für jeden Interessierten zugängliches Büro behalten hatte:

»Ich hatte nicht vollständig begriffen, wie persönlich und wie tief das Engagement meines Vaters in unmittelbare politische Aktivitäten war, bis ich ihn diesen Sommer in Europa sah und die Rolle, die er dort spielte... Die Möglichkeiten dort schienen ihm günstiger für ein direktes Engagement zur Veränderung der Welt – und es ist sicher nicht sein geringstes Verdienst, daß wir heute noch ernsthaft sagen können: die Welt verändern. Theorie war in Europa sicherlich mehr in der Praxis verwurzelt als hier, und deshalb konnte Theorie dort stärker als in Amerika Praxis anregen und formen. Und das ist, was meinem Vater am wichtigsten zu tun war: dazu beizutragen, Theorie, Kritik und Analyse zu entwickeln, um die Welt zu einem humaneren Ort zu machen... In einem bestimmten Sinn gab es für ihn noch eine unerledigte persönliche Aufgabe in Deutschland: den Kampf gegen den Faschismus, der furchtbarste der Schrecken, die der Kapitalismus von heute hervorgebracht hat. Der Kampf gegen den Faschismus war sein Kampf von Anfang an. Der Antisemitismus, der mit dem Faschismus verknüpft war, betraf meinen Vater persönlich und politisch, als Juden und als Menschen. Der Intellektuellenhaß der Nazis zielte genau auf Personen wie ihn. Es ist eine Ironie: gerade wegen der Tatsache, daß Menschen wie er und Arbeit wie die seine von den Nazis besonders verfolgt wurden, machte Deutschland für ihn logischerweise zu einem Platz, zu dem man zurückkehrt, seit es politisch wieder möglich war. Er war Teilnehmer eines Kampfes, der unbeendet war und ist, und es war nicht seine Art aufzugeben.«

>Die Theorie wird an der Wahrheit festhal-
ten, selbst wenn die revolutionäre Praxis von
ihrem rechten Pfade abweicht. Die Praxis
folgt der Wahrheit, nicht umgekehrt.«
*Vernunft und Revolution, S. 282*

## Die geschichtliche Erfahrung: Nationalsozialismus und Stalinismus

### 1. Bruno Schoch
### Auf der Suche nach der verlorenen Wahrheit

*Zum politischen Erfahrungshintergrund von Herbert Marcuses »Vernunft und Revolution«*

>Was aber, wenn die von der Theorie vorge-
zeichnete Entwicklung nicht eintritt, wenn
die Kräfte, die den Umschlag herbeiführen
sollten, zurückgedrängt werden und zu unterliegen scheinen? So wenig dadurch die
Wahrheit der Theorie widerlegt wird, so sehr
erscheint sie in neuem Licht und erhellt neue
Seiten und Teile ihres Gegenstandes. Viele
Forderungen und Hinweise der Theorie erhalten ein verändertes Gesicht. Die gewandelte Funktion der Theorie in der neuen Situation gibt ihr in einem verschärften Sinn
den Charakter der ›kritischen Theorie‹.«
Herbert Marcuse, 1937

Als der inzwischen mit der Führung der durcheinander geratenen Bundesgeschäfte der SPD betraute Peter Glotz in Berlin
noch Kultussenator war, suchte er unter anderem durch Beru-
fung namhafter Philosophieprofessoren dem entgegenzuwirken, was er als »Angst, Perspektivlosigkeit und themenlose
(sic!) Wut eines furchterregend großen Teils der Zwanzigjähri-
gen« diagnostiziert. Diese Aufwertung der Philosophie mag
überraschen. Zu sehr hat sich das herrschende Bewußtsein
daran gewöhnt, zwar den Einzelwissenschaften Nützlichkeit

zu attestieren, nicht jedoch der Philosophie. Wo diese sich weder umstandslos zur Dienerin des Wissenschaftsbetriebs und der bestehenden Gesellschaft macht, noch sich begnügt mit tiefsinnigem Grübeln über letzte Seins- und Sinnfragen des einzelnen und seiner Innenwelt, ist sie allgemein verpönt: Heißt es im Volksmund von einem, er philosophiere zuviel, so steckt darin die stumme Aufforderung, er täte besser, sich Handfesterem zuzuwenden. Erst recht ist die Tradition dialektischen Denkens in Mißkredit geraten, sofern man darunter nicht jene inzwischen gängige Vorstellung versteht, das sei eine besonders listenreiche Rede- und Überzeugungskunst, dem anderen ein X für ein U vorzumachen (weshalb sogenannte Dialektik-Kurse im Wirtschaftsteil angesehener Zeitungen für Jungmanager zwecks verbesserter Vertragsabschlüsse angeboten werden).

Wird nun in einer gesellschaftlichen Krisensituation wie der heutigen, in der das bislang funktionierende kapitalistische Wachstumsmodell und dessen gesellschaftliche Orientierungen von mancher Seite radikal in Frage gestellt werden, die Philosophie wieder aufgewertet in der Hoffnung, sie möge neuen Sinn, neue Leitbilder und Werte stiften, so ist dies nicht ohne Widersprüche. Denn seit dem Prozeß gegen Sokrates ist deutlich, daß Philosophie, gerade weil sie sich mit dieser ihr zugedachten Rolle nicht zufrieden gibt, in einem gespannten Verhältnis zur gesellschaftlichen Realität steht: »Philosophie ist der methodische und beharrliche Versuch, Vernunft in die Welt zu bringen; das bedingt ihre prekäre, umstrittene Stellung«, wie Max Horkheimer in einem Essay über *Die gesellschaftliche Funktion der Philosophie* schrieb (*Kritische Theorie der Gesellschaft*, Frankfurt 1968, Bd. 2, S. 307). Wer die Geister der abendländischen Vernunftphilosophie wieder ruft, dem könnte es ergehen wie dem Zauberlehrling, der ihrer nicht mehr Herr wird. Denn das Pathos des klassischen deutschen Idealismus, keine Verhältnisse mit Kritik zu verschonen, die nicht vor dem Richterstuhl der autonomen Ratio oder Vernunft zu bestehen vermögen, erkannten schon Heine und Marx als die deutsche Theorie der Französischen Revolution – und es ging ein in die Marxsche »Lehre, daß der Mensch

48

das höchste Wesen für den Menschen sei« und in deren
revolutionären »kategorischen Imperativ, alle Verhältnisse
umzuwerfen, in denen der Mensch ein erniedrigtes, ein ge-
knechtetes, ein verlassenes, ein verächtliches Wesen ist«
(MEW 1, S. 385). Wenn Marcuse von *rationaler Theorie* der
Gesellschaft spricht, so steis in diesem Sinne, der jedem
*Irrationalismus* radikal entgegensteht, der dadurch gekennzeichnet ist, »daß hier vor der Autonomie der Vernunft als
ihre *prinzipielle* (nicht bloß faktische) Schranke irrationale
Gegebenheiten gelagert werden« (*Kultur und Gesellschaft I*,
S. 29).
Nun ist Herbert Marcuse keineswegs auf gradem Weg von der
klassischen deutschen Philosophie und ihren Vernunftspo-
stulaten zur materialistischen Geschichtsauffassung vorge-
drungen. Vielmehr bedurfte er dazu eines Umwegs. Nach dem
Scheitern der Novemberrevolution, an der er sich im Arbei-
ter- und Soldatenrat im Berliner Bezirk Reinickendorf betei-
ligt hatte, suchte er nach Erklärungen für dieses Scheitern
– und zwar zunächst in der Philosophie. Wie bereits die Titel
einiger seiner in den späten zwanziger Jahren entstandenen
Aufsätze verraten, suchte der junge Marcuse nach einer Verbindung der Philosophie Martin Heideggers mit dem historischen Materialismus: *Beiträge zu einer Phänomenologie des
Historischen Materialismus* (1928), *Über konkrete Philosophie*
(1929), *Das Problem der geschichtlichen Wahrheit* (1930),
*Neue Quellen zur Grundlegung des Historischen Materialis-
mus* (1932). Er begründete die Faszination, die Martin Heidegger für ihn besaß, damals wie folgt:
»Der Sinn des philosophischen Existentialismus war es,
gegenüber dem abstrakten ›logischen‹ Subjekt des rationalen Idealismus *die volle Konkretion des geschichtlichen Subjekts wiederzugewinnen,* also die von Descartes bis Husserl
unerschütterte Herrschaft des ›ego cogito‹ zu beseitigen.
Die Position Heideggers bis *Sein und Zeit* bezeichnet den
weitesten Vorstoß der Philosophie in dieser Richtung.«
(*Kultur und Gesellschaft I*, S. 45, hervorgeh. von mir, B. S.)
Daß Heideggers Philosophie »den konkreten Menschen in
seiner konkreten geschichtlichen Situation entdeckt« zu haben

schien (Marcuse/Schmidt, S. 60), überwand für Marcuse nicht nur das idealistisch gefaßte Subjekt, sondern zugleich eine zum positiven Weltprinzip transformierte Dialektik, wie sie der Geschichte des Marxismus eigen war, seit Engels versucht hatte, die vor- und außermenschliche Natur im Sinne einer rein objektiven Dialektik zu interpretieren. Schon 1930 kritisierte Marcuse die parteioffizielle Lehre:

»Mit Wort und Begriff der Dialektik ist in der neueren Philosophie und in der marxistischen Theorie und Praxis ein solcher Mißbrauch getrieben worden, daß der Versuch unumgänglich geworden ist, sich wieder auf den Ursprung der Dialektik zu besinnen«, nicht ohne auf die politische Funktion des Mißbrauchs aufmerksam zu machen: »Durch eine schlechte Dialektik läßt sich jeder Fehler, jeder Rückschritt rechtfertigen, als notwendiges Glied der dialektischen Bewegung behaupten, so daß am Ende dasselbe herauskommt wie bei der bürgerlichen Philosophie: Vermeidung von Entscheidungen.« (*Das Problem der Dialektik*, in: *Schriften, Bd. I*, S. 409)

Ausgehend von Heideggers »Entdeckung der Geschichtlichkeit als der Grundbestimmtheit menschlichen Daseins« (Marcuse/Schmidt, S. 42) gelangte Marcuse zur Kritik der Dialek= tik als einer objektivistischen politischen Rechtfertigungslehre, erst recht zur Ablehnung der Naturdialektik als einer umfassend metaphysischen Welterklärung: »Die Natur *hat* Geschichte, aber sie *ist* nicht Geschichte. Das Dasein *ist* Geschichte.« (Ebd., S. 69). Von daher erhielt bei ihm der Begriff der *geschichtlichen Notwendigkeit* einen radikal anderen Sinn, als er im vorherrschenden Marxismus der II. Internationale und im Marxismus-Leninismus der Komintern hatte, die beide die materialistische Geschichtsauffassung zu einer abstrakt anschauenden Theorie des durch allgemeine Gesetze bestimmten objektiven Ablaufs der historisch-gesellschaftlichen Entwicklung verflacht hatten. Demgegenüber betonte Marcuse den notwendigen Bezug des Begriffs geschichtlicher Notwendigkeit auf die *handelnden Menschen*: »Geschichtliche Notwendigkeit ist notwendige Tat geschichtlichen Daseins; Tat, die im Erkennen der geschichtlichen Situa-

tion reif wird und im Ergreifen der geschichtlichen Situation
sich vollendet« (ebd., S. 81), mithin auch scheitern kann und
insofern immer ein *Moment von Kontingenz* beinhaltet.
Gewiß oszilliert der frühe Marcuse merkwürdig zwischen
Heideggers abstrakter Reduktion materialer Geschichte auf
eine angeblich »eigentliche Geschichtlichkeit« (als anthropologische Qualität) des menschlichen Daseins und dem Rekurs
auf die Intentionen von Marx und Engels; wie er auch die
*»radikale Tat«* einmal als inhaltsleeres »Existenzial« (ebd.,
S. 46) faßt, dann aber ausdrücklich den »Durchbruch von der
phänomenologischen Analyse der Geschichtlichkeit überhaupt« zur *»Theorie der Revolution«* (ebd. S. 83) fordert.
Liest man die zwischen 1928 und 1932 entstandenen Schriften
Marcuses als erste Ausformulierung der Position eines spezifischen »Heidegger-Marxismus«, so verfallen sie theoretischer
Kritik, die allerdings die von Marcuses späterem Denken
selbst daran geübte kaum zu übertreffen vermag. Sie sind wohl
eher zu begreifen als Zeugnisse einer Etappe im Prozeß theoretischer Selbstverständigung eines radikalen Intellektuellen,
für den wie für manche seiner Generation der erfahrene
Widerspruch zwischen idealistischer Vernunftphilosophie
und der Wirklichkeit der spätkapitalistischen Gesellschaft bestimmend war. Jedenfalls muß sich jede theoretische Kritik
am »Heidegger-Marxismus« des frühen Marcuse fragen lassen, ob sie, außer recht zu haben, auch *erklärt*, warum jener
Widerspruch den ehemaligen November-Revolutionär nicht
zur materialistischen Geschichtsauffassung in ihrer originalen
Gestalt vordringen ließ, sondern erst zu Heidegger führte.
Nicht nur dürfte der Weltanschauungsmarxismus der KPD,
immun gegen die Erfahrung praktischer Niederlagen, den an
der klassischen deutschen Philosophie Gebildeten abgestoßen
haben; auch der quasi-militärische Organisationsfetischismus,
auf den sie die Aufgabe einer konkreten Politik der Gesellschaftsveränderung verkürzte, verhieß wenig an emanzipatorischer Perspektive. Wenn auch »der existentielle Begriff des
individuellen Subjekts mit dem im dialektischen Sinn materialistischen gesellschaftlichen Subjekt Marxens« nicht einfach
»so bruchlos zu vereinbaren« ist, wie Marcuse es annahm

(Krahl, *Konstitution und Klassenkampf*, Frankfurt 1971, S. 100), so macht es doch die Aktualität der vom Existentialismus ausgehenden Marx-Interpretation aus, die Frage nach der Vereinbarung überhaupt radikal gestellt zu haben. Unbeschadet dessen, daß marxistische Kritik die existentialistische »Grundlage«, wie »eigentliche Existenz« des einzelnen möglich sei, ihres ideologischen Charakters überführt hat, bleibt es eines der wesentlichen Verdienste der vom Existentialismus herkommenden Marx-Lektüre, daß sie die weitestgehenden Ansätze hervorgebracht hat, das Verhältnis von Gesellschaftsveränderung und Ansprüchen des Individuums auf Selbstveränderung und Emanzipation neu zu durchdenken – ein Verhältnis, das im Parteimarxismus meist dadurch »gelöst« wurde, daß diese jener untergeordnet wurden.

Die Lektüre der *Ökonomisch-philosophischen Manuskripte*, die Marx 1844 in Paris niedergeschrieben hatte, eröffnete Marcuse einen unverstellten Zugang zur Marxschen Theorie. Er feierte ihre Erstveröffentlichung im Jahr 1932 begeistert: Sie machten den »ursprünglichen Sinn der grundlegenden Kategorien offenbar«, und jetzt könnte es »notwendig werden, die geläufige Interpretation der späteren Ausarbeitung der Kritik im Hinblick auf die Ursprünge zu revidieren« (*Neue Quellen zur Grundlegung des Historischen Materialismus*, in: *Ideen zu einer kritischen Theorie der Gesellschaft*, S. 7 f.). Die endgültige Abwendung von der Pseudokonkretheit Heideggers und die Überwindung des eigenen »Heidegger-Marxismus« verdankt sich mithin der Entdeckung des frühen Marx. Marcuse 1977:

»Das Erscheinen der *Ökonomisch-philosophischen Manuskripte* ... war wahrscheinlich die Wende. Hier war in einem gewissen Sinne ein neuer Marx, der wirklich konkret war und gleichzeitig über den erstarrten praktischen und theoretischen Marxismus der Parteien hinausging.« (Gespräche, S. 11)

Neu ist insbesondere, daß die Pariser Manuskripte gestatteten, das Verhältnis erneut zu reflektieren, in dem bei Marx Philosophie, Ökonomie und revolutionäre Theorie zueinander stehen. Wie sehr Marcuse damit Heidegger *und* den ökonomisch verflachten Parteimarxismus hinter sich läßt, vermag die folgende Passage zu verdeutlichen, die zugleich zentrale Einsichten der Kritischen Theorie vorwegnimmt, wie sie dann 1937 in Horkheimers und Marcuses programmatischen Artikeln in der *Zeitschrift für Sozialforschung* präzisiert werden, nämlich *Traditionelle und kritische Theorie* sowie *Philosophie und kritische Theorie*:

»Wenn . . . die Auseinandersetzung mit der philosophischen Problembasis Hegels in die Grundlegung der Marxschen Theorie selbst eingegangen ist, dann kann nicht mehr die Rede davon sein, daß diese Grundlegung einfach eine Wandlung von philosophischer zu ökonomischer Fundierung durchgemacht hätte derart, daß in ihrer späteren (ökonomischen) Gestalt die Philosophie überwunden, ja ein für allemal ›erledigt‹ sei. Vielmehr trägt die Grundlegung in *allen* ihren Stadien die philosophische Basis in sich, – wogegen nichts verschlägt, daß ihr Sinn und Ziel keineswegs ein rein philosophisches, sondern ein praktisch-revolutionäres ist: der Sturz der kapitalistischen Gesellschaft durch das ökonomisch und politisch kämpfende Proletariat . . . Das sehr verwickelte und nur durch eine Analyse der ganzen Ursprungssituation des Historischen Materialismus zu klärende Verhältnis von philosophischer und ökonomischer Theorie und dieser Theorie zur revolutionären Praxis wird vielleicht nach vollzogener Interpretation der *Ökonomisch-philosophischen Manuskripte* . . . leichter durchschaubar. Roh und formelhaft läßt sich zum Vorverständnis etwa sagen, daß die revolutionäre Kritik der politischen Ökonomie in sich selbst philosophisch fundiert ist, wie andererseits die sie fundierende Philosophie schon die revolutionäre Praxis in sich trägt. Die Praxis ist nicht nur und erst am Ende, sondern schon am Anfang der Theorie, ohne daß dadurch ein der Theorie fremder und äußerlicher Boden betreten wäre.« (*Ideen zu einer kritischen Theorie der Gesellschaft*, S. 8 f.)

Die Auseinandersetzung mit der Philosophie Heideggers, von Marcuse verstanden »als echte praktische Wissenschaft: als die Wissenschaft von den Möglichkeiten eigentlichen Seins und seiner Erfüllung in der eigentlichen Tat« (Marcuse/Schmidt, S. 60), hatte sein Denken sensibilisiert für den *emanzipatorischen Kern der Marxschen Theorie*. Diese geht weder auf in ökonomischer Lehre, noch stellt sie eine objektive Wissenschaft des historisch-gesellschaftlichen Verlaufs dar – wie sehr der seitherige Marxismus Marx auch so verstanden hat. Vielmehr zielt der historische Materialismus bei aller notwendig objektiv gerichteten wissenschaftlichen Analyse der kapitalistischen Gesellschaftsformation letzten Endes auf »die allgemein menschliche Emanzipation« (*MEW 1*, S. 388), d. h. auf die Aneignung der Totalität der gesellschaftlich erzeugten Produktivkräfte durch die sich allseitig entfaltenden Individuen. Im emphatischen Emanzipationsinteresse beginnt Marcuse jenen Zusammenhang zwischen klassischer deutscher Philosophie und Marx' Lehre wieder aufzuspüren, den eine um deren philosophischen Gehalt sich wenig kümmernde politische Wirkungsgeschichte verdunkelt hat, die sich mit der Phrase zufrieden gab, Marx habe die Philosophie überwunden. Daß es in aller Analyse der geschichtlichen Praxis, schreibt Marcuse, »immer um den Menschen selbst geht, das ist für Marx, der noch in der unmittelbaren Auseinandersetzung mit der lebendigsten deutschen Philosophie aufwächst, eine diskussionslose Selbstverständlichkeit (ebenso wie für seine Epigonen das Gegenteil selbstverständlich geworden zu sein scheint)« (*Ideen zu einer kritischen Theorie der Gesellschaft*, S. 34). Marcuse macht sich in *Vernunft und Revolution* daran, das konkreter auszuführen.

Angesichts der wachsenden Differenzen mit Heidegger trennte sich Marcuse 1932 von seinem philosophischen Lehrer. Er veröffentlichte seine als Habilitationsschrift vorgesehene Studie *Hegels Ontologie und die Theorie der Geschichtlichkeit* vorzeitig und schloß sich dem Frankfurter *Institut für Sozialforschung* an, dessen Leitung Max Horkheimer zwei Jahre zuvor übernommen hatte. Dabei spielten nicht nur wachsende politische Unterschiede mit Heidegger in den letzten Jahren der Weimarer Republik eine Rolle, die vollends in dessen berüchtigter Rektoratsrede zutage traten, als er, vier Monate nach Hitlers Machtergreifung, die »Umwälzung des deutschen Daseins« begrüßte. Vielmehr besteht auch ein grundlegender theoretischer Unterschied im Umgang mit der gesamten abendländischen Philosophietradition. War diese für Heidegger die Entwicklung fortschreitender »Seinsvergessenheit«, gar »hartnäckigste Widersacherin des Denkens«, so waren deren Gehalte für Marcuse theoretisch richtungsweisend. Nicht zuletzt darauf ist zurückzuführen, daß Marcuse, obwohl er vergleichsweise spät zu Horkheimers Kreis stieß, rasch zu einem der maßgeblichen Architekten der Kritischen Theorie wurde.

Daß bei Marcuse, nachdem er sich dem *Institut für Sozialforschung* angeschlossen hatte, die Philosophie zunächst etwas zurücktrat hinter der Beschäftigung mit gesellschaftstheoretischen und ideologiekritischen Fragestellungen, läßt sich nicht – in geistesgeschichtlicher Manier – allein auf Horkheimers Einfluß auf seine Arbeit zurückführen, auch wenn dieser zweifelsohne nicht gering war. Vielmehr zwang die nationalsozialistische Machtergreifung zur theoretisch-politischen Kritik jener ökonomischen, historisch-gesellschaftlichen, politischen und ideologischen Tendenzen, die zur Niederlage und Zerschlagung der Arbeiterbewegung und der bürgerlichen Demokratie geführt hatten. Horkheimers berühmt gewordenes Wort: »Wer aber vom Kapitalismus nicht reden will, sollte auch vom Faschismus schweigen« aus dem Jahre 1939 benennt einen im einzelnen zu untersuchenden historischen Zusammenhang, unterstellt aber mitnichten eine gradlinige, jeder Dialektik enthobene Kontinuität.

Herbert Marcuse oblag es, zu Friedrich Pollocks ökonomiekritischen Analysen der monopolkapitalistischen Entwicklung und der aller marxistischen Zusammenbruchserwartungen Hohn sprechenden, düsteren Perspektive einer möglichen *Rettung des Systems* mit Hilfe einer totalen *politischen* Umgestaltung das ideologiekritische Pendant zu schreiben. Er tat es in dem Essay *Der Kampf gegen den Liberalismus in der totalitären Staatsauffassung,* der mit den philosophischen und politischen Theoretikern und Ideologen der nationalsozialistischen Weltanschauung ins Gericht geht. Marcuse hält sich nicht lange dabei auf, die Ungereimtheiten und Widersprüche des »heroisch-völkischen Realismus« zu zerpflücken, etwa wenn dieser Liberalismus, Marxismus, die Ideen von 1789, Humanismus, Pazifismus, Individualismus, Gleichmacherei, zersetzenden Technizismus und Materialismus unterschiedslos unter dem Diffamierungsterminus Liberalismus abhandelt und verteufelt. Er kommt vielmehr sofort auf die *Halbheit* dieses pseudorevolutionären Angriffs auf den Liberalismus zu sprechen, die nicht als Unsinn abzutun ist, sondern Methode hat:

> »Gerade diese Abdrängung des wirklichen Gehalts des Liberalismus auf eine Weltanschauung ist das Entscheidende: entscheidend durch das, was dabei verschwiegen und verdeckt wird. Die Verdeckung gibt einen Hinweis auf die wahre Frontstellung: sie weicht aus vor der ökonomischen und sozialen Struktur des Liberalismus.« (*Kultur und Gesellschaft I*, S. 22).

Der Gegensatz zwischen einer *rationalen Theorie der Gesellschaft*, welche »die von ihr geforderte Praxis unter die Idee der autonomen Ratio stellt« (ebd., S. 27) und dem *Irrationalismus* ist theoretisch absolut, im praktischen Geltungsbereich dagegen nicht. Weil nämlich, argumentiert Marcuse, in der kapitalistischen Gesellschaft zwar die private Produktion des Einzelkapitals der Ratio unterworfen ist, ihr die Gesamtgesellschaft jedoch im Vertrauen auf eine »invisible hand« entzogen bleibt, hat der Irrationalismus in der kapitalistischen Produktionsweise seine Wurzeln:

> »Gerade die rationale Bestimmung und Bedingung jener ›Allgemeinheit‹, bei der schließlich das ›Glück‹ des einzelnen aufgehoben sein soll, fehlt. Insofern (und nur insofern) wirft man dem Liberalismus mit Recht vor, daß seine Rede von der Allgemeinheit, der Menschheit usw., in puren Abstraktionen stecken bleibt. Struktur und Ordnung des Ganzen bleiben letztlich irrationalen Kräften überlassen: einer zufälligen ›Harmonie‹, einem ›natürlichen Gleichgewicht‹.« (Ebd., S. 31)

Und in dem Maße, in dem die gesellschaftlichen Widersprüche sich verschärfen und schwere Krisen jene »Harmonie« vollends Lügen strafen, gebe der liberalistische Rationalismus sich selber preis und greife zum Irrationalismus. Mit seiner ideologischen Hilfe begann die totalitäre Gesellschaft, »ihre liberale Vergangenheit zu bewältigen und ihre geschichtliche Negation sich einzuverleiben« (ebd., S. 7), deren revolutionäre Protagonisten sich 1919 in Deutschland nicht durchzusetzen vermocht hatten. Insofern, nicht im Sinne einer platten Kontinuität, gilt:

> »Die Wendung vom liberalistischen zum total-autoritären Staat vollzieht sich auf dem Boden derselben Gesellschaftsordnung. Im Hinblick auf diese Einheit der ökonomischen Basis läßt sich sagen: Es ist der Liberalismus selbst, der den total-autoritären Staat aus sich ›erzeugt‹: als seine eigene Vollendung auf einer fortgeschrittenen Stufe der Entwicklung«. (Ebd., S. 32)

Insofern, als nach 1945 hierzulande die politische Demokratie wiederhergestellt wurde, einschneidende gesellschaftliche Veränderungen indessen unterblieben, die jene fatale Tendenz zum »total-autoritären Staat« außer Kraft setzen könnten, bleibt Marcuses Kritik an der liberal-demokratischen Ohnmacht und Halbheit gegenüber dem Faschismus in hohem Maß gültig. Aufklärung und Erziehung zur Demokratie allein vermögen den Abbau der politischen Ideale des Liberalismus unter veränderten gesellschaftlichen Bedingungen allenfalls zu bremsen, nicht jedoch letztlich zu verhindern.

Im faschistisch hypostasierten und totalitär durchgesetzten Vorrang des Ganzen vor den Individuen, vom Irrationalismus durch Naturalisierung und Biologisierung gesellschaftlicher Sachverhalte ideologisch vorbereitet und verbrämt, dechiffriert Marcuse die pervertierte Form des kritischen Wissens, daß sich in der kapitalistischen Gesellschaft der Widerspruch zwischen Individuum und Allgemeinem nicht versöhnen läßt. Ähnlich wie Ernst Bloch es in dem Buch *Erbschaft dieser Zeit* tat, das 1935 in Zürich veröffentlicht wurde und *politisch* noch immer eines seiner aktuellsten Bücher ist, weist mithin auch Marcuse nach, daß die Ideologen der deutschen Konterrevolution seit der gescheiterten Revolution Erkenntnisse des historischen Materialismus diebisch »im *Dienste* eben jener Gesellschaftsordnung verwendet (haben), zu deren *Bekämp-*

*fung* sie ursprünglich entdeckt worden waren« (ebd., S. 46). Die nationalsozialistische Propaganda von der »Volksgemeinschaft« enthält »die klassenlose Gesellschaft (als) das Ziel, aber die klassenlose Gesellschaft auf der Basis und im Rahmen – der bestehenden Klassengesellschaft« (ebd., S. 35).

Im Zentrum von Marcuses Ideologiekritik steht seine Abrechnung mit dem Existentialismus in seiner politischen Gestalt:

> »Er begann philosophisch als eine große Auseinandersetzung mit dem abendländischen Rationalismus und Idealismus, um dessen Gedankengut wieder in die geschichtliche Konkretion der Einzelexistenz hineinzuretten. Und er endet philosophisch mit der radikalen Verleugnung seines eigenen Ursprungs; der Kampf gegen die Vernunft treibt ihn den herrschenden Gewalten blind in die Arme.« (Ebd., S. 54).

Diese Kritik entbehrt nicht der Aktualität angesichts der neuesten Tendenzen, die existentielle Unmittelbarkeit des einzelnen Individuums als einzige gültige Größe zu postulieren. Aus Protest gegen die abstrakt theoretische Form, in der das historische Emanzipationsinteresse in der idealistischen Philosophie einerseits, im objektivistischen Parteimarxismus andererseits enthalten war, aber nicht konkret praktisch zu werden vermochte, hatte Marcuse sich einst dem scheinbar konkreten Subjektivismus Heideggers verschrieben. Nun mußte er feststellen, daß dieser nicht nur gegenüber dem Faschismus ohnmächtig war, sondern die fetischisierte Unmittelbarkeit selbst bei »erd- und bluthaften Kräften« (Heidegger) angelangt war, mithin in Irrationalismus umschlug. Gegen die politische Ambivalenz des existentialistischen *Dezisionismus*, der zwar Partei ergreift, jedoch die Inhalte des Wofür als sekundär abtut, suchte Marcuse sich objektiv gültiger Inhalte zu vergewissern, von denen sich der einzelne begründet leiten lassen kann. *Rationale* Theorie in diesem Sinne greift zurück auf Hegels objektiv gerichtete Philosophie; ebenso hält sie fest am Aufklärungsprogramm eines Kant, dessen Philosophie den Menschen qua »unveräußerlicher« Menschenrechte an die selbst bestimmte und gegebene Pflicht als einziges Grundgesetz band. Und Marcuse erinnert an den Anspruch des historischen Materialismus, dem zufolge in der Arbeiterbewegung das Erbe eben an diesem Emanzipationsgehalt der klassischen deutschen Philosophie aufgehoben war.

Freilich sah Marcuse 1934 keinen Anlaß, sich dabei zu beruhigen: »Heute liegt das Schicksal der Arbeiterbewegung, bei der das Erbe dieser Philosophie aufgehoben war, im ungewissen.« (Ebd., S. 55). Sein gesamtes Denken kreiste in den folgenden Jahren, während der sich der Triumph der Konterrevolution und mit ihr die Barbarisierung aller Lebensverhältnisse auf hochentwickelter industrieller Grundlage stabilisierte und ausbreitete, um die Frage, wie es dazu kommen konnte, daß die Emanzipationsversprechen der Theorie der bürgerlichen Gesellschaft nicht praktisch eingelöst als vielmehr – nach Goebbels' Propagandawort, »1789 rückgängig« zu machen – im dumpfen Marschtritt der nationalsozialistischen Gemeinschaftskolonnen erstickt wurden. Diese bittere Erfahrung begreifen zu wollen, und zwar aus den Widersprüchen der bürgerlichen Kultur heraus, das unterscheidet Marcuse radikal von aller bürgerlichen Kulturkritik. Konnte Marx, schreibt er 1937 in *Philosophie und kritische Theorie*, direkt anknüpfen daran, »was die Kultur der bürgerlichen Gesellschaft bei allem Elend und aller Ungerechtigkeit doch für die Entfaltung und für das Glück des Individuums beigebracht hatte«, so rückte die bürgerliche Kultur unter faschistischen Bedingungen, wo »die vollständige Opferung des Individuums beinahe schon selbstverständlich und an der Tagesordnung ist« (ebd., S. 126), immer mehr in die Vergangenheit. Das mußte Funktion und Sinn der Kritischen Theorie der Gesellschaft, wie die Gruppe sozialistischer Intellektueller um Max Horkheimer seit 1937 ihr Vorhaben zu nennen beginnt, erheblich verändern. Hinzu kam, daß kurz nach der Machtergreifung Hitlers in der Sowjetunion jene Welle von Terror, Säuberungen und Schauprozessen begann, die alle Hoffnungen zerstörte, dort, wo man sich auf Marx berief, sei man dabei, die Emanzipation zu verwirklichen. Wenn sich auch die Autoren der Kritischen Theorie mit öffentlicher Kritik am Stalinismus bewußt zurückhielten, weil sie die Logik erkannten, mit welcher der Nationalsozialismus auf den Krieg mit der Sowjetunion zutrieb, so ging sie doch in ihre Konzeption von Kritischer Theorie ein:

> »Nicht daß der Arbeitsprozeß planvoll geregelt ist, sondern welches Interesse die Regelung bestimmt, ob in diesem Interesse die Freiheit und das Glück der Massen aufbewahrt sind, wird wichtig. Die Vernachlässigung dieses Elements nimmt der Theorie etwas Wesentliches: sie eliminiert aus dem Bilde der befreiten Menschheit die Idee des Glücks, durch das sie sich von aller bisherigen Menschheit unterscheiden soll. Ohne die Freiheit und das Glück in den gesellschaftlichen Beziehungen der Menschen bleibt auch die größte Steigerung der Produktion und die Abschaffung des individuellen Eigentums an den Produktionsmitteln noch der alten Ungerechtigkeit verhaftet.« (Ebd., S. 112 f.)

Die historischen Erfahrungen der in Deutschland gescheiterten Revolution, der Niederlage und Zerschlagung der deutschen Arbeiterbewegung durch den sich in Europa stabilisierenden und ausweitenden Faschismus sowie des terroristischen »Sozialismus in einem Lande« mußten eine an Marx orientierte Theorie verändern. Ohne Selbstbetrug war es nicht mehr möglich, revolutionäre Theorie als theoretische Reflexion der unter aller Augen sich abspielenden praktischen Emanzipationsbewegung zu fassen. Die Wahrheit der materialistischen Geschichtsauffassung war durch die Verdunkelung aller geschichtlichen Perspektiven nicht widerlegt. Daran hielten Horkheimer und Marcuse fest und diese Position bewahrte sie vor dem Schicksal zahlreicher Intellektueller ihrer Generation, die jetzt ihrem revolutionären Engagement abschworen und bewußt zu Renegaten wurden. Aber unter den politischen Bedingungen der späten dreißiger Jahre konnte sich für die ins Exil getriebenen sozialistischen Intellektuellen Horkheimers Devise, »wenn der Sozialismus unwahrscheinlich ist, bedarf es der um so verzweifelteren Entschlossenheit, ihn wahr zu machen« (*Dämmerung,* Zürich 1932, S. 65), *nur auf die Theorie beziehen*, da ihr praktisches gesellschaftliches Substrat zerschlagen war. Der Sieg der nationalsozialistischen Barbarei versagte der Kritischen Theorie, »ihre Zielsetzungen immer nur aus den vorhandenen Tendenzen des gesellschaftlichen Prozesses« zu gewinnen, was sie einst doch von der Philosophie unterschieden hatte, die der Gesellschaft ihre Utopie und Ideale abstrakt entgegenhält (*Kultur und Gesellschaft I*, S. 111). Verdammt reale Umstände bewirkten mithin, daß die Kritische Theorie sich wieder der Philosophie annäherte, mit der sie gemein hatte, inmitten allgemeiner »Verzweiflung« (ebd., S. 113) festzuhalten an der – ohne revolutionäre Bewegung notgedrungen abstrakt bleibenden – Einsicht, »daß es in der von ihr gemeinten Gestalt der Wirklichkeit um die Freiheit und das Glück der Individuen geht.« Die Wiederannäherung kritischer Gesellschaftstheorie an die Philosophie kommt bei Marcuse darin zum Ausdruck, daß er ihren *utopischen Charakter*, den *Eigensinn*, »der aus dem Festhalten an der Wahrheit gegen allen Augenschein kommt« (ebd., S. 111), gar die *Phantasie* aufwertet, die »inmitten einer Welt von Unfreiheit« (ebd., S. 122) am Ziel der Emanzipation unbeirrt festhalten soll. Wenig verschlägt dem, daß die Begründer des historischen Materialismus einst den Übergang von der Utopie zur Wissenschaft gefeiert hatten. Denn er verdankt sich nicht so sehr größerer theoretischer Klarheit, als vielmehr der real anschwellenden antikapitalistischen Bewegung des Proletariats, die es erst erlaubte, die Theorie nicht mehr als abstrakt-doktrinäre Utopie, sondern als »bewußtes Erzeugnis der historischen Bewegung« zu fassen (*MEW 4*, S. 143).

Nur wer von den historischen Bedingungen ihrer Entstehung leichtfertig absieht, vermag in Marcuses Kritischer Theorie und ihrer Wiederannäherung an die Philosophie nichts als eine letzten Endes geistesgeschichtlich bedingte »idealistische Reaktion gegen die Wissenschaft« (Lucio Colletti) zu sehen oder bezichtigt ihn gar, »ein Ideologe des Obskurantismus« (Leszek Kolakowski) zu sein. Wer meint, über die Geltung von Marcuses theoretischer Interpretation debattieren zu können, ohne auf die historische Erfahrung zu reflektieren, die sie verarbeitet, dessen Kritik muß abstrakt bleiben. Gerade weil emanzipatorische Theorie damals nicht theoretischer Ausdruck realer Emanzipationsbewegung sein *konnte*, rückten ihr philosophisches Erbe und ihre philosophische Grundlegung ins Zentrum der Reflexion:

»Nicht in der Wissenschaft, wohl aber in der Philosophie hat die traditionelle Theorie die Begriffe ausgearbeitet, welche sich auf die Möglichkeiten des Menschen jenseits seines faktischen Status beziehen. . . . Daß die philosophische Arbeit eine abstrakte war und ist, gründet in den gesellschaftlichen Daseinsverhältnissen. Das Festhalten an der Abstraktheit in der Philosophie ist der Sachlage entsprechender und kommt der Wahrheit näher als jene pseudo-philosophische Konkretheit, die sich von oben zu den gesellschaftlichen Kämpfen herabläßt.« (*Kultur und Gesellschaft I*, S. 114 f.)
Herbert Marcuses Studie *Vernunft und Revolution*, die erstmals 1941 in New York erschien, verfolgt vor dem skizzierten Hintergrund den Zweck einer *doppelten Rekonstruktionsarbeit*, sieht man einmal davon ab, daß es die erste ausführliche Vorstellung der Kritischen Theorie beim englischsprachigen Publikum war, das dazu neigte, den klassischen deutschen Idealismus und namentlich Hegel mit dem Irrationalismus und der Barbarei der Nazis in Verbindung zu bringen. Es ging Marcuse einmal darum, im Rückgriff auf Hegels Philosophie den *Emanzipationsgehalt* der Marxschen Theorie anhand ihrer Entstehungsgeschichte herauszuarbeiten. Zum anderen folgt aus der dialektischen Analyse des Faschismus, dessen Gewalt und Logik aus der kapitalistischen Gesellschaft zu erklären sind, die Aufgabe, ideologiekritisch jene theoretischen und ideologischen »Tendenzen zu identifizieren, die die liberale Vergangenheit mit ihrer totalitären Aufhebung verbinden« (ebd., S. 7). Nachdem der Faschismus die politische Unschuld der Wissenschaft Lügen gestraft hatte, wurde der *Nachweis des politischen Charakters traditioneller Theorie* zur Kehrseite des Herausschälens der emanzipatorischen Intentionen der kritischen.
Die Ablösung moderner Einzelwissenschaften wie der Soziologie, Politologie, Pädagogik usw. von der Philosophie ist Marcuse zufolge nicht mit dem Marxschen Programm ihrer Verwirklichung zu verwechseln. Vielmehr entstamme sie dem positivistischen Wissenschaftsverständnis, das diese Einzelwissenschaften nach dem Muster naturwissenschaftlicher Verfahren und Methoden zuschneidet. Gesellschaftliche Sachver-

halte gleich wie Gegebenheiten der Natur zu behandeln, bedeutet aber, die herrschende Gesellschaft nolens volens als natürliche zu verklären. Genau das wirft Marcuse all jenen Spielarten traditioneller Theorie vor, die er, reichlich vage, als *Positivismus* bezeichnet. Ob am Beispiel von Saint-Simon, von Auguste Comtes »positiver Philosophie der Gesellschaft«, von Friedrich Julius Stahls »positiver Philosophie des Staates« oder anhand der Soziologie Lorenz von Steins, immer bemüht sich Marcuse um den Nachweis der gemeinsamen Tendenz, theoretisch darauf zu verzichten, die Erfahrungstatsachen vor den Richterstuhl der Vernunft zu zerren und damit die thematisierte Gesellschaft selbst einer radikalen Kritik zu unterwerfen. Die Überwindung der philosophischen Metaphysik gelang hier, wie er darlegt, nur um den Preis einer affirmativen Haltung zum Bestehenden, die deren Faktizität fetischisiert. Die Auslieferung der Theorie an eine Wissenschaft, die den »gesunden Menschenverstand« über alles stellt und die normativen Maßstäbe der einst revolutionären Theorie der bürgerlichen Gesellschaft verwirft, weil sie dem positivistischen Wissenschaftsverständnis widersprechen, hat Marcuse zufolge zu jener Immunisierung der Kultur gegen politische und gesellschaftliche Tendenzen beigetragen, die zum Verzicht auf Kritik und Widerstand gegen irrationale Wirklichkeit und Irrationalismus führte.

Hegels Philosophie wird demgegenüber als »negative Philosophie« interpretiert, weil ihr Vernunftbegriff, durchtränkt von der Französischen Revolution, das Ideal des Individuums als einem selbstvertrauenden Herrn seines Schicksals, befreit von aller Herrschaft, enthält. Solange dies Ideal nicht Wirklichkeit ist, behält Hegels Begriff der Vernunft einen kritischen, polemischen Charakter gegen die schlechte Realität des Gegebenen. Nicht der Wechsel von der Philosophie zur Ökonomie kennzeichnet die Marxsche Gesellschaftstheorie, sondern der Nachweis, daß die von der bürgerlichen Theorie verheißene Emanzipation in der bürgerlichen Gesellschaft nicht gelingen kann. Marcuse interpretiert Hegels Lehre vom Begriff als Programm der Durchdringung der Welt durch die Vernunft:
    »Die Wirklichkeit des Begriffs würde dann die allseitige

Beherrschung der Natur bedeuten, die von Menschen ausgeübt wird, die man sich in der Tat als die Verwirklichung
des Begriffs aller Dinge vorstellen kann.« (*Vernunft und
Revolution*, S. 147).

Das Recht und die Aktualität dieser zweifelsohne einseitigen
Hegel-Interpretation als einer »negativen Theorie« erwächst
weniger aus ihr selbst als aus der Wiederentdeckung der
emanzipatorischen Dimensionen der Marxschen Gesellschaftstheorie. Diese intendiert nicht bloß *proletarische* Befreiung, sondern will in einer sozialen Revolution jene von der
idealistischen Philosophie aufgestellten Vernunftpostulate
verwirklichen, um den Gegensatz zwischen Allgemeinem und
Individuum zu versöhnen, der aus einer Gesellschaft entsteht,
die zwar die Natur beherrscht, aber die Gesellschaft selbst
noch nicht unter die Botmäßigkeit ihres eigenen Begriffs
gebracht hat:

»Es ist von äußerster Wichtigkeit festzustellen, daß Marx
die Abschaffung des Privateigentums ausschließlich als Mittel zur Abschaffung der entfremdeten Arbeit ins Auge faßte
und nicht als Selbstzweck. Die Sozialisierung der Produktionsmittel ist als solche bloß eine ökonomische Tatsache,
ganz wie jede andere ökonomische Institution. Ihr Anspruch, der Beginn einer neuen Gesellschaftsordnung zu
sein, hängt davon ab, was der Mensch mit den sozialisierten
Produktionsmitteln tut. Werden diese nicht für die Entwicklung und Befriedigung des freien Individuums nutzbar
gemacht, so werden sie einfach auf eine neue Form hinauslaufen, die Individuen einem hypostasierten Allgemeinen zu
unterwerfen. Die Abschaffung des Privateigentums leitet
nur dann ein wesentlich neues soziales System ein, wenn die
freien Individuen zu den Herren der sozialisierten Produktionsmittel werden und nicht ›die Gesellschaft‹ . . . Es sind
also die Individuen und nicht ein neues System der Produktion, woran sich die Tatsache ablesen läßt, daß besonderes
und allgemeines Interesse miteinander verschmolzen worden sind. Das Individuum ist das Ziel.« (Ebd., S. 249 f.)

Das Ziel individueller Emanzipation und Selbstentfaltung
steht damit *theoretisch* nicht mehr im unlösbaren Widerspruch

mit demjenigen gesellschaftlicher Umwälzung, da Marcuse den wahrhaft konkreten Subjektbegriff der Marxschen Emanzipationstheorie wieder freigelegt hat. Seine Verwirklichung in einer neuen Form gesellschaftlicher Organisation, geleitet sowohl von allgemeiner Vernunft und Freiheit als auch von Entfaltungsmöglichkeiten der Bedürfnisse und des Glückstrebens der einzelnen gekennzeichnet, bleibt freilich *Aufgabe einer geschichtlichen Praxis*, einer Praxis, der jene Erkenntnisse konkreter Subjektivität nicht äußerlich bleiben dürfen.

## 2. Herbert Marcuse
## Die Marxsche Dialektik

(aus: *Vernunft und Revolution*. Hegel und
die Entstehung der Gesellschaftstheorie.
© Luchterhand, Darmstadt und Neuwied
1962/1972, 5. Aufl. 1979 S. 274–282 – Orig.:
New York 1941)

Wir können jetzt versuchen, die Qualitäten zusammenzufas-
sen, welche die Marxsche von der Hegelschen Dialektik unterscheiden. Wir haben betont, daß Marx' dialektische Konzeption der Wirklichkeit ursprünglich durch denselben Sachverhalt wie die Hegelsche motiviert wurde, nämlich durch den
negativen Charakter der Wirklichkeit. In der sozialen Welt
bewegte diese Negativität die Widersprüche der Klassengesellschaft vorwärts und blieb so der Motor des Prozesses. Jede
einzelne Tatsache und Bedingung wurde in diesen Prozeß
hineingezogen, so daß ihre Bedeutung nur erfaßt werden
konnte, wenn sie in dieser Totalität, zu der sie gehörte,
gesehen wurde. Für Marx wie für Hegel liegt »die Wahrheit«
nur im Ganzen, nur in der »negativen Totalität«.
Jedoch wird die soziale Welt nur durch den Prozeß einer
*Abstraktion,* die der dialektischen Methode durch die Struktur
ihres Gegenstandes, der kapitalistischen Gesellschaft, aufgenötigt wird, zu einer negativen Totalität. Wir können sogar
sagen, daß die Abstraktion das Werk des Kapitalismus selbst
ist und daß die Marxsche Methode nur diesem Prozeß folgt.
Die Marxsche Analyse hat gezeigt, daß die kapitalistische
Ökonomie auf der beständigen Reduktion von konkreter auf
abstrakte Arbeit beruht und durch sie fortbesteht. Diese
Ökonomie zieht sich Schritt für Schritt aus dem konkreten
Bereich menschlicher Tätigkeit und Bedürfnisse zurück und
erzielt die Integration der individuellen Tätigkeiten und Bedürfnisse nur durch einen Komplex abstrakter Beziehungen,
in dem individuelle Arbeit bloß insofern etwas gilt, als sie
gesellschaftlich notwendige Arbeitszeit repräsentiert und in
dem die Beziehungen zwischen den Menschen als Beziehungen von Dingen (Waren) erscheinen. Die Warenwelt ist eine

»verfälschte« und »mystifizierte« Welt, und ihre kritische
Analyse muß zunächst den Abstraktionen folgen, aus denen
diese Welt besteht und muß dann von diesen abstrakten
Beziehungen ausgehen, um bei ihrem wirklichen Inhalt anzu-
kommen. Der zweite Schritt ist daher die Abstraktion von der
Abstraktion oder das Aufgeben einer falschen Konkretheit, so
daß die wahre Konkretheit hergestellt werden kann. Folglich
arbeitet die Marxsche Theorie zunächst die abstrakten Beziehungen heraus, die die Warenwelt bestimmen (Ware, Tauschwert, Geld, Lohn) und kehrt von ihnen zum reich entfalteten
Inhalt des Kapitalismus (den strukturellen Tendenzen der
kapitalistischen Welt, die zu ihrer Zerstörung führen) zurück.
Wir haben gesagt, daß für Marx ganz wie für Hegel die
Wahrheit nur in der negativen Totalität liegt. Freilich ist die
Totalität, in der sich die Marxsche Theorie bewegt, eine
andere als die der Hegelschen Philosophie, und dieser Unterschied deutet auf den entscheidenden Unterschied zwischen
der Hegelschen und der Marxschen Dialektik hin. Für Hegel
war die Totalität die der Vernunft, ein geschlossenes, ontolo-
gisches System, das schließlich mit dem vernünftigen System
der Geschichte identisch war. Hegels dialektischer Prozeß war
so ein umfassend ontologischer, bei dem die Geschichte im
metaphysischen Prozeß des Seins ihr Vorbild hatte. Marx löste
demgegenüber die Dialektik von dieser ontologischen Basis
ab. In seinem Werk wird die Negativität der Wirklichkeit zu
einer *historischen* Bedingung, die nicht zu einem metaphysischen Sachverhalt hypostasiert werden kann. Sie wird, mit
anderen Worten, zu einer gesellschaftlichen Bedingung, die
mit einer besonderen historischen Form der Gesellschaft verknüpft ist. Die Totalität, zu der die Marxsche Dialektik gelangt, ist die Totalität der Klassengesellschaft. Die Negativität,
die ihren Widersprüchen zugrunde liegt und einen jeden ihrer
Inhalte bestimmt, ist die Negativität der Klassenverhältnisse.
Die dialektische Totalität schließt außerdem die Natur ein,
aber nur insofern, als diese in den historischen Prozeß der
gesellschaftlichen Reproduktion eintritt und ihn bedingt. In
dem Fortschreiten der Klassengesellschaft nimmt diese Reproduktion verschiedene Formen auf den verschiedenen Stufen

ihrer Entwicklung an, und diese bilden den Rahmen aller dialektischen Begriffe.

Die dialektische Methode ist so ihrer ganzen Natur nach zu einer historischen Methode geworden. Das dialektische Prinzip ist kein allgemeines Prinzip, das gleichermaßen auf jeden Gegenstand anwendbar wäre. Freilich kann eine jede Tatsache, beispielsweise ein Glas Wasser, einer dialektischen Analyse unterworfen werden, wie in Lenins berühmter Diskussion[1]. Aber alle solche Analysen würden in die Struktur des historisch-sozialen Prozesses hineinführen und zeigen, daß dieser für die analysierten Tatsachen konstitutiv ist. Die Dialektik begreift die Tatsachen als Elemente einer bestimmten historischen Totalität, von der sie nicht isoliert werden können. Sich auf das Beispiel eines Glases Wasser beziehend, stellt Lenin fest, daß »in die vollständige ›Definition‹ eines Gegenstandes die ganze menschliche Praxis . . . eingehen muß«*; die unabhängige Objektivität des Glases Wasser wird auf diese Weise aufgelöst. Jede Tatsache kann einer dialektischen Analyse nur insoweit unterworfen werden, als jede Tatsache von den Antagonismen des gesellschaftlichen Prozesses beeinflußt wird.

Der historische Charakter der Marxschen Dialektik umfaßt die herrschende Negativität so gut wie deren Negation. Der gegebene Zustand ist negativ und kann nur durch die Befreiung der ihm immanenten Möglichkeiten zu einem positiven gemacht werden. Diese Befreiung, die Negation der Negation, wird bewerkstelligt, indem eine neue Ordnung der Dinge eingerichtet wird. Die Negativität und ihre Negation sind zwei verschiedene Phasen des nämlichen historischen Prozesses, die durch die historische Aktion des Menschen auseinander hervorgehen. Der »neue« Zustand ist *die Wahrheit* des alten. Aber jene Wahrheit wächst nicht allmählich und automatisch aus dem früheren Zustand hervor; sie kann nur durch einen autonomen Akt der Menschen freigesetzt werden, der den existierenden negativen Zustand als Ganzes aufhebt. Die

---

\* Lenin, Noch einmal über die Gewerkschaften – Dialektik und Eklektizismus, in: Werke, Bd. 32, Berlin 1961, S. 84 ff.

Wahrheit ist, kurz gesagt, weder ein von der historischen Realität getrenntes Reich noch eine Region ewig gültiger Ideen. Freilich transzendiert sie die gegebene historische Realität; aber nur insoweit, als sie von einer historischen Stufe zu einer anderen überwechselt. Der negative Zustand wie seine Negation ist jeweils ein konkretes Ereignis innerhalb derselben Totalität.

Die Marxsche Dialektik ist noch in einem anderen Sinne eine historische Methode: sie hat es mit einer *besonderen Stufe* des historischen Prozesses zu tun. Marx kritisiert Hegels Dialektik, weil sie die dialektische Bewegung zu einer Bewegung allen Seins verallgemeinert, zu der des Seins als solchem und daher bloß zu einem »*abstrakten, logischen, spekulativen* Ausdruck für die Bewegung der Geschichte« gelangt*. Darüber hinaus charakterisiert die Bewegung, der Hegel einen solchen abstrakten Ausdruck verlieh und von der er glaubte, sie gelte allgemein, tatsächlich nur eine besondere Phase der Geschichte des Menschen, nämlich seine »Entstehungsgeschichte«**. Die Marxsche Unterscheidung zwischen der Geschichte dieser Entstehung und der »eigentlichen Geschichte« der Menschheit läuft auf eine Begrenzung der Dialektik hinaus. Die Entstehungsgeschichte der Menschheit, die Marx ihre Vorgeschichte nennt, ist die Geschichte der Klassengesellschaft. Die *eigentliche* Geschichte des Menschen wird beginnen, wenn diese Gesellschaft abgeschafft worden ist. Die Hegelsche Dialektik gibt die *abstrakt-logische* Form der vorgeschichtlichen Entwicklung, die Marxsche Dialektik ist deshalb noch an die vorgeschichtliche Phase gebunden.

Die Negativität, mit der die Marxsche Dialektik beginnt, ist jene, die das menschliche Dasein in der Klassengesellschaft kennzeichnet; die Antagonismen, die diese Negativität intensivieren und schließlich abschaffen, sind die Antagonismen der Klassengesellschaft. Zum innersten Wesen der Marxschen Dialektik gehört der Gedanke, daß sich mit dem Übergang von der durch die Klassengesellschaft geprägten Vorgeschich-

---

* Schlußkapitel der »Ökonomisch-philosophischen Manuskripte«, a. a. O., S. 76.
** Ibid.

te zur Geschichte der klassenlosen Gesellschaft die gesamte Struktur der historischen Bewegung ändern wird. Ist die Menschheit erst einmal zum bewußten Subjekt ihrer Entwicklung geworden, so kann auch ihre Geschichte nicht länger in Formen umrissen werden, die für die vorgeschichtliche Phase gelten.

Die Marxsche dialektische Methode reflektiert noch die Herrschaft blinder ökonomischer Kräfte über den Gang der Gesellschaft. Die dialektische Analyse der gesellschaftlichen Wirklichkeit im Hinblick auf die ihr innewohnenden Widersprüche und deren Lösung zeigt, daß diese Wirklichkeit unter der Macht objektiver Mechanismen steht, die mit der Notwendigkeit von »natürlichen« (physikalischen) Gesetzen wirksam werden; nur so kann der Widerspruch letztlich die Kraft sein, von der die Gesellschaft in Bewegung gehalten wird. Die Bewegung ist insofern in sich dialektisch, als sie noch nicht von der Aktivität frei assoziierter Individuen gesteuert wird. Die dialektischen Gesetze sind die entwickelte Erkenntnis der »Naturgesetze« der Gesellschaft und deshalb ein Schritt zu ihrer Aufhebung, aber sie bleiben eine Erkenntnis von »Naturgesetzen«. Freilich wird der Kampf mit dem »Reich der Notwendigkeit« mit dem Übergang des Menschen zur Stufe seiner »eigentlichen Geschichte« weitergehen; Negativität und Widerspruch werden nicht verschwinden. Nichtsdestoweniger wird dieser Kampf unter gänzlich anderen Formen vonstatten gehen, wenn die Gesellschaft das freie Subjekt dieses Kampfes geworden ist. Aus diesem Grund ist es nicht erlaubt, die dialektische Struktur der Vorgeschichte der künftigen Geschichte der Menschheit aufzubürden.

Derjenige Begriff, der die Marxsche Dialektik ausdrücklich mit der Geschichte der Klassengesellschaft verbindet, ist der Begriff der *Notwendigkeit*. Die dialektischen Gesetze sind *notwendige* Gesetze; die verschiedenen Formen der Klassengesellschaft gehen *notwendig* an ihren inneren Widersprüchen zugrunde. Die Gesetze des Kapitalismus arbeiten »mit eiserner Notwendigkeit unvermeidlichen Resultaten entgegen«, sagt Marx. Diese Notwendigkeit bezieht sich jedoch nicht auf die positive Transformation der kapitalistischen Gesellschaft.

Zwar nahm Marx an, daß dieselben Mechanismen, welche die Konzentration und Zentralisation des Kapitals bewirken, auch die »Vergesellschaftung der Arbeit« herbeiführen. »Die kapitalistische Produktionsweise erzeugt mit der Notwendigkeit eines Naturprozesses ihre eigene Negation«, nämlich Eigentum »auf Grundlage . . . der *Kooperation* und des *Gemeinbesitzes der Erde und der durch die Arbeit selbst produzierten Produktionsmittel«\**. Nichtsdestoweniger würde die ganze Bedeutung der Marxschen Theorie verzerrt, wollte man von der unerbittlichen Notwendigkeit, welche die Entwicklung des Kapitalismus beherrscht, auf eine ähnliche Notwendigkeit schließen, was den Übergang zum Sozialismus angeht. Wenn der Kapitalismus negiert worden ist, werden die gesellschaftlichen Prozesse nicht länger unter der Herrschaft blinder Naturgesetze stehen. Genau das unterscheidet das Wesen der neuen Form von der alten. Der Übergang vom unvermeidlichen Tode des Kapitalismus zum Sozialismus ist notwendig, aber nur in dem Sinne, daß die volle Entwicklung des Individuums notwendig ist. Die neue gesellschaftliche Vereinigung der Individuen ist wiederum notwendig, aber nur in dem Sinne, daß es notwendig ist, die verfügbaren Produktivkräfte für die allgemeine Befriedigung aller Individuen anzuwenden. Die Verwirklichung von Freiheit und Glück erheischt die Errichtung einer Ordnung, in der die assoziierten Individuen über die Organisation ihres Lebens bestimmen. Wir haben schon betont, daß die Qualitäten der zukünftigen Gesellschaft sich in den gegenwärtigen Kräften widerspiegeln, die auf ihre Verwirklichung hintreiben. In den Tendenzen, die zu einer freien und selbstbewußten Gesellschaft führen, kann es keine blinde Notwendigkeit geben. Die Negation des Kapitalismus beginnt innerhalb des Kapitalismus selbst, aber selbst in den Phasen, die der Revolution vorausgehen, ist jene rationale Spontaneität am Werke, die die nachrevolutionären Phasen beseelen wird. Die Revolution hängt in der Tat von einer Totalität objektiver Bedingungen ab; sie erfordert, daß ein bestimmtes Niveau der materiellen und intellektuellen Kultur

\* Kapital, I, S. 803.

71

erreicht ist, eine selbstbewußte und auf internationaler Basis organisierte Arbeiterklasse, akuten Klassenkampf. Diese Bedingungen werden jedoch nur dann zu revolutionären, wenn sie von einer bewußten Aktivität ergriffen und gelenkt werden, die das sozialistische Ziel im Sinn hat. Nicht die geringste Naturnotwendigkeit oder gar automatische Unvermeidlichkeit garantiert den Übergang vom Kapitalismus zum Sozialismus.

Der Kapitalismus selbst hat die Reichweite und Macht rationaler Praktiken in einem erheblichen Maße erweitert. Die »Naturgesetze«, die den Kapitalismus in Gang halten, sind von Tendenzen anderer Art durchkreuzt worden, welche die Wirkung notwendiger Prozesse verzögert und dadurch das Leben der kapitalistischen Ordnung verlängert haben*. Der Kapitalismus ist in bestimmten Bereichen weitgehenden politischen und administrativen Regulierungen unterworfen worden. Planung beispielsweise ist kein ausschließliches Merkmal einer sozialistischen Gesellschaft**. Die Naturnotwendigkeit der von Marx entwickelten gesellschaftlichen Gesetze schloß die Möglichkeit einer solchen Planung unter dem Kapitalismus ein, wenn sie sich auf ein Wechselspiel von Ordnung und Zufall, bewußter Aktion und blinden Mechanismen bezogen. Die Möglichkeit einer rationalen Planung unter dem Kapitalismus beeinträchtigt natürlich nicht die Gültigkeit der fundamentalen Gesetze, die Marx in diesem System entdeckte. Das System ist dazu bestimmt, kraft dieser Gesetze unterzugehen. Aber der Prozeß könnte eine lange Periode der Barbarei einschließen. Diese kann nur durch eine freie Aktion verhütet werden. Die Revolution erfordert die Reife vieler Kräfte, aber die größte unter ihnen ist der subjektive Faktor, nämlich die revolutionäre Klasse selbst***. Die Verwirklichung von Freiheit und Vernunft erfordert die freie Rationalität jener, die sie erlangen.

Die Marxsche Theorie ist daher mit einem fatalistischen De-

---

* Vgl. Kapital, III, 1. c., S. 260–268.
** Siehe: Kritik des Gothaer Programms, Berlin 1955.
*** Das Elend der Philosophie, Marx-Engels, Werke, Bd. 4, Berlin 1959, S. 181.

terminismus unvereinbar. Zwar schließt der historische Materialismus das deterministische Prinzip ein, daß das Bewußtsein vom gesellschaftlichen Sein bedingt wird. Wir haben jedoch zu zeigen versucht, daß die notwendige Abhängigkeit, die in diesem Prinzip ausgesprochen wird, für das »vorgeschichtliche« Leben, das der Klassengesellschaft, gilt. Die Produktionsverhältnisse, die die im Menschen steckenden Möglichkeiten beschränken und verzerren, determinieren unvermeidlich sein Bewußtsein, und zwar weil die Gesellschaft kein freies und bewußtes Subjekt ist. Solange der Mensch außerstande ist, diese Verhältnisse zu beherrschen und zur Befriedigung der Bedürfnisse und Wünsche des Ganzen zu benutzen, werden sie die Form einer objektiven, unabhängigen Entität annehmen. Das in diese Verhältnisse verstrickte und von ihnen überwältigte Bewußsein wird notwendig *ideologisch*.

Natürlich wird das Bewußtsein der Menschen weiterhin von den materiellen Prozessen bestimmt werden, die ihre Gesellschaft reproduzieren, selbst dann, wenn die Menschen dazu gekommen sind, ihre gesellschaftlichen Beziehungen auf eine solche Weise zu regulieren, daß sie am besten zur freien Entwicklung aller beitragen. Aber wenn diese materiellen Prozesse rational und zur bewußten Arbeit der Menschen gemacht worden sind, wird die blinde Abhängigkeit des Bewußtseins von den gesellschaftlichen Verhältnissen aufhören zu bestehen. Wenn die Vernunft von rationalen gesellschaftlichen Verhältnissen determiniert wird, wird sie von sich selbst determiniert. Die sozialistische Freiheit umschließt beide Seiten der Beziehung zwischen Bewußtsein und gesellschaftlichem Sein. Das Prinzip des historischen Materialismus führt zur Negation seiner selbst.

Der Arbeitsprozeß, der sich in der Marxschen Analyse des Kapitalismus und seiner Genesis als fundamental erweist, ist der Boden, von dem aus die verschiedenen Bereiche der Theorie und Praxis in der kapitalistischen Gesellschaft zur Wirksamkeit gelangen. Ein Verständnis des Arbeitsprozesses ist daher zugleich ein Verständnis der Quelle für die Trennung von Theorie und Praxis wie des Elements, das ihre Wechselwirkung wiederherstellt. Die Marxsche Theorie ist ihrem ganzen Wesen nach eine integrale und integrierende Theorie der Gesellschaft. Der ökonomische Prozeß des Kapitalismus übt einen totalitären Einfluß auf alle Theorien und alle Praxis aus, und eine ökonomische Analyse, die den kapitalistischen Schleier zerreißt und seine »Verdinglichung« durchbricht, wird bis zu dem Untergrund gelangen, der aller Theorie und Praxis in dieser Gesellschaft gemeinsam ist.

Die Marxsche Ökonomie läßt einer unabhängigen Philosophie, Psychologie oder Soziologie keinen Raum. »Die Moral, Religion, Metaphysik und sonstige Ideologie und die ihnen entsprechenden Bewußtseinsformen behalten hiermit nicht länger den Schein der Selbständigkeit . . . Die selbständige Philosophie verliert mit der Darstellung der Wirklichkeit ihr Existenzmedium. An ihre Stelle kann höchstens eine Zusammenfassung der allgemeinsten Resultate treten, die sich aus der Betrachtung der historischen Entwicklung der Menschen abstrahieren lassen«[*].

Mit der Trennung der Theorie von der Praxis wurde die Philosophie zum Heiligtum wahrer Theorie. Die Wissenschaft wurde entweder »in den Dienst des Kapitals«[**] gepreßt oder zu einem müßigen Zeitvertreib heruntergebracht, weit davon entfernt, etwas mit den tatsächlichen Kämpfen der Menschheit zu tun zu haben, während die Philosophie es unternahm, im Medium des abstrakten Denkens die Lösungen des Problems der menschlichen Bedürfnisse, Ängste und Wünsche zu hüten. Die »reine Vernunft«, gereinigt von allen empirischen Zufälligkeiten, wurde zum angemessenen Reich der Wahrheit. Gegen Ende seiner »Kritik der reinen Vernunft« stellt Kant die drei Fragen, an denen die menschliche Vernunft am brennendsten interessiert ist: Was kann ich wissen? Was soll ich tun? Was darf ich hoffen? Diese Fragen und ihre Lösungsversuche umfassen in der Tat den innersten Kern der Philosophie, ihr Interesse an den wesentlichen Möglichkeiten des Menschen inmitten der Misere des wirklichen Daseins. Hegel hatte dieses philosophische Interesse in den historischen Zusam-

---

[*]  Deutsche Ideologie, S. 26–27.
[**]  Kapital I, S. 379.

74

menhang seiner Zeit gestellt, wodurch offenbar wurde, daß Kants Fragen in den tatsächlichen historischen Prozeß hineinführten. Die Erkenntnis des Menschen, sein Tun und Hoffen wurden auf die Aufgabe verwiesen, eine vernünftige Gesellschaft herzustellen. Marx machte sich daran, die konkreten Kräfte und Tendenzen zu enthüllen, die diesen Endzweck behinderten und jene, die ihn förderten. Der materielle Zusammenhang seiner Theorie mit einer bestimmten historischen Form der Praxis negierte nicht nur die Philosophie, sondern ebensosehr die Soziologie. Die sozialen Tatsachen, die Marx analysierte (beispielsweise die Entfremdung der Arbeit, den Fetischismus der Warenwelt, den Mehrwert, die Ausbeutung), sind solchen soziologischen Tatsachen wie Scheidungen, Verbrechen, Verschiebungen innerhalb der Bevölkerung und Konjunkturzyklen nicht verwandt. Die grundlegenden Beziehungen der Marxschen Kategorien sind außerhalb der Reichweite von Soziologie oder irgendeiner anderen Wissenschaft, die damit beschäftigt ist, die objektiven *Erscheinungen* der Gesellschaft zu beschreiben und zusammenzustellen. Sie werden nur einer Theorie als Tatsachen sich darstellen, die sie von vornherein im Hinblick auf ihre Negation betrachtet. Marx zufolge besteht die richtige Theorie im Bewußtsein einer Praxis, die auf die Veränderung der Welt abzielt.

Der Marxsche Begriff der Wahrheit ist jedoch weit von Relativismus entfernt. Es gibt nur eine Wahrheit und eine Praxis, die imstande ist, sie zu verwirklichen. Die Theorie hat die Tendenzen dargelegt, welche zum Erreichen einer vernünftigen Einrichtung des Lebens führen, die Bedingungen, sie herzustellen, sowie die ersten Schritte, die zu gehen sind. Der Endzweck der neuen gesellschaftlichen Praxis wurde bereits ausgesprochen: die Aufhebung der Arbeit, die Verwendung der vergesellschafteten Produktionsmittel für die freie Entwicklung aller Individuen. Alles weitere bleibt die Aufgabe der eigenen befreiten Tätigkeit des Menschen. Die Theorie begleitet die Praxis in jedem Augenblick, indem sie die sich verändernde Situation analysiert und dementsprechend ihre Begriffe formuliert. Die konkreten Bedingungen für die Verwirklichung der Wahrheit mögen variieren, aber die Wahrheit

bleibt dieselbe, und die Theorie bleibt in letzter Instanz ihr
Hüter. Die Theorie wird an der Wahrheit festhalten, selbst
wenn die revolutionäre Praxis von ihrem rechten Pfade abweicht. Die Praxis folgt der Wahrheit, nicht umgekehrt.
In diesem Wahrheitsabsolutismus vollendet sich das philosophische Erbe der Marxschen Theorie; er trennt die dialektische Theorie ein für allemal von allen nachfolgenden Formen
des Positivismus und Relativismus.

## 3. Detlev Claussen
## Die versäumte Befreiung – Kritik des Sowjet-
## marxismus

In seinem letzten großen Aufsatz vor seinem Tode kam
Herbert Marcuse auf ein zentrales Motiv seiner politischen
Arbeit zurück: auf die Kritik des sowjetischen Sozialismus.
Das Produkt seiner ersten großen Auseinandersetzung mit
dem sowjetischen System *Die Gesellschaftslehre des sowjetischen Marxismus* hatte während des Kalten Krieges keine gute
Konjunktur gehabt; in ihm lassen sich schon fast alle Momente aufspüren, die in dem Aufsatz *Über Bahro, den Protosozialismus und den Spätkapitalismus* von 1978 entfaltet werden.
Die isoliert gebliebene Oktoberrevolution kann man als ein
Schlüsselerlebnis der Generation bezeichnen, aus der die Begründer der kritischen Theorie stammten. Die Entwicklung
der Sowjetgesellschaft wurde von den kritischen Theoretikern
aufmerksam verfolgt; 1929 veröffentlichte Friedrich Pollock
eine sympathetische Studie über »Die planwirtschaftlichen
Versuche in der Sowjetunion 1917–1927«. Angesichts des
Massenelends in den kapitalistischen Ländern und der dro-
henden Kriegsgefahr wurde die Sowjetunion von der westlichen Linken trotz des einsetzenden Stalinismus mit Hoffnungen überhäuft. So formulierte Horkheimer unter dem Pseudo-
nym Heinrich Regius noch 1934:
> »Wer Augen für die sinnlose, keineswegs durch technische
> Ohnmacht zu erklärende Ungerechtigkeit der imperialisti-
> schen Welt besitzt, wird die Ereignisse in Rußland als den
> fortgesetzten schmerzlichen Versuch betrachten, diese
> furchtbare gesellschaftliche Ungerechtigkeit zu überwin-
> den, oder er wird wenigstens klopfenden Herzens fragen,
> ob dieser Versuch noch andauere. Wenn der Schein dagegen
> spräche, klammerte er sich an die Hoffnung wie ein Krebs-
> kranker an die fragwürdige Nachricht, daß das Mittel gegen
> seine Krankheit wahrscheinlich gefunden sei.« (Regius,
> *Dämmerung*, Zürich 1934, S. 152 f.)

Mit den Moskauer Schauprozessen ab 1936 war allerdings der
Punkt gekommen, an dem sich die Regression der Sowjetge-

sellschaft auf ein despotisches System nicht mehr leugnen ließ. Für Horkheimer und Adorno war mit dem Scheitern des sowjetischen Versuchs jede berechtigte Hoffnung auf revolutionäre Weltveränderung untergegangen; nicht jedoch für Herbert Marcuse, der als einziger aus dem Frankfurter Kreis diesem Thema ein umfangreiches Werk widmet. 1958 veröffentlichte er in den USA das Ergebnis jahrelanger Studien; 1964 wurde es ins Deutsche übertragen. Zu einer Zeit, als der westliche Kapitalismus von den meisten westlichen Linken als das kleinere Übel gegenüber der Sowjetdespotie betrachtet wurde, versuchte Marcuse auf die notwendige Veränderung des Status quo hinzuweisen, so unrealistisch sie auch erscheinen möge.

Kritik des Sowjetmarxismus hatte für ihn eine doppelte Funktion, die auch als Leitmotiv in dem Bahroaufsatz wieder erscheint: einerseits die Intentionen der Marxschen Theorie aus ihrer marxistisch-leninistischen Verzerrung zu lösen, andererseits durch kritische Analyse die historischen Entwicklungsmöglichkeiten von verdinglichtem Sozialismus *und* Spätkapitalismus aufzuzeigen.

Grundthese für ein solches Verfahren ist: Westlicher Kapitalismus und östliches Sowjetsystem bedingen einander; ohne die östliche Entwicklung wäre das westliche Modell der Klassenkollaboration nicht so durchführbar gewesen, und ohne den imperialistischen Druck auf die Sowjetunion wäre die terroristische Industrialisierungspolitik Stalins in dieser Form nicht möglich gewesen. Aber beide Gesellschaftsformationen entwickeln sich nach ihren eigenen Gesetzen, die es zu untersuchen gilt.

Marcuse hebt seine Theorie deutlich von den im Westen herrschenden Theorien ab: von der Totalitarismus- und der Konvergenztheorie. Die Totalitarismustheorie betrachtet, ohne die historischen und gesellschaftlichen Voraussetzungen zu analysieren, die Auswirkungen des politischen Systems auf die Gesellschaft. In der westlichen Nachkriegsgesellschaft hatte sie die ideologische Funktion, Faschismus und Stalinismus in einen Topf zu werfen und den herrschenden Zustand als den bestmöglichen zu rechtfertigen. Die Konvergenztheorie reduziert die gesellschaftlichen Unterschiede auf die rationalen Lösungsmöglichkeiten der Probleme von Industriegesellschaften. Das Besondere der Sowjetgesellschaft, nach deren Bild sich auch die Länder Osteuropas entwickeln sollten, geht in diesen Theorien verloren.

Marcuse entwickelt in seinem Buch über den Sowjetmarxismus im Vorgriff das, was Bahro zwanzig Jahre später ausformulieren konnte: der sich selbst so bezeichnende »real existierende Sozialismus« ist eine neben dem Kapitalismus bestehende besondere Gesellschaftsformation, die mit dem emanzipatorischen Sozialismusbegriff von Marx und Engels nichts gemein hat. Gegen die erklärte Absicht der bolschewistischen Revolutionäre hat sich objektiv eine neue Klassengesellschaft durchgesetzt, in der entfremdete Arbeit und Herrschaft von Menschen über Menschen fortexistieren.

In seiner Analyse des Sowjetmarxismus geht Marcuse von einer fundamentalen Ambivalenz aus:

> ». . . die Mittel zur Befreiung und Humanisierung stehen im Dienst der Erhaltung von Herrschaft und Unterwerfung, und die Theorie, die alle Ideologie zerstörte, wird zur Aufrichtung einer neuen Ideologie benutzt.« (*Die Gesellschaftslehre . . .*, S. 19)

Die radikale Kritik alles Bestehenden in der Theorie und Praxis ergibt sich nur aus einer Glückskonstellation der Geschichte; eben wenn der Gedanke zur Wirklichkeit und die Wirklichkeit zum Gedanken drängt. Die nachrevolutionäre Sowjetunion aber wird dadurch geprägt, daß der kritische Gedanke in eine positive Weltanschauung, die des Marxismus-Leninismus, verwandelt und zur Legitimation einer rein technischen Umwandlung der Welt wird. Während die Revolution die Möglichkeiten des Subjekts in Freiheit setzt, drängt die nachrevolutionäre Gesellschaft Subjektivität in die Bahnen gesellschaftlicher Arbeitsteilung zurück, deren objektive Gesetzmäßigkeiten von den Individuen als ebenso fremd, undurchschaubar und unbeherrschbar empfunden werden wie im Kapitalismus. Marxismus-Leninismus als Ideologie verkündet die Legitimation derjenigen, die Macht in Staat und Partei innehaben und aus ihrer Kenntnis der ehernen Logik der Weltgeschichte in der Lage sind, den unaufhaltsamen Fortschritt zu menschlichem Glück im Kommunismus zu vollenden. In der Gegenwart werden den Individuen harte Prüfungen zum Wohl des Allgemeinen auferlegt: Dreh- und Angelpunkt wird die Steigerung der Arbeitsmoral; denn nur als Steigerung der Arbeitsproduktivität kann dieser Fortschritt denkbar sein. Die Rationalität des Sowjetsystems liegt in der Rechtfertigung einer repressiven Arbeitsmoral zum Segen des Allgemeinwohls; sie begründet die Verkehrung von Mittel und Zweck: technischer Fortschritt und menschliche Befreiung geraten in Gegensatz.

Dieser Gegensatz wirkt auch im westlichen System, wie Marcuse später im *Eindimensionalen Menschen* zeigen wird. Das Besondere an Marcuses Vorgehen bei der Analyse der Sowjetgesellschaft besteht nicht darin, den Anspruch mit der Wirklichkeit zu vergleichen, sondern aus einer immanenten Kritik den Umschlag von revolutionärer Theorie in Ideologie, d. h. in falsches Bewußtsein, darzustellen. Der Sowjetmarxismus behauptet ja, die Einheit von Theorie und Praxis darzustellen: aber von Marcuse wird die sowjetische gesellschaftliche Praxis als die der entfremdeten Arbeit analysiert. Die Theorie, in den Dienst dieser Praxis genommen, verliert ihre kritische Dimension und verkommt zur Apologie des Bestehenden. Die Plattheiten marxistisch-leninistischer Wahrheiten sind nicht als intellektuelle Fehlleistungen, sondern als harte politische Tatsachen zu begreifen. Die Leitsätze des Marxismus-Leninismus sind »der Wahrheit nicht mehr verpflichtet als Befehle oder Zeitungsannoncen: ihre ›Wahrheit‹ besteht in ihrem Effekt.« (*Gesellschaftslehre . . .*, S. 95)

Der emanzipatorische Gehalt der Marxschen Theorie – die Abschaffung der entfremdeten Arbeit, die freie Assoziation der Individuen und die Versöhnung von Mensch und Natur, der Bruch mit dem Ausbeutungscharakter aller bisherigen Geschichte – verwandelt sich angesichts der sowjetischen Realität zurück in kritische Philosophie, die sich dem Bestehenden widersetzt. In der Kunst und in der Philosophie formiert sich für Marcuse ein Widerstandspotential: in der Kunst, die sich der herrschenden Rationalität verweigert, entfaltet sich eben das, was Bahro als überschüssiges Bewußtsein bezeichnet, und in der kritischen Philosophie wird der emanzipatorische Ansatz der Marxschen Theorie wieder wirksam: Befreiung von der Herrschaft der Objektivität, der politischen Ökonomie. Gegenüber der Vergötzung ökonomischer Notwendigkeit verlangt die Freiheit, die Subjektivität, ihr Recht zurück. In der »Sowjetmarxismusanalyse« ist dies als utopische Möglichkeit bezeichnet, im »Bahroaufsatz« läßt es sich weitergehend formulieren: Entwicklung einer konkreten Utopie.

Der »Bahroaufsatz« basiert auf den spätkapitalistischen Protestbewegungen als politischer Erfahrung ebenso wie auf dem Prager Frühling von 1968 und den polnischen Dezemberereignissen von 1970. Diese politischen Bewegungen konnten als Zeichen interpretiert werden, daß die Klassengesellschaften neue Widersprüche produzieren, die nicht im Gegensatz von Lohnarbeit und Kapital aufgehen. Schon am Sowjetmarxismus hatte Marcuse festgestellt, daß der Marxismus-Leninismus hartnäckig an der Figur des Proletariats als alleiniger revolutionärer Klasse im Kapitalismus festhält. Diese Behauptung gegen alle Tatsachen dient zur Rechtfertigung der Stellvertreterherrschaft der Kommunistischen Parteien in Osteuropa. Die praktische Politik der »friedlichen Koexistenz« deutete aber schon darauf hin, daß die Sowjetunion nicht mehr auf die revolutionäre Rolle des Proletariats im Westen setzt. Wie der Sowjetmarxismus in der eigenen Gesellschaft die Gegenwart des Sozialismus von der Zukunft des Kommunismus zeitlich abtrennt, so wird im Westen das Wesen des Proletariats zwar als revolutionär bezeichnet – aber mit der zeitlichen Einschränkung »nicht in einer revolutionären Situation«. Der Sozialismus in einem Land, dieser Reflex auf das Scheitern der Revolutionen in Mittel- und Westeuropa, hatte international eine strukturelle Veränderung zur Folge. Der internationale Klassenkampf geht nicht mehr wie bei Marx noch von den Proletariern aller Länder oder bei Lenin von den Proletariern der entwickelten gemeinsam mit den unterjochten Kolonialvölkern aus, sondern wird zum »Kampf um Räume und Bevölkerungen« (*Gesellschaftslehre* . . ., S. 103). Die Beset-

zungen der ČSSR und Afghanistans haben diese 1958 aufge-
stellte These eindrucksvoll unterstrichen.

Diese Politik ist Folge der inneren Veränderungen in beiden
Gesellschaften. In der Marxschen Theorie werden die objektiven Interessen des Proletariats – nämlich die allgemein
menschliche Emanzipation – von den erscheinenden subjektiven Interessen der Proletarier unterschieden. In der Praxis der
Sowjetgesellschaft beanspruchen Staat und Partei, diese objektiven Interessen zu verwirklichen. Auf Grund der in der
Produktion begründeten technischen Arbeitsteilung kann sich
der Staat nicht nur gegenüber den Proletariern, sondern der
gesamten Gesellschaft gegenüber verselbständigen. Das Proletariat wird in die gesellschaftliche Gesamtarbeit integriert und
verliert seine selbständige Existenz: ein Gesamtarbeiter wird
zur realen Gestalt, der aus sich selbst heraus neue Widerstände
produziert. Staat und Partei müssen, um ihre Ziele zu erreichen, fortwährend an alle Glieder des Gesamtarbeiters appellieren und sie mobilisieren. Zur Steigerung der Arbeitsproduktivität müssen die Kräfte der Subjektivität gebildet werden
– hier erwächst in der arbeitenden Gesellschaft ein subjektives
Widerstandspotential gegen die bürokratische Herrschaft. Die
Mobilisierung der Gesellschaft erzeugt zunehmend »überschüssiges Bewußtsein«, das in »emanzipatorischen Interessen« verankert ist.

Der große Schritt nach vorn, den Marcuse in Bahros Analyse
sah, besteht in der Wiedergewinnung der praktischen Dimension des Subjektiven. Was Marcuse zwanzig Jahre zuvor als
objektive Möglichkeit ideologiekritisch herausarbeitet, kann
jetzt als konkrete Utopie der sich befreienden Subjekte vorgestellt werden. Die herrschende Praxis materieller Produktion
versucht, die »kompensatorischen Interessen« zu befriedigen
– sie erzeugt »subalternes Bewußtsein«. Aber dieser Zusammenhang läßt sich nicht einfach als falsches Bewußtsein kritisieren oder gar abtun:

> »Trotzdem insistiert Bahro darauf, daß die kompensatori-
> schen Interessen nicht einfach im Interesse der Emanzipa-
> tion reduziert und umdirigiert werden können: sie sind eine
> tief in der Psyche verankerte Form des Glücksanspruchs

und der Befriedigung. In ihr findet das Bestehende seine Legitimation.« (*Über Bahro, . . .* S. 7)

Wenn man sich die Ereignisse des Sommers 1980 in Polen vor Augen führt, sticht einem der Ausbruch der Legitimationskrise bei den Interessen der materiellen Bedürnisbefriedigung ins Auge. Aber der Protest dagegen setzt die emanzipatorischen Interessen in Freiheit – nicht idealtypisch, sondern gebrochen und vermischt. Wenn die polnischen Führer sich als kühle Rechner der ökonomischen Rationalität präsentieren, so können sie doch die Krise des subalternen Bewußtseins damit nicht beschwichtigen. Die Formel, die der polnische Parteiführer Gierek nach 1970 aufstellte »Wir werden gut regieren, ihr werdet gut arbeiten«, zerbricht in der Wirklichkeit, weil sie den Subjekten nur den Platz der Unterordnung, der Subalternität, zuweist.

Marcuse behauptet, daß die Kritik des »real existierenden Sozialismus« mutatis mutandis auf den Spätkapitalismus zutreffen würde. Der Bruch mit der Marxschen Theorie wird zur Voraussetzung, ihr die Treue zu halten. Auf dem Hegel-Kongreß in Prag formulierte Marcuse 1966:

> »Die Kraft der Negation, wir wissen es, ist heute in keiner Klasse konzentriert. Sie ist heute eine noch chaotische anarchische Opposition, politisch und moralisch, rational und instinktiv: die Weigerung, mitzumachen und mitzuspielen, der Ekel vor aller Prosperität, der Zwang zu protestieren.« (*Zum Begriff der Negation in der Dialektik,* in: *Ideen zu einer kritischen Theorie . . .,* S. 190)

Im »Bahroaufsatz« läßt sich das Problem konkreter bestimmen:

> »Die Frage nach dem *Subjekt der Revolution,* die durch die Integrierung der Arbeiterklasse auf die Tagesordnung gesetzt wurde, findet hier eine Antwort auf dem Niveau der wirklichen geschichtlichen Entwicklung . . . Keine partikuläre Klasse kann Subjekt der auf dieser geschichtlichen Stufe möglich gewordenen allgemeinen Emanzipation sein. Die Identität des Proletariats mit dem allgemeinen Interesse ist überholt – wenn sie überhaupt jemals bestanden hat.« (*Über Bahro . . .,* S. 12 f.)

Damit fällt auch die Ideologie der Stellvertreterpolitik: die Krise der Stellvertreterherrschaft offenbart nach Bahros Analyse, »daß das Proletariat nicht herrschende Klasse sein *kann*« (Bahro, *Die Alternative*, Frankfurt 1977, S. 231) – sie kündet den Erosionsprozeß der überlebten kommunistischen Organisationen, soweit sie Stellvertreterorganisationen sind, im Westen an.

Damit ist auch der traditionelle Zeitplan gekündigt, der die Emanzipation zugunsten der gegenwärtigen Organisierung und/oder Machterhaltung vertagt: der emanzipatorische Zweck muß in den Mitteln zu seiner Herbeiführung wirksam sein, das Reich der Freiheit muß schon im Reich der Notwendigkeit erscheinen. Marcuse begründet hier noch einmal die revolutionäre Ungeduld, die den Traditionalisten aller Schattierungen ein Stachel im Fleisch ist. Aber auf der Suche nach einem neuen historischen Subjekt geht der Theoretiker und Praktiker Marcuse ein hohes Risiko ein; denn Keimformen dieses neuen historischen Subjekts müssen in der Wirklichkeit vorhanden sein, wenn die Theorie sich nicht mit der Formulierung abstrakt utopischer Gehalte begnügen will. Horkheimer oder Adorno haben seit der »Dialektik der Aufklärung«, die das Resümee aus der faschistischen Periode zieht, das Bilderverbot von einer zukünftigen freien Gesellschaft akzeptiert; Adorno hat es sogar zum integralen Bestandteil seiner Negativen Dialektik gemacht.

Marcuses verwundbarste Stelle liegt in seiner Theorie der Katalyst-Gruppen, in denen das neue historische Subjekt sich ankündigen soll, die es aber nicht sind. Die eingangs zitierte Hoffnung des Krebskranken, die in den zwanziger Jahren auf der Sowjetunion ruhte, geht auf die Katalyst-Gruppen über. Unter dem Gesichtspunkt objektiver Analyse mag das nicht zu halten sein. Sie sollen die Befreiung der Subjektivität vorwegnehmen und können sie gegen die Macht der Objektivität nicht durchsetzen. Marcuse spricht 1977 von Studentenbewegung, Frauenemanzipation, Bürgerinitiativen, »concerned scientists« – als er 1967 nach Berlin kam, formulierte er das Dilemma so:

Die amerikanische Neue Linke »ist charakterisiert durch ein

tiefes Mißtrauen gegen alle Ideologie, auch gegen die sozialistische Ideologie, von der man sich irgendwie verraten glaubt und von der man enttäuscht ist. Die Neue Linke ist außerdem in keiner Weise – wiederum mit Ausnahme kleiner Gruppen – auf die Arbeiterklasse als der revolutionären Klasse fixiert. Sie kann zudem überhaupt nicht klassenmäßig fixiert werden. Sie besteht aus Intellektuellen, Gruppen der Bürgerbewegung und aus der Jugend, besonders aus radikalen Elementen der Jugend, auch aus solchen, die auf den ersten Blick gar nicht politisch erscheinen, nämlich den ›Hippies‹. . . . Und, was sehr interessant ist: diese Bewegung hat als Sprecher eigentlich keine traditionellen Politiker, sondern viel eher solche verdächtigen Figuren wie Dichter, Schriftsteller, Intellektuelle. Wenn Sie sich diese Skizze vergegenwärtigen, werden Sie zugeben, daß dieser Umstand geradezu ein Alpdruck für ›Altmarxisten‹ ist . . . ein Alpdruck, aber ein Alpdruck, der der Wirklichkeit entspricht.« (*Das Problem der Gewalt in der Opposition*, in: *Das Ende der Utopie*, S. 45)

Das Ziel von Marcuses Kritik des Sowjetmarxismus, die eine fundamentale Kritik des traditionellen Marxismus überhaupt nach sich ziehen mußte, bestand vor allem darin, dem dialektischen Denken seine kritische Verpflichtung auf Wahrheit wiederzugeben. Der Marxismus-Leninismus hatte sich auf eine Abschottung gegen die Wirklichkeit reduziert. Heute muß man eingestehen, daß gerade große Teile der Neuen Linken dem oben erwähnten Alpdruck nicht standgehalten haben.

Der Rückfall in das Sektierertum – anstelle des machtpolitisch diskreditierten Sowjetmarxismus trat mehrheitlich der für spätkapitalistische Verhältnisse noch realitätsfernere Maoismus – läßt sich aus den Widersprüchen des neuen Gesamtarbeiters verstehen:

»Wo die große Mehrheit der Arbeiterklasse in das bestehende System integriert ist, tendieren die Klassenverhältnisse zu einer *elitären* Struktur, in der die Intelligenz des Gesamtarbeiters eine führende Rolle spielt.« (Über Bahro . . ., S. 9)

In dieser Elitenbildung liegt nicht nur eine Chance, sondern auch ein Widerspruch, der schwer zu ertragen ist: einerseits begründet sie die Versuchung für die Katalystgruppen, avantgardestrategisch ihr »wahres« Bewußtsein dem falschen der Klassen gegenüberzustellen. Das offensichtliche Scheitern einer solchen Politik schafft entweder das Bedürfnis nach einer neuen objektivistischen Weltanschauung und/oder der Anpassung und Verherrlichung des verstümmelten, einfachen Lebens. Wie im Sowjetmarxismus geht die promesse du bonheur, das Glücksversprechen emanzipatorischer Theorie, verloren oder wird nur als abstraktes Ziel propagiert.

Die Revolution, wenn sie den Bruch mit der Vorgeschichte herbeiführen soll, darf nicht nur das Bewußtsein verändern; sie muß tiefer gehen:

>Ich spreche hier nicht von den Werten und Zielen, sondern von *Bedürfnissen*. Denn solange diese Ziele und Werte nicht reale Bedürfnisse werden, solange wird die qualitative Differenz zwischen der alten und der neuen Gesellschaft nicht zur Entfaltung kommen können. Dieser Humanismus jedoch kann zur konkreten gesellschaftlichen Kraft nur dann werden, wenn er von den bereits existierenden neuen sozialen und politischen Mächten getragen wird, die gegen das alte, repressive Ganze aufgestanden sind und aufstehen.«
(*Ideen zu einer kritischen Theorie* . . ., S. 190).

In einer Gesellschaft, die nicht durch materielle Verelendung zur Revolution gedrängt wird, müssen die oppositionellen sozialen und politischen Kräfte ein existentielles Interesse nach revolutionärer Veränderung entwickeln, das mit der Macht der kompensatorischen Interessen konkurrieren kann. An diesem strategischen Punkt gerät Marcuses Theorie in einen Teufelskreis, der innertheoretisch nicht mehr aufgelöst werden kann. Wie sollen die emanzipatorischen Interessen die kompensatorischen zurückdrängen? Der strategische Schwachpunkt ist auch in Bahros Analyse zu finden, wenn er von der Rolle des »Bundes der Kommunisten« spricht, der als »kollektiver Intellektueller« eine Gegen-Autorität zu Staat und Partei entwickeln soll.

>Offenbar fällt hier, an einem zentralen Punkt, Bahros Analyse auf die vom Marxismus wie vom Liberalismus

tabuierte Position Platos (eine Erziehungsdiktatur der höchsten Intelligenz) und Rousseaus (die Menschen müssen gezwungen werden, frei zu sein) zurück. In der Tat ist die Erziehungsfunktion des sozialistischen Staates ohne anerkannte Autorität nicht vorstellbar; sie ist bei Bahro in einer Elite der Intelligenz gegründet. Bahro mag konsequent darauf insistieren, daß der Bund sowohl wie die Parteiführung aus allen Schichten kommen und auf allen ihren Ebenen dem Volk verantwortlich bleiben – das Ärgernis besteht und muß ausgehalten werden.« (*Über Bahro . . .*, S. 12)

Macht und Dauer des Status quo beruhen auf dem komplementären Verhältnis von entfremdeter Arbeit und kompensatorischem Interesse. Im Westen produziert dieses Verhältnis immer wieder Desintegration.

». . . der Kapitalismus kann die Bedürfnisse, die er erzeugt, nicht befriedigen. Gerade im gestiegenen Lebensstandard drückt diese Dynamik sich aus: sie hat die stetige Erzeugung von Bedürfnissen erzwungen, die auf dem Markt befriedigt werden konnten; sie fördert jetzt *transzendierende* Bedürfnisse, die ohne Abschaffung der kapitalistischen Produktionsweise nicht befriedigt werden können.« (*Konterrevolution und Revolte*, S. 24)

In seiner Analyse der Sowjetgesellschaft hatte Marcuse noch eine andere Dialektik aufgespürt, die entsprechend eben auch für die spätkapitalistische Gesellschaft gelten könnte. Marcuse sieht dort Grenzen der Verinnerlichung am Werk: gerade weil die ethischen Werte veräußerlicht werden, gesellschaftliche und politische sein sollen, wird auch der Verinnerlichung der repressiven Arbeitsmoral letztlich der Boden entzogen.

»Nur auf einem solchen Boden kann das Individuum unerschütterlich gemacht werden gegen gesellschaftlich geforderte Opfer, Ungerechtigkeiten und Mißverhältnisse, die als irrational erscheinen.« (*Die Gesellschaftslehre . . .*, S. 247)

Durch seine wiederholte Kritik der Sowjetgesellschaft und des »real existierenden Sozialismus« hat Marcuse versucht, die Inhalte sozialrevolutionärer Emanzipation aus ihrem marxistisch-leninistischen Korsett zu befreien, so daß sie zum Ge-

genstand sich selbst durchschauender, radikal neuer Bedürfnisse werden können:

>Solche neuen Bedürfnisse würden ihren Ausdruck finden
in radikal veränderten Beziehungen der Menschen und in
einer radikal anderen sozialen und natürlichen Umwelt:
Solidarität anstelle des Konkurrenzkampfes; Sinnlichkeit
anstelle von Repression; Verschwinden der Brutalität, Vul-
garität und ihrer Sprache; Friede als Dauerzustand.«
(*Ideen* . . ., S. 189 f.)

Indem aber die Theorie ihrer objektivistischen Rückversiche-
rung im logischen Gang der Geschichte beraubt wird, verliert
sie auch ihren Machtanspruch. Sie ist auf ein ihr Äußeres
angewiesen: auf die Kräfte der rebellierenden Subjektivität,
von denen sie nicht sagen kann, ob sie der Übermacht der
organisierten Herrschaft und der sie stützenden kompensatorischen Interessen widerstehen werden.

## 4. Herbert Marcuse
## Protosozialismus und Spätkapitalismus –
## Versuch einer revolutionstheoretischen Synthese
## von Bahros Ansatz

(aus: Kritik, *Zeitschrift für sozialistische Diskussion*, Nr. 19. © Olle und Wolter, Berlin 1978.)

### Die Bedeutung Bahros für die Analyse des Spätkapitalismus

Der folgende Text ist an den Problemkreisen in Bahros Buch orientiert, die eine über seine auf die DDR abzielende Analyse hinausreichende allgemeine Bedeutung haben. Das heißt, daß im folgenden die von Bahro erarbeiteten Begriffe, die in seinem Rahmen (der »real existierende Sozialismus«) nicht erweitert werden konnten, in ihrer Relevanz auch für den Spätkapitalismus aufgezeigt werden. Der zweite Text dieses Essays ist mein eigener Beitrag zur Analyse derjenigen Tendenzen des Spätkapitalismus, die den von Bahro aufgezeigten Tendenzen des Protosozialismus entsprechen. Sein Buch ist nicht nur eine Kritik des »real existierenden Sozialismus«, sondern zugleich eine marxistische Analyse der Übergangsperiode zum integralen Sozialismus. Es ist der wichtigste Beitrag zur marxistischen Theorie und Praxis, der in den letzten Jahrzehnten erschienen ist.

Bahros Umwälzung der Methode
Wenn Bahros Kritik zum großen Teil, und, *mutatis mutandis*, auch auf den Spätkapitalismus zutrifft, und wenn, *mutatis mutandis*, die Alternative für beide Gesellschaftssysteme gilt, meint das nicht, daß Bahro *irgendeine Konvergenztheorie* entwirft. Er zeigt vielmehr die in der je eigenen Struktur der beiden (sehr verschiedenen) Gesellschaften gründende Einheit von Fortschritt und Destruktion, Produktivität und Unterdrückung, Befriedigung und Mangel. Diese Einheit, die in sehr differenten Formen beiden Gesellschaften gemein ist (und deren Stabilisierungspotential der Marxismus fatal unter-

schätzt hat), kann nur in einem noch nicht real existierenden Sozialismus gebrochen werden.

»Noch nicht« existierenden: damit wird die konkrete Utopie (und ihr grauenhaftes Negativ in der bestehenden Gesellschaft) zum Leitfaden der empirischen Analyse, und diese zeigt die Aufhebung der Utopie als schon existierende reale Möglichkeit – ja, Notwendigkeit. Die zwingende Demonstration dieser Möglichkeit ist das Resultat einer Umwälzung der Methode: nur wenn der Sozialismus gerade in seinem extremen integralen, »utopischen« Begriff zum Leitbild der Analyse wird, erweist er sich als reale Möglichkeit, zeigt sich die Basis der Utopie im Bestehenden. Denn nicht die Abschaffung des Privateigentums an den Produktionsmitteln (die unabdingbare Voraussetzung des Sozialismus bleibt) bestimmt schon als solche die wesentliche Differenz der beiden Systeme, sondern die Verwendung der materiellen und intellektuellen Produktivkräfte.

> ». . . die ganze Perspektive, unter der wir bisher den Übergang zum Kommunismus gesehen haben, (bedarf) der Korrektur . . ., und gewiß nicht allein im Hinblick auf den Zeitfaktor. Die Ablösung des Privateigentums an den Produktionsmitteln und die allgemeine Emanzipation des Menschen fallen um eine ganze Epoche auseinander.« (Rudolf Bahro, *Die Alternative. Zur Kritik des real existierenden Sozialismus*, Köln/Frankfurt 1977, S. 24).

Bahro bricht endlich mit der (schon längst zur repressiven Ideologie gewordenen) Unterscheidung von Sozialismus und Kommunismus: Sozialismus *ist* Kommunismus von Anfang an – und *vice versa*. Wesen und Ziel der sozialistischen Gesellschaft: Das »totale Individuum«, das Übergreifen des Reichs der Freiheit in das Reich der Notwendigkeit muß (und kann) schon hier und jetzt zur Aufgabe und Richtlinie kommunistischer Politik und Strategie werden.

Die Umwälzung der Methode ist eigentlich die Rückkehr des Marxismus von der Ideologie zur Theorie – und zur Praxis. Die Wiedergewinnung der von der Ideologie befreiten Konkretion geschieht in Bahros Analyse der Klassenverhältnisse in der DDR. Die Abwesenheit jedes Jargons, jedes bloßen Wiederkäuens marxistischer Begriffe (besser: Worte) bezeugt die Gründung der Analyse in der gesellschaftlichen Wirklichkeit. Statt des sturen Festhaltens an geschichtlich längst überholten Thesen entwickelt Bahros Analyse die Marxschen Begriffe in Konfrontation mit der veränderten Struktur der nach-kapitalistischen Gesellschaft der DDR und – des Spätkapitalismus! Eine entscheidende Konsequenz ist eine authentische Weiterentwicklung des Historischen Materialismus. Sie führt zu einer Neubestimmung des Verhältnisses von Basis und Überbau: Der Schwerpunkt der gesellschaftlichen Dynamik verschiebt sich von der Objektivität der politischen Ökonomie zur *Subjektivität*, zum Bewußtsein als potentiell materieller Kraft der radikalen Veränderung:

> »Sie (die Gattung, H. M.) muß ihren Aufstieg fortsetzen als eine ›Reise nach Innen‹. Der Sprung ins Reich der Freiheit ist nur denkbar auf dem Untergrund eines Gleichgewichts zwischen Menschengattung und Umwelt, dessen Dynamik sich entschieden aufs Qualitative und Subjektive verlegt.« (S. 315).

Bahro sieht in dieser Wendung die »im Grunde ästhetische, aufs Ganze und auf die Rückkehr der Aktivitäten zum Ich gerichtete Motivation« des Sozialismus. (S. 341)

Das ist die Wiedergewinnung des ursprünglichen idealistischen Elements im Historischen Materialismus: Die Befreiung von der Ökonomie, die im Historischen Materialismus visiert ist. Dieser bleibt intakt: Es ist die Dynamik der Basis selbst, die Organisation der immer wachsenden Produktivität der Arbeit, welche die Tätigkeit der sich emanzipierenden Subjektivität zum Schwerpunkt der Veränderung macht.

Im Fortgang von Bahros Analyse wird deutlich, bis zu welchem Grade die Wendung zur Subjektivität auch auf den Spätkapitalismus zutrifft. Mehr noch als im real existierenden Sozialismus wird in den hochentwickelten kapitalistischen Ländern die Befreiung von der Ausbreitung eines im materiellen Produktionsprozeß selbst verwurzelten, aber diesen transzendierenden Bewußtseins abhängig. Bahro nennt es »überschüssiges Bewußtsein«. Es ist »die freie, nicht mehr vom Kampf um die Existenzmittel absorbierte psychische Kapazität« (S. 321), die in Praxis umzusetzen ist. Die industrielle, technisch-wissenschaftliche Produktionsweise, in der die intellektuelle Arbeit zum wesentlichen Faktor wird, erzeugt in den Produzenten (dem »Gesamtarbeiter«) Qualitäten, Geschicklichkeiten, Imaginationen, Tätigkeits- und Genußmöglichkeiten, die in der kapitalistischen und in den repressiv-nichtkapitalistischen Gesellschaften erstickt oder pervertiert werden. Sie drängen über ihre unmenschliche Realisierung hinaus zur menschlichen.

In der Subjektivität des überschüssigen Bewußtseins sind kompensatorische und emanzipatorische Interessen zur Einheit zusammengezwungen. Die ersteren betreffen im wesentlichen die Sphäre der materiellen Güter: vermehrter und besserer Konsum, Karriere und Konkurrenz, Profit, »Statussymbole« etc. Sie können (vorläufig noch!) im Rahmen des bestehenden Systems befriedigt werden – sie kompensieren die Entmenschlichung; so widersprechen sie den emanzipatorischen Interessen. Trotzdem insistiert Bahro darauf, daß die kompensatorischen Interessen nicht einfach im Interesse der Emanzipation reduziert und umdirigiert werden können: sie sind eine tief in der Psyche verankerte Form des Glücksanspruchs und der Befriedigung. In ihr findet das Bestehende seine Legitimation. Die Revolution kann nicht auf dem Rükken des Volkes durchgesetzt werden, aber die Macht der kompensatorischen Interessen und ihrer Befriedigung unterdrückt die Realisierung der emanzipatorischen Interessen. Die Revolution setzt den Bruch mit dieser Macht voraus – ein Bruch, der wiederum erst das Resultat der Revolution sein kann!

Das ist der »Teufelskreis«, der in Bahros Buch so oft und in verschiedenen Formulierungen vorkommt. Er ist heute das entscheidende geschichtliche Problem der Revolutionstheorie. Zwischen dem Heute und dem Morgen, zwischen der Unfreiheit und der Befreiung, liegt nicht nur die Revolution, sondern auch die Umwälzung der Bedürfnisse, der Bruch mit dem »subalternen Bewußtsein«, die Katastrophe der Subjektivität. Der Widerspruch zwischen der überwältigenden Produktivität, dem gesellschaftlichen Reichtum und seiner miserablen und destruktiven Verwendung treibt nicht mit der Notwendigkeit eines Gesetzes der Geschichte zu dieser Katastrophe – auch nicht, wenn von einer marxistisch-leninistischen Strategie geleitet. Die Steigerung der Produktivität und die Abschaffung des Privateigentums an den Produktionsmitteln muß nicht zum Sozialismus führen – sie bricht nicht notwendig die Kette der Herrschaft, der Unterwerfung des Menschen unter die Arbeit. Bahro deutet an, daß es bei Marx eine Tendenz gibt, die eine solche Kontinuität impliziert: die Idee einer immer größeren Produktivität, einer immer effizienteren (und egalisierten) Produktion.

Auf der Höhe der industriellen Zivilisation ist die Unterwerfung unter die Arbeit von keiner anderen Vernunft erfordert, als der der herrschenden Klasse und der Erhaltung ihrer Macht. Im real existierenden Sozialismus wird die Unterwerfung mit der Rückständigkeit in der ökonomischen, technologischen und militärischen Konkurrenz mit dem Kapitalismus begründet. Aber ist einmal die neue Form der Herrschaft etabliert, wird aus der Notwendigkeit eine Tugend: Die »erste Phase« wird unabsehbar verlängert. Die qualitative Differenz der sozialistischen Gesellschaft geht verloren, um so schneller, je mehr dieser Sozialismus das Konsummodell der hochkapitalistischen Länder übernimmt. Die kompensatorischen Interessen wirken gegen die Emanzipation. Der »Teufelskreis« besteht in beiden Gesellschaften. Wie kann er gebrochen werden?

Ökonomie der Zeit, überschüssiges Bewußtsein und die Rolle der Intelligenz

Die Frage führt zu Bahros Begriff des »überschüssigen Bewußtseins« als verändernder Kraft zurück. Dieses Bewußtsein hat seine materielle Basis in der wissenschaftlichen, technologischen Produktionsweise, ihrer »Intellektualisierung«. Es ist auf dieser Stufe in den »intellektualisierten Schichten des Gesamtarbeiters« (S. 390) »verkörpert« (aber nicht reflektiert). Darüber hinaus gibt es überschüssiges Bewußtsein in allen Schichten der abhängigen Bevölkerung, in gestauter und inaktiver Form. Man hat die Ahnung: So wie heute braucht man nicht mehr zu leben – es gibt eine Alternative. Die Ahnung wird in den *Katalyst*-Gruppen (dieser Ausdruck stammt von mir, H. M.) der Opposition zur Gewißheit: in der Studentenbewegung, bei der Frauenemanzipation, den Bürgerinitiativen, den »concerned scientists« u. a.

Wo die große Mehrheit der Arbeiterklasse in das bestehende System integriert ist, tendieren die Klassenverhältnisse zu einer *elitären* Struktur, in der die Intelligenz als Teil des Gesamtarbeiters eine führende Rolle spielt. Bahro vertritt die provozierende These, daß sich die intellektualisierten Schichten in der Vorbereitungs- und Übergangsperiode als »tonangebend« und leitend in der Rekonstruktion der Gesellschaft konstituieren (S. 477, S. 390).

Die führende Rolle der Intelligenz ist zweifach begründet:

1. Mehr als je zuvor ist Wissen Macht. Die Information über die wissenschaftlich-technischen, ökonomischen und psychologischen Mechanismen, die die entwickelte Industriegesellschaft reproduzieren, gibt den Besitzern dieser Information auch das Wissen der objektiven Möglichkeiten der Veränderung. Sicher genügt das bloße Wissen nicht, um dieses Potential zu verwirklichen. Aber die Intelligentsia wirkt nicht in Isolierung: Es ist der Produktionsprozeß selbst, der sich »intellektualisiert« und in dem die intellektualisierten Schichten eine immer größere Rolle spielen. In der DDR sind sie ein Teil des Apparats, der die Produktionsmittel kontrolliert; unter ihnen gibt es (nach Bahro) eine beträchtliche Opposition gegen die Diktatur der Politbürokratie.

2. Für die Intelligentsia ist die Realisierung ihrer kompensatorischen Interessen nicht mehr die tägliche Sorge. Sie teilt mit den Parteifunktionären hohe Privilegien in der materiellen und geistigen Kultur. In den kapitalistischen Ländern ist dies nur in einem sehr beschränkten Maßstab und nur für einen kleinen Kreis der mehr oder weniger konformistischen Intelligentsia der Fall. Die Majorität der nicht so privilegierten Schichten besitzt wenigstens das Bildungsprivileg, das einen sonst verschlossenen, das Bestehende transzendierenden Horizont von Wissen öffnen kann.

Die Schaffung des Raumes und der Zeit für die Entfaltung der emanzipatorischen Interessen jenseits der heute alles bestimmenden materiellen Sphäre ist die Aufgabe sozialistischer Erziehung und Arbeitsteilung. Der Sozialismus ist schon in der Übergangsperiode wesentlich ein Problem der *Ökonomie der Zeit*. Die neue Verteilung und Organisation der Arbeit zielt auf eine Umkehrung des Zeitverhältnisses von notwendiger und emanzipatorischer Arbeit im Interesse des »totalen Individuums«. Insofern diese Neuverteilung der Zeit im gesamtgesellschaftlichen Maßstab auch eine radikale Reorganisation der *notwendigen* Arbeit erfordert (Bahro gibt sehr konkrete Hinweise für eine solche Reorganisation), wäre die neue Ökonomie der Zeit das Erscheinen des Reichs der Freiheit im Reich der Notwendigkeit. Und insofern sie in allen Schichten der Gesellschaft durchgeführt würde, würde sie die privilegierte Position der Intelligentsia durch Verallgemeinerung abbauen.

Herrschaft, Staat und Anti-Staat
Bahro verwirft jede Konzeption der Übergangsperiode, die ohne eine kommunistische Partei, Bürokratie und den Staat auskommen will, als Anarchismus und abenteuerlichen Linksradikalismus. Er spricht sogar vom Staat als »Zuchtmeister der Gesellschaft für ihre technische und soziale Modernisierung« (S. 150) – Modernisierung als Schaffung emanzipatorischer Institutionen. Dieser Staat wäre »Zuchtmeister« in der Gestalt eines wirklich allgemeinen, die materielle sowohl wie die geistige Kultur erfassenden Erziehungssystems, das die Emanzipation der Bedürfnisse von ihrer klassenbestimmten psychischen Basis zum Ziel hätte. Fehlende Masseninitiative und die Einordnung der Arbeiterklasse in das herrschende System kompensatorischer Bedürfnisse berauben die Idee des Absterbens des Staates ihres empirisch-geschichtlichen Bodens. Der Sozialismus muß seinen eigenen Anti-Staat und seine eigene Verwaltung bauen. »Volk und Funktionäre – das ist die unvermeidliche Dichotomie jeder protosozialistischen Gesellschaft« (S. 285). Nur der *proto*sozialistischen? Das wäre der Rückfall in die Zwei-Phasen-Theorie.

Bahros Konzeption scheint zu implizieren, daß auch noch in der entwickelten sozialistischen Gesellschaft die Allgemeinheit institutionalisiert sein wird: der Anti-Staat als Staat. Er ist *Anti*-Staat, insofern er die weitere Entwicklung der emanzipatorischen Bedürfnisse fördert und den Spielraum von Spontaneität und individueller Autonomie vergrößert; er ist *Staat*, indem er diese Entwicklung im Interesse der Gesamtgesellschaft organisiert (Setzung von Prioritäten, Verteilung der Arbeit, Erziehung etc.), und zwar mit einer vom Volk legitimierten zwingenden Autorität. Im Anti-Staat wiederholt sich die Dialektik von Autonomie und Abhängigkeit der Bedürfnisse: Der sozialistische Staat »registriert« die den Individuen eigenen Bedürfnisse, wie sie im vorherrschenden System der Bedürfnisse auftreten, und – »hebt sie auf« in neuen emanzipatorischen Formen, die dann wieder eigene Bedürfnisse der Individuen werden.

Bahro konzipiert die auch im integralen Sozialismus notwendige, rationale Hierarchie als das Gegenbild des im real existierenden Sozialismus etablierten Herrschaftsapparats. Er visiert eine demokratisch konstituierte und kontrollierte Hierarchie von der Basis bis zur Spitze. An der Spitze wird diese Hierarchie zur Doppelherrschaft: die kommunistische *Partei* und ein von der Partei unabhängiger *»Bund der Kommunisten«*, rekrutiert aus der bewußtseinsmäßig fortgeschrittensten Intelligenz in *allen* Schichten der Gesellschaft. Dieser Bund ist das Gehirn des Ganzen: eine demokratische Elite, mit entscheidender Stimme in der Diskussion des Plans, der Erziehung, der Neuverteilung der Arbeit etc.

Die Inertia und Entmachtung der Massen, ihre Abhängigkeit, die in den kapitalistischen Ländern in der Dichotomie »herrschende Klasse – Volk« und im real existierenden Sozialismus in der Dichotomie »Funktionäre – Volk« zum Ausdruck kommt, tendiert fast zwangsmäßig zur Verselbständigung der »Spitze«. Bahro untersucht diese Tendenz, wo sie bereits voll entwickelte Herrschaft geworden ist: in der protosozialistischen Gesellschaft. Er glaubt, daß dieser Entwicklung durch den allmählichen Aufbau einer Art *Räteorganisation* (Selbstverwaltungen, Kooperativen) entgegengewirkt werden kann.

Deren Vorformen erscheinen schon innerhalb der bestehenden Systeme. Er weist überzeugend darauf hin, daß der traditionelle Begriff der Rätedemokratie zu ausschließlich an der materiellen Produktionssphäre orientiert ist und deshalb Vertreter partikulärer Interessen bleibt. Die Situation im Protosozialismus (und im Spätkapitalismus; H.M.) mit seiner erweiterten Arbeiterklasse, in der die Intelligentsia ein entscheidender Faktor im Produktionsprozeß ist, erlaube die Erweiterung der Rätedemokratie. Eine relativ kleine Zahl von Wissenschaftlern, Technikern, Ingenieuren, ja sogar Media-Agenten könnten, wenn organisiert, die Reproduktion des Systems erschüttern und vielleicht zum Stillstand bringen. Aber »die Verhältnisse sind nicht so«. Gerade ihre Einordnung in den Produktionsprozeß wirkt gegen die Radikalisierung, von dem privilegierten Einkommen ganz zu schweigen. Trotzdem schreibt die gesellschaftliche Situation diesen Schichten eine führende Rolle in der Umwälzung zu.

Die Revolution erfordert in der Vorbereitungs- und Übergangsperiode eine Führung, die auch den kompensatorischen Interessen der Massen *entgegenstehen* kann. Auch sie steht vor der Notwendigkeit der Repression, der Repression des »subalternen Bewußtseins«, der unreflektierten Spontaneität, des bürgerlichen und kleinbürgerlichen Egoismus.

Offenbar fällt hier, an einem zentralen Punkt, Bahros Analyse auf die vom Marxismus wie vom Liberalismus tabuierte Position Platos (eine Erziehungsdiktatur der höchsten Intelligenz) und Rousseaus (die Menschen müssen gezwungen werden, frei zu sein) zurück. In der Tat ist die Erziehungsfunktion des sozialistischen Staates ohne anerkannte Autorität nicht vorstellbar; sie ist bei Bahro in einer Elite der Intelligenz gegründet. Bahro mag konsequent darauf insistieren, daß der Bund sowohl wie die Parteiführung aus allen Schichten kommen und auf allen ihren Ebenen dem Volk verantwortlich bleiben – das Ärgernis besteht und muß ausgehalten werden.

Die Frage nach dem Subjekt der Revolution

Genau hier, wo Bahros Konstruktion des Sozialismus ach so leicht der Diffamierung und Lächerlichkeit ausgesetzt ist, zeigt sich die ganze Radikalität seines Ansatzes und – seine Treue zur Marxschen Theorie. Die Frage nach dem *Subjekt der Revolution*, die durch die Integrierung der Arbeiterklasse auf die Tagesordnung gesetzt wurde, findet hier eine Antwort auf dem Niveau der wirklichen geschichtlichen Entwicklung. Der Fetischismus von der Arbeiterklasse als der von der eisernen Logik der ökonomisch-politischen Entwicklung durch ihre »ontologische« Position zum Subjekt der Revolution prädestinierten Klasse – diese stipulierte Einheit des Logischen und Historischen (nach der »sich historisch alsbald vollenden« muß, was logisch vollendet erscheint«, S. 51) –, dieser Fetischismus wird aufgehoben. Nicht durch ein Diktum, sondern im Ablauf der Geschichte selbst. Es ist eine »inzwischen offenbare Tatsache, daß das Proletariat nicht herrschende Klasse sein *kann*« (S. 231). In den kapitalistischen Ländern ist die Arbeiterklasse »eine zu schmale Basis . . ., um die Gesellschaft umzugestalten (spielen die spezifischen Arbeiterinteressen nicht immer öfter sogar eine grundsätzlich konservative Rolle?)«, S. 305. Die radikale Wendung zu emanzipatorischen Interessen liegt jenseits des subalternen Bewußtseins; sie geschieht in einem »inneren Befreiungsprozeß« als Bedingung des äußeren. In der gesellschaftlichen Situation der Klasse (entfremdende Arbeitszeit als »full time«, Ausschluß vom Bildungsprivileg, Arbeitslosigkeit) kann dieser Bruch nur einer Minderheit gelingen.

Keine partikuläre Klasse kann Subjekt der auf dieser geschichtlichen Stufe möglich gewordenen allgemeinen Emanzipation sein. Die Identität des Proletariats mit dem allgemeinen Interesse ist überholt – wenn sie überhaupt jemals bestanden hat. Das Problem der allgemeinen Emanzipation liegt heute nicht mehr im Bereich der »Sicherung der materiellen Existenz«, obgleich diese »unabdingbare Voraussetzung« dafür bleibt. Das Problem ist vielmehr: Welcher Existenz? Es geht um die Versöhnung von Mensch und Natur, um die nicht-entfremdete Arbeit als kreativer Tätigkeit, um die Schaffung menschlicher Beziehungen, frei vom Kampf für die Existenz; es geht um die Zerreißung des Verblendungszusammenhangs von Aggression und Destruktion. Es geht um die

»Aneignung der in anderen Individuen, in Gegenständen, Verhaltensweisen, Beziehungen objektivierten menschlichen Wesenkräfte«, um »ihre Verwandlung in Subjektivität, in einen Besitz . . . der geistigen und sittlichen Individualität, der seinerseits nach produktiver Umsetzung drängt« (S. 322).

Das ist orthodoxer Marxismus: das »allgemeine Individuum« als Ziel des Sozialismus. Bahros umwälzende Methode verlegt das Endziel an den Anfang. Indem er die Revolution konsequent als »Kulturrevolution« begreift, gibt er ihr von Anfang an eine von dem maoistischen Begriff sehr verschiedene Bedeutung in bezug auf die Subjektivität und ihre Glücksansprüche und Glücksmöglichkeiten. Schon die ersten Maßnahmen sozialistischer Konstruktion sollen die Menschen von der »extensiven Wirtschaftsdynamik« befreien. Die grundlegenden Maßnahmen in dieser Richtung sind: allgemeine Beteiligung an einfacher Arbeit, Verkürzung der psychologisch unproduktiven Arbeitszeit innerhalb der notwendigen Arbeitszeit, Bedarfsbestimmung nur noch nach Alter, Geschlecht und Begabung differenziert (S. 495, S. 509). Wieder kommt der libertäre Idealismus, der das Telos des Historischen Materialismus anzeigt, zum Ausdruck:

»Es kommt darauf an, die ›Überproduktion‹ von Bewußtsein zu forcieren, um das ganze historische Geschehen ›auf den Kopf zu stellen‹, die Idee zur *entscheidenden* materiellen Gewalt zu machen. Die Dinge steuern auf einen Umbruch hin, der noch tiefer geht als der gewöhnliche Übergang von einer Formation zur andern innerhalb ein- und derselben Zivilisation. Was jetzt bevorsteht und eigentlich bereits begonnen hat, ist eine *Kulturrevolution* im wahrsten Sinne: eine *Umwälzung der ganzen subjektiven Lebensformen der Massen*« (S. 304; Bahros Unterstreichungen).

Bahro verwirft eindeutig das so simple Argument, daß ein Land, das der mehr oder weniger feindlichen Konkurrenz mit den wirtschaftlich und militärisch stärkeren kapitalistischen Ländern ausgesetzt ist, sich den Aufbau des integralen Sozialismus noch nicht leisten kann. Das sei heute die Situation des real existierenden Sozialismus gegenüber dem westlichen Kapitalismus. Bahro antwortet mit einer allgemein verdrängten und doch so einleuchtenden Hypothese: Es könnte umgekehrt sein, nämlich, der Aufbau einer freien sozialistischen Gesellschaft könnte einen »Transformationsdruck« auf die westlichen Länder ausüben (S. 514 f.).

Bahros Analyse impliziert die provozierende These, daß die sozialistische Strategie vor und nach der Revolution im wesentlichen dieselbe ist. Die Kulturrevolution ist totale Umwälzung, aber ihr kollektives Subjekt ist in seinem Bewußtsein und seinem Verhalten schon vor der Revolution auf das Endziel gerichtet. In mehr oder weniger von der Gesamtgesellschaft isolierten und daher prekären und oft unauthentischen Formen geschieht dies in der Praxis der *Katalyst-Gruppen* in allen Schichten der Bevölkerung. Ihre Arbeit ist wesentlich entmystifizierende Aufklärung – in Theorie und Praxis. Auch hier fällt das Schwergewicht der Umwälzung auf die Subjektivität. Das Ziel, »*Priorität* der allseitigen Entwicklung der Menschen« und »Vermehrung ihrer positiven Glücksmöglichkeiten« (S. 484), bestimmt schon die elementaren Stufen der subjektiven Emanzipation. Die »Reise nach Innen« dient dann nicht der Ausflucht, der Privatisierung des Politischen, der Ich-Bastelei und -Hätschelei, sondern der Politisierung des überschüssigen Bewußtseins und der Imagination:

»Denn so sehr die ›Reise nach Innen‹, die Verinnerlichung der individuellen Existenz eine Komponente der emotionalen Abstraktion von allem Objekt einschließt, ist und bleibt natürlich ihr fundamentaler Gehalt eben jene Aufhebung der Entäußerung, jene Anverwandlung der von der Gattung geschaffenen Kultur, die Hegel als die große Arbeit des subjektiven Geistes begriffen hatte.« (S. 316-317).

Politische Erziehung verlangt einen radikalen »psychischen Aufschwung«, eine »emotionale Erhebung«, die »insbesondere die Mehrheit der Jugend unmittelbar auf die Ebene des politisch-philosophischen Ideals emporreißt« (S. 447).

Die Revolution der Subjektivität ist jene Revolution der Bedürfnisse, die Bahro als die Voraussetzung der allgemeinen Emanzipation konzipiert. Die Haupttendenz einer solchen Revolution der Bedürfnisse ist klar angezeigt: »von der vor-

nehmlich durch Verzehr charakterisierten Aneignung materieller Subsistenz- und Genußmittel« zur »Aneignung der Kultur«, d. h. »weitgehende Ausschaltung des materiellen Anrei-
zes« (S. 480 f.). Die Herrschaft kompensatorischer Interessen,
die den materiellen Anreiz immer wieder reproduzieren, soll
gebrochen werden: nicht durch eine Politik der Konsumre-
duktion, sondern durch eine »wirkliche Egalisierung in der Verteilung der standardbestimmenden Konsumgüter«. Bahro sieht
in dem Gerede von der Unersättlichkeit menschlicher Bedürfnisse nur einen »Reflex auf jetzt bestehende Verhältnisse«.
Die Versöhnung der materiellen und geistigen Kultur *in* der
materiellen Kultur erfordert die *Abschaffung* des Leistungsprinzips hinsichtlich der Einkommensverteilung und seine
*Verwirklichung* hinsichtlich der Entfaltung nicht-entfremdeter schöpferischer Arbeit und nicht-entfremdeten Genusses.
Die Reduktion der notwendigen Arbeitszeit und der Last der
entfremdenden Arbeit ermöglicht diese Umkehrung; sie heilt
auch den Riß zwischen Subjektivität und Objektivität durch
die »Eröffnung eines allgemeinen Freiheitsspielraums für
Selbstverwirklichung und Wachstum der Persönlichkeit auch
im Reich der Notwendigkeit« und durch die Eingliederung
der Natur in diesen Spielraum (S. 485).
Bahro spottet über die Angst in der Neuen (und Alten)
Linken, bürgerliche oder gar kleinbürgerliche Begriffe wie
Persönlichkeit, Geist, Innerlichkeit wieder in den Marxismus
einzubauen, wo sie doch ihre authentische Aufhebung finden.
Er verliert kein Wort über den Vorwurf idealistischer Abweichungen, etc. Er verwendet diese Begriffe nicht, um wieder
einmal den humanistischen jungen Marx zu retten, sondern,
um den transzendierenden Inhalt der Kategorien der politischen Ökonomie zu entwickeln. Ausbeutung, Mehrwert, Profit, abstrakte Arbeit sind nicht nur die im Kapitalismus objektiv gewordenen Kategorien der Unmenschlichkeit, sondern
auch deren Negation durch den objektiv möglich gewordenen
Sozialismus. Dessen Verwirklichung, die im Kapitalismus
blockiert ist, ist Sache der Kulturrevolution.
Die Kulturrevolution umfaßt auch die ethische und ästhetische Dimension. Bahro gibt nur einen stichwortartigen Hin-

weis auf die Ethik der persönlichen Beziehungen: »Eros, Erziehung und Ehe (sind, H.M.) so weit wie möglich in Einklang miteinander zu bringen« (S. 346). Die ästhetische Motivation wird wirksam in der

> »Verlagerung der Prioritäten von der Ausbeutung der Natur durch die Produktion zu deren Einordnung in den natürlichen Zyklus, von der erweiterten auf die einfache Reproduktion, von der Steigerung der Arbeitsproduktivität auf die Pflege der Arbeitsbedingungen und der Arbeitskultur . . .« (S. 485).

Produktion auch »nach den Gesetzen der Schönheit« (Marx). Voraussetzung dafür ist eine natur- und menschengemäße Wissenschaft und Technik.

Es ist Zeit, die »Gretchenfrage« zu stellen. Gesetzt, Bahros Theorie der Grundlegung des Sozialismus ist begrifflich und empirisch demonstriert, wie kann der Übergang aus dem Bestehenden vorgestellt werden? Die Revolution bleibt Vorbedingung: Mehr als zuvor gilt es heute, daß eine Revolution nötig ist, um Reformen zu bekommen. Für die Länder des real existierenden Sozialismus, wo das Privateigentum an den Produktionsmitteln abgeschafft ist, wäre der Sturz der Diktatur der Politbürokratie schon die erste Revolution. Bahro glaubt, daß die Opposition innerhalb der Bürokratie genügend breit ist, um einen solchen Umsturz als reale Möglichkeit erscheinen zu lassen. Aber wie steht es in den kapitalistischen Ländern, deren objektive »Reife« zur Revolution längst anerkannt ist? Frage und Antwort liegen außerhalb des Rahmens der Bahroschen Analyse, aber sie erlaubt einige wichtige Hinweise.

Zusammenfassung der Kritik des marxistisch-leninistischen Revolutionsmodells

Heute ist evident geworden, zu welchem Grade das marxistisch-leninistische Revolutionsmodell geschichtlich überholt ist. Zwei Hauptgründe:

1. In Ländern, wo die herrschende Klasse über starke, mit den modernsten Waffen ausgerüstete militärische und semi-militärische Organisationen verfügt, auf deren Loyali-

tät sie sich verlassen kann, sind bewaffneter Aufstand und Machtergreifung durch revolutionäre Massen außerhalb des Bereichs realer Möglichkeiten. Das ist der Fall in den höchstentwickelten Ländern.

2. Der Spätkapitalismus hat mit seiner überwältigenden Produktivität eine breite materielle Basis für die Integrierung der diversen Interessen innerhalb der abhängigen Bevölkerung geschaffen. Der Begriff der revolutionären Massen ist für diese Länder fragwürdig geworden. Das heißt nicht, daß die (erweiterte) Arbeiterklasse mit dem System »versöhnt« ist. Die Politik der ökonomischen Kooperation und Konfrontation kann sehr wohl in eine politische umschlagen, ohne das System selbst in Richtung Sozialismus zu transzendieren. Vielmehr ist die Tendenz die zu einem neuen *Populismus*: eine eher volks- als klassenbestimmte Opposition, für die der bewaffnete Aufstand nicht am Horizont steht – noch weniger die Machtergreifung.

## Beitrag zu einer Analyse des Spätkapitalismus und zu einem neuen Revolutionsbegriff

Arbeiterklasse, Intelligenz, Gesamtarbeiter und Volk
Gibt es ein anderes Revolutionsmodell, das aus den gegebenen Tendenzen der Klassenverhältnisse entwickelt werden kann? Die Konstruktion eines solchen Modells verlangt, daß wir den traditionellen Marxschen Klassenbegriff revidieren und, von ihm ausgehend, einen dem Spätkapitalismus angemessenen Begriff erarbeiten. Das gilt besonders für den Begriff der Arbeiterklasse. Es genügt, die wohlbekannten Tatsachen kurz anzuführen:

1. Nicht-Identität von Arbeiterklasse und Proletariat. Bis ins 20. Jahrhundert bleibt »Proletariat« die orthodoxe und offizielle marxistische Bezeichnung für die Arbeiterklasse. Aber von dem Marxschen Begriff nicht wegzudenken ist das Elend und die Entrechtung, die Negation der bürgerlichen Gesellschaft, wonach das Proletariat keine Klasse dieser Gesellschaft ist. Das trifft auf die moderne Arbeiterklasse nicht mehr zu.

2. Nach Marx konstituiert das Proletariat im entwickelten Kapitalismus die Mehrheit der Bevölkerung. Die Kategorie von Arbeitern, die heute dem Proletariat am nächsten kommt, nämlich die unmittelbar im materiellen Produktionsprozeß Beschäftigten, umfaßt nicht mehr die Mehrheit.*

3. Die Einschränkung des Begriffs der Arbeiterklasse auf die »produktiven«, d. h. Mehrwert schaffenden Arbeiter ist unhaltbar. Schaffung und Realisierung des Mehrwerts sind keine verschiedenen Prozesse, sondern zwei Phasen und Stufen desselben Gesamtprozesses: der Akkumulation des Kapitals.

4. Die Trennung von manueller und intellektueller Arbeit ist im Spätkapitalismus durch die »Intellektualisierung« des Arbeitsprozesses selbst und durch die wachsende Zahl der in ihm beschäftigten Intellektuellen reduziert. *White Collar*, die Angestellten, auch die »unproduktiven«, deren Einkommen oft unter dem der *Blue Collar* liegt, gehören zur Arbeiterklasse, soweit sie nicht an der Verfügungsgewalt über die Produktionsmittel teilnehmen. Aber auch die höher bezahlten Angestellten im Distributions- und Verwaltungsprozeß gehören zur Arbeiterklasse: sie sind von den Produktionsmitteln getrennt und verkaufen ihre Arbeitskraft an das Kapital oder seine Institutionen. Diese *erweiterte* Arbeiterklasse umfaßt die große Mehrheit der Bevölkerung.

5. Klassenbewußtsein? Die (erweiterte) Arbeiterklasse ist in sich selbst in eine Vielheit von Schichten gespalten, mit sehr verschiedenen und zum Teil entgegengesetzten Interessen. Die Tendenz ist die zur Herrschaft der kompensatorischen Interessen, die in aktiver oder passiver Teilnahme am System Befriedigung suchen. Vorherrschend ist eher kleinbürgerliches als radikales Bewußtsein.

* In den USA waren im Jahre 1972 60% der Erwerbstätigen im Sektor Dienstleistungen beschäftigt. Das *Congressional Joint Economic Committee* schätzt für das Jahr 1980 eine Zahl von 80% (zitiert nach Daniel Bell, *The Coming of Post-Industrial Society*, und Al Goodman in *In These Times*, 18-24. Oktober 1978)

Der Spätkapitalismus hat in der Tat die zu seiner Reproduktion notwendige Arbeit durch das Wachstum des Sektors der Mittelschichten zwischen der kleinen, wirklich herrschenden Klasse und den Industriearbeitern erweitert. Die Gesellschaft reproduziert sich durch die Schaffung von immer mehr und neuer unproduktiver Arbeit und ihrer Ausdehnung innerhalb der Bevölkerung. Der Grundwiderspruch zwischen Kapital und Arbeit bleibt in aller Schärfe bestehen, aber er totalisiert sich in dieser Periode: fast die Gesamtheit der abhängigen Bevölkerung ist »die Arbeit« im Gegensatz zum Kapital. Damit wäre auch der Marxsche Begriff der sozialistischen Revolution als einer von der Mehrheit der Bevölkerung getragenen Umwälzung eingelöst.

Diese Dichotomie charakterisiert die spätkapitalistische Gesellschaft, die von dem »*Gesamtarbeiter*« reproduziert und von einer kleinen Clique kontrolliert wird. Der Gesamtarbeiter wird zum *Volk*, das sich aus den abhängigen Schichten der Bevölkerung konstituiert. Innerhalb dieser Einheit herrschen die Widersprüche. Es gibt kein Volksbewußtsein, das einem Klassenbewußtsein entspräche. Die verschiedenen kompensatorischen Interessen umfassen das ganze Spektrum der materiellen und intellektuellen Kultur, vom Radikalismus zum Konservatismus und Faschismus, vom Willen zur Leistung zum Wunsch nach Abschaffung der Arbeit. Die demokratische Integration erlaubt eine solche Differenzierung innerhalb der Einheit der Abhängigkeit. Kann in ihr das Interesse an der *allgemeinen* Emanzipation zum Durchbruch kommen?

Wahrscheinlich wird die gesellschaftliche Reproduktion auf dem gewohnten Konsumniveau immer schwerer werden: der Spätkapitalismus produziert selbst die Übersättigung des Marktes und die wachsenden Schwierigkeiten der Akkumulation. Das System wird repressiver werden und den Widerspruch zwischen der kapitalistischen Produktionsweise und den realen Möglichkeiten der Befreiung immer explosiver ins Bewußtsein bringen.

Klassenbewußtsein und rebellierende Subjektivität

*Wessen* Bewußtsein? Nicht das einer partikularen Klasse (das industrielle Proletariat im Spätkapitalismus *ist* eine partikulare Klasse im umfassenden Ganzen des »Volks«), sondern das Bewußtsein von Individuen aus allen Schichten. Wie die allgemeine Emanzipation ihrem Telos nach auf die solidarische Befreiung des Individuums als Individuum gerichtet ist, so ist auch ihre Vorbereitung schon in Individuen fundiert: Individuen aus allen Schichten, die sich trotz aller Differenz durch das gemeinsame Interesse als potentielle Einheit konstituieren. Sie sind das potentielle Subjekt einer oppositionellen Praxis, die jetzt noch in oft unorganisierten Gruppen und Bewegungen konzentriert und limitiert ist. In diesen Gruppen und Bewegungen existiert der »*kollektive Intellektuelle*«.

Bahro definiert den kollektiven Intellektuellen primär durch das Anderssein des Bewußtseins und einer Triebstruktur, die gegen die Unterwerfung rebellieren und zur verweigernden Praxis drängen. Eine sehr nicht-akademische Definition, aber ohne den so beliebten und billigen Spott über die Schreibtisch-Sozialisten, »egg heads«, etc., der schon immer dazu gedient hat, die konkrete Utopie zu diffamieren und die Idee der Revolution dem Bestehenden auszuliefern.

Die diffuse und fast organisationslose Opposition des kollektiven Intellektuellen hat keine Massenbasis, und die Denunziation des Elitarismus und Voluntarismus ist nur zu leicht. Sie ist Ausdruck eines Fetischismus der Massen und steht in krassem Widerspruch zur Geschichte der revolutionären Bewegungen im Kapitalismus, die ihre Massenbasis erst im Prozeß der Revolution selbst gefunden haben. Die Basis, auf der die Initiative der Massen zur bestimmenden Kraft sozialistischer Emanzipation werden kann, entsteht in einer Politik des Anti-Staates, die von Anfang an die Maßnahmen durchsetzt, die der überlieferten Mentalität und deren Bestätigung den gesellschaftlichen Boden entzieht, vor allem (wie schon erwähnt) durch eine radikale Reorganisation der Arbeit (Abschaffung der hierarchischen Organisation) und durch eine neue »Ökonomie der Zeit«. Das bedingt aber, wenn anders das Prinzip der Selbstbestimmung leitend bleiben soll, Abbau der Zentralisation, die doch wiederum als Institution des *Plans* das allgemeine Interesse vertritt und durchsetzt. Diese Zentralisation ist der Nukleus sozialistischer Diktatur, in ihr sind notwendige und überschüssige Repression zusammengezwungen.

Die Intelligentsia kann ihre vorbereitende Funktion nur erfüllen, wenn sie das ihr eigene überschüssige Bewußtsein, in dem das Bestehende konkret transzendiert wird, bewahrt. Ihr prerevolutionäres Potential und ihr ambivalentes, oft widersprechendes Verhältnis zu den Massen ist in der Struktur der Gesellschaft begründet. Das Bildungsprivileg, Folge der Trennung der intellektuellen von der manuellen Arbeit, isoliert die Intelligentsia von den Massen. Aber es gibt ihr auch die Möglichkeit, frei zu denken, zu lernen, die Tatsachen in ihrem gesellschaftlichen Kontext zu verstehen und – dieses Wissen zu vermitteln. Diese Möglichkeit muß im Kampf gegen das institutionalisierte Bildungssystem (und auf diesem Boden!) gewonnen werden. Teilnahme am Bildungsprivileg ist heute nicht nur eine Frage des Einkommens, sondern auch der *Zeit*, die den full time ausgebeuteten Massen nicht zur Verfügung steht. Die Demokratisierung des Bildungssystems muß daher Hand in Hand mit einer Reduzierung der Arbeitszeit gehen. Demokratisierung erfordert keine Popularisierung des Lernens und Wissens. Diese hat immer zur Einebnung der transzendenten Inhalte des Denkens, zur Erschlaffung des überschüssigen Bewußtseins und der emanzipatorischen Interessen geführt und der Reproduktion des Bestehenden gedient. Vielmehr müssen die in ihre Gesellschaft eingesperrten Menschen in die Lage gebracht werden, sich das Wissen und die Imagination unverstümmelt zu eigen zu machen – was wiederum schon die Revolution voraussetzt.

Das Wissen und seine Kommunikation entwickelt sich unter einem Horizont gesellschaftlicher Verhältnisse, der die Richtung der Forschung mitbestimmt. Theoretische und angewandte Wissenschaft sind zwei Phasen in demselben Prozeß; die Differenz zwischen beiden reduziert sich im Spätkapitalismus durch die zunehmende Rolle der intellektuellen Arbeit im materiellen Produktionsprozeß. Entsprechend wird notwendigerweise das Bildungsprivileg durch »general education« erweitert. Aber diese Demokratisierung geht mit dem Abbau der emanzipatorischen Kraft des Wissens Hand in Hand. Ein großer Teil der technisch-wissenschaftlichen Errungenschaften kommt der Aggression und Destruktion zugute, oder dient als »gadgets«, als Spielzeug wie Sport den kompensatorischen Interessen der abhängigen Bevölkerung, ihrer Befriedigung und der Stärkung des »subalternen Bewußtseins«.

Triebstruktur und Revolution

Diese Einheit von Fortschritt und Unterdrückung erleichtert das Management der politisch-ökonomischen Gegensätze in der globalen Struktur des Spätkapitalismus. Die Frage »wie lange noch?« läßt sich nicht rational beantworten: Die Theorie ist keine Prophetie. Aber es bleibt wahr (und die Tatsachen zeigen die Tendenzen), daß der Kapitalismus seine eigenen Totengräber produziert. Nur sind sie nicht das Proletariat, sondern der Gesamtarbeiter und das in ihm gestaute Bewußtsein, die rebellierende Subjektivität. Wie der kapitalistische Fortschritt selbst die objektiven Bedingungen seiner Aufhebung schafft (strukturelle Arbeitslosigkeit, Saturierung des Marktes, Inflation, innerkapitalistische Konflikte, Konkurrenz mit dem Kommunismus . . .), so auch die *subjektiven*. Das überschüssige Bewußtsein ist nur ein Teil der Subjektivität: sein emanzipatorisches Interesse reicht bis zum Wissen dessen, was geschieht und zu geschehen hat, aber die Herrschaft kompensatorischer Interessen verhindert die Umsetzung des Bewußtseins in die Praxis. Die subjektive Seite der Revolution ist nicht nur Sache des Bewußtseins und des vom Wissen geleiteten Handelns, sondern auch der Emotionen, der Triebstruktur. Und dies auf jeder der zwei Ebenen der Veränderung:

a) radikale Kritik des Bestehenden, und

b) positiv-konkrete Antizipation der Freiheit, d. h. Gegenwart des Ziels im Hier und Jetzt des Lebens.

Zur geschichtlich-gesellschaftlichen »Reife« der subjektiven Bedingungen gehört nicht nur das politische Bewußtsein, sondern auch das vitale, existentielle *Bedürfnis* nach einer Revolution, die in der Triebstruktur der Individuen verankert ist – gehört (mindestens im 20. Jahrhundert) nicht nur der

Wille zum Überleben und zum Vorwärtskommen, sondern auch die Einstellung des Existenzkampfes, der versklavenden Produktion, der endlosen Tauschprozesse, kurz: der Wille zur *glücklichen* Freiheit, zur Selbstbestimmung.

In der Triebstruktur verankert, bedeutet (den Wahrheitsgehalt der Freudschen Theorie vorausgesetzt): In der Klassengesellschaft ist die Revolution als der Drang des Eros nach Befreiung von sozial bedingter Surplusrepression, nach Befriedigung und Intensivierung der Lebenstriebe »angelegt«. (Die primäre zivilisatorische Repression, z. B. das Inzesttabu, toilet training, bestimmte gesellschaftliche Verkehrsformen sind heute kein Hindernis der Befreiung mehr.) Die wesentlichen Forderungen der Revolution: Abschaffung der entfremdeten Arbeit, Gleichheit in den Möglichkeiten der Selbstbestimmung, Befriedigung der Natur, Solidarität, haben so in der Subjektivität eine *erotische Grundlage* (wie der Faschismus die seine im destruktiven Charakter hat). Die Gesellschaft und die Befreiung als gesellschaftlich-geschichtlicher Prozeß ist im Eros selbst wirksam – sehr zum Unterschied von der Sexualität und der sexuellen Befreiung, die sich auch innerhalb der Klassengesellschaft abspielen kann. Die Entfaltung der Lebenstriebe, das Eros, bedarf der gesellschaftlichen Veränderung, der Revolution; die Revolution bedarf der triebhaften Grundlage.

Die gesellschaftliche Veränderung ist nicht nur eine der menschlichen Natur, sondern auch eine der äußeren Natur. Die zum Kapitalismus gehörige Natur mag sich sehr wohl als eine unüberschreitbare *Grenze* des Systems erweisen. Sicher ist sie sehr effizient den Interessen des Kapitals unterworfen, aber es bleibt ein unbewältigter Rest, der für die Entwicklung entscheidend werden kann.

Die naturhafte Grenze des Kapitalismus wird in den Protestbewegungen sichtbar, in denen die Natur zu einer potentiellen Kraft in der Veränderung der Gesellschaft wird. Sie wird dies als das konkrete Gegenbild zu ihrer Eingliederung in den kapitalistischen Produktionsprozeß. Nicht nur in dem Sinne, daß ihre organisierte Verteidigung den Profit der großen Industrie und die Interessen des Militärs bedroht. In der

Rebellion gegen die Kernenergie und die allgemeine Vergiftung der Lebenswelt ist der Kampf für die Natur zugleich Kampf gegen die bestehende Gesellschaft und der Schutz der Natur zugleich Herausforderung an das Kapital.

Aber darüber hinaus hat die ökologische Bewegung auch psychologische Wurzeln. Die als Spielraum des Glücks, der Erfüllung und Befriedigung erlebte Natur ist Umwelt des Eros – Antithese zu dem auf die Natur angewandten Leistungsprinzip. Diese Antithese ist (weitgehend unartikuliert und sogar verdrängt) auch in der *Frauenbewegung* lebendig. Das Leistungsprinzip ist die geschichtlich entwickelte Form patriarchalischer Herrschaft. Freilich, auch die sozialistische Gesellschaft wird ihr Leistungsprinzip haben – das Negativ des bestehenden. Es würde gerade die Dimension des gesellschaftlichen Lebens bestimmen, die im Kapitalismus entwertet oder gesperrt ist, nämlich, Konkurrenz in der Entfaltung und im Genuß der individuellen schöpferischen Fähigkeiten und Schaffung der Vorbedingungen für die Anwendung der technisch-wissenschaftlichen Errungenschaften des Kapitalismus im Interesse der Allgemeinheit, statt im partikulären Interesse des Kapitals. Die Aufhebung des Leistungsprinzips erscheint im Kapitalismus nur in falscher Form, verkörpert in den zur »Natur der Frau« stilisierten Kontrast- und Wunschbildern (Rezeptivität, Sensibilität, emotionale Kapazität, Naturnähe etc.). Sie zeigen die bio-psychologische Dimension der Frauenbewegung an. Im Kampf der Frauen für die wirkliche Gleichheit und Gleichberechtigung, für die allgemeine Emanzipation in allen Kulturbereichen steckt die Rebellion der zum Objekt gemachten Natur.

Die anti-autoritäre, die ökologische und die Frauenbewegung sind so innerlich verbunden: sie sind die (noch sehr unorganisierte und diffuse) Manifestation einer die Herrschaft des Leistungsprinzips und der entfremdeten Produktivität erschütternden Triebstruktur als Grund eines verwandelten Bewußtseins*. So mobilisiert diese Opposition Kräfte der Um-

---

* Siehe meinen Aufsatz »Marxismus und Feminismus«, in *Zeitmessungen* (Frankfurt, Suhrkamp, 1975).

wälzung in einer (nicht nur) vom Marxismus vernachlässigten Dimension, die im Spätstadium des kapitalistischen Fortschritts diesem Einhalt gebieten kann: die rebellierende menschliche und äußere Natur.

Der Rückgriff dieser Bewegungen auf die Natur als Faktor politischer Praxis unterscheidet sie wesentlich von den Fluchtbewegungen in der Neuen Linken, in denen Natur, verabsolutiert, zum Kriterium der nicht-entfremdeten, authentischen Existenz wird. Diese beschwören die Natur (innere und äußere) gegen den Intellekt, die Unmittelbarkeit gegen die Reflexion. Sie pflegen gerade die Dichotomie, die im Prozeß der Befreiung aufgehoben werden soll. Der Kult der Unmittelbarkeit ist reaktionär: er ist der Rückschritt von der Natur als Kraft in der gesellschaftlichen Dynamik (als Subjekt-Objekt) zur Natur als reiner Subjektivität, die schon als solche das Wahre und Gute gegenüber dem Falschen und Schlechten der Gesellschaft repräsentiert. Aber in der nackten Unmittelbarkeit ist das Falsche und Schlechte nicht überwunden, es ist nur verdrängt oder auf die anderen übertragen.

Die »Thesen zum Verhältnis von Alternativ- und Fluchtbewegung« kritisieren die diese Bewegung durchherrschende Ambivalenz:

»Kriterium politischen Handelns ist schon lange nicht mehr die treffende theoretische, zumal die ökonomie-kritische Analyse, vielmehr die subjektive Erfahrung des jeweiligen Individuums. Wofür man also aktiv werden soll, das will man gefälligst am eigenen Leib spüren. Was jedoch in einer bestimmten Phase ein durchaus wichtiges Politisierungs- oder Kritikmoment an Orthodoxie und Dogmatismus darstellte, ist jetzt vielerorts in einen problematischen Kult der Bedürfnisse umgekippt. Erfahrung, die keiner theoretischen Analyse mehr zugänglich ist und jedes irritierende Reflexionsmoment abwehrt, hat sich auf das durchschnittliche Quantum von Gefühlserregungen reduziert. Damit hat sie ihre Widerspenstigkeit verloren und ist weitgehend integrabel geworden. Erfahrung, derart verabsolutiert, hat sich von einem Medium der Autonomie in ein Medium von Integration und Anpassung verwandelt.« (Wolfgang Kraushaar, in

*Autonomie oder Getto?*, Verlag Neue Kritik, Frankfurt/M.
1978, S. 45 f.)

Die These, daß die kapitalistische Beherrschung und Ausbeutung der Natur *eo ipso* auch Beherrschung und Ausbeutung der Menschen ist, kann jetzt konkreter formuliert werden. Kapitalistischer Fortschritt ist Veränderung der Natur unter dem Prinzip gesteigerter Produktivität und Profitabilität. Die Natur wird zur bloßen Objektivität: ein Universum von Dingen und Beziehungen zwischen Dingen, deren »Telos« Dienst im Produktions- und Reproduktionsprozeß (Natur als organisierte Erholung) ist. Das erfordert die Unterdrückung der Natur als des Widerstands gegen das Leistungsprinzip. Da innere und äußere Natur eine (geschichtliche) Totalität sind, wirkt das Leistungsprinzip *gegen* das Streben des Eros nach Entfaltung in der Lebenswelt, gegen die Befreiung von der Allmacht der entfremdeten Arbeit. Daher die immer mehr verinnerlichte Repression, die die Gesellschaft den Menschen auflegt. Die Natur muß zerstört, muß der destruktiven Gesellschaft angeglichen werden. Die noch unzerstörte (obwohl der ihr eigenen Destruktion ausgesetzte) Natur darf nicht zur gegenkulturellen Lebenswelt werden, in der das Glück der Individuen im Widerspruch zur gesellschaftlich angebotenen Glücklichkeit Erfüllung findet. Aber je evidenter die vom Kapitalismus geschaffenen *Möglichkeiten* der Befreiung vom Leistungsprinzip werden und je mehr die erweiterte Reproduktion des Kapitalismus die Zerstörung der Natur antreibt, desto dringender die Überaktivierung destruktiver Energie. Die »Mischung« der beiden primären Triebe wird dichter: Eros selbst scheint mit Aggressivität geladen, die sich oft gegen den eigenen Körper wendet (Rock- und Punk-Musik, Brutalität im Sport, Drogen . . .).

Die Verankerung der Opposition in einer emanzipatorischen Triebstruktur soll die *qualitative* Veränderung, die Totalität der Revolution ermöglichen. Aber die Entwicklung einer emanzipatorischen Triebstruktur ist nur als gesellschaftlicher Prozeß vorstellbar, und eben dieser produziert und reproduziert die repressive Triebstruktur, die den Kapitalismus verinnerlicht. Wieder der »Teufelskreis«! Wie kann eine emanzipatorische Triebstruktur in einer repressiven Gesellschaft und gegen eine solche aufkommen, deren Herren (anders als die Opposition!) längst gelernt haben, die Psyche zu mobilisieren?

Nur die individuelle *Erfahrung*, das individuelle Erlebnis, das das »subalterne« Bewußtsein durchstößt, führt oder zwingt den einzelnen dazu, die Dinge und Menschen anders zu sehen und zu fühlen, anders zu denken.

»Alles Ungewöhnliche hindert die Leute, so zu leben, wie sie wollen. Sie sehnen sich – falls sie dies tun – überhaupt nicht nach einer grundlegenden Änderung ihrer sozialen Gewohnheiten, sondern nur nach einer Ausdehnung derselben. Der Grundton alles Stöhnens und Jammerns der Mehrheit ist: ›Hindert uns nicht, so zu leben, wie wir es gewohnt sind!‹ Wladimir Iljitsch Lenin war ein Mensch, der wie kein anderer vor ihm verstand, die Leute zu hindern, ihr gewohntes Leben zu führen« (Gorki, zitiert nach Bahro, S. 118).

Die Entwicklung der Triebstruktur ist durchaus mit der des Bewußtseins verbunden: erotische und destruktive Energie realisieren sich in vorgegebenen gesellschaftlichen Rahmen. Die Triebstruktur wird emazipatorisch nur im Verein mit einem emanzipatorischen *Bewußtsein*, das die Möglichkeiten und Grenzen der Realisierung entwirft und das nur Triebhafte in sich selbst aufhebt.

Der gesellschaftliche Prozeß der Revolution beginnt in den Individuen, in denen die Emanzipation vitales Bedürfnis geworden ist. Aber eben diese Individuen sind über das Ich hinausgekommen. Die emanzipatorische Triebstruktur konstituiert *Solidarität* als Kraft der Lebenstriebe. Schon die primären Triebe, obwohl sie »wertfrei« sind, implizieren den anderen, im Eros sowohl wie in der Destruktion. Sie enthalten das Allgemeine: Sie sind Triebe des Individuums – aber des Individuums als »Gattungswesen«.

Die fundierende Erfahrung, die die Notwendigkeit der Weigerung in der Psyche der Individuen verwurzelt, bleibt also niemals bei dem persönlichen Erlebnis, bei der Unmittelbarkeit der Beziehung zum Ich. Die »Reise nach Innen« trifft im

Ich die anderen und das andere (die Gesellschaft und die Natur) – nicht als bloße Grenze des Ich, sondern als das Ich konstituierende Mächte. Die fundierende, unmittelbare Erfahrung, in der die Relevanz für das konkrete Individuum zur Verifizierung dienen könnte, ist solche immer nur als *vermittelte* Unmittelbarkeit und das diese Erfahrung motivierende Handeln immer das einer über das Ich hinausgehenden; als umfassende Subjektivität. »Politik in der ersten Person« ist eine *contradictio in adjecto.* Die Reise nach Innen ist notwendig, weil die Dynamik von Ich und Es durch effiziente gesellschaftliche Kontrolle verdeckt ist und weil im Spätkapitalismus Individualität selbst zur Ware wird. (*Autonomie oder Getto*, S. 37 f.). Aber wenn die Reise dann bei einem unmittelbaren Ich stehen bleibt und dessen Manifestationen als authentisch proklamiert, verfällt sie dem Fetischismus der Warenwelt, und die auf dieser Basis geschaffene Gegenkultur wird Teil und Ergänzung der etablierten Kultur.

Ich habe abschließend die Ambivalenz in der Wendung zur Subjektivität betont. Auch hier besteht die Gefahr, aus der Not eine Tugend zu machen. Die Not liegt in der Isolierung der radikalen Emanzipationsbewegungen (besonders der sozialistischen) von den Massen und in der strukturellen Schwäche dieser Bewegungen gegenüber der materiellen und ideologischen Macht des etablierten Herrschaftsapparats. Im Hinblick auf diese Konstellation erscheinen Protest und Rebellion jenseits (oder diesseits) des politisch-ökonomischen Klassenkampfes als *Rückzug.* Das trifft selbst auf die militante Opposition in der industriellen Arbeiterklasse zu (örtliche Selbstverwaltung, Fabrikbesetzung, nichtautorisierte Streiks). Verglichen mit den großen Massenaktionen in der Geschichte der Arbeiterbewegung erscheinen sie als schwache Ausläufer einer revolutionären Tradition.

Aber die Erscheinung ist nicht das Ganze. Bewegungen wie die Arbeiteropposition, die Bürgerinitiativen, die Communen, die Studentenproteste sind die von der gesellschaftlichen Situation determinierten, authentischen Formen der Rebellion als Gegenschlag gegen die Zentralisation und Totalisierung des Herrschaftsapparats. Nicht stark genug, diesem Apparat

eine kampffähige oppositionelle Zentralisation entgegenzustellen, konzentriert sich die Rebellion auf örtliche und regio-
nale Basen, wo noch relative Bewegungsfreiheit und Spielraum gegeben sind. Und gerade diese Rückbewegung *antizipiert* die objektiven Desintegrationstendenzen der bestehenden Gesellschaft, nämlich, das Zerbröckeln des Systems durch
die Entstehung von ökonomischen und sozialen Einheiten der
Selbstverwaltung. Eine solche Entwicklung würde in der Tat
den Begriff der »Massen« aufgehoben und damit einen Aspekt
der Befreiung realisiert haben: das Leben solidarisch fühlender
und handelnder Individuen.

## Zusammenfassung

Bahros Analyse durchbricht den Fetischismus der marxistischen Schein-Orthodoxie und der Gegenkultur der Unmittelbarkeit. Seine dialektische Analyse führt zu einer authentischen, an der begriffenen Empirie orientierten »internen«
Weiterentwicklung der Marxschen Theorie. Sie erweist die
Radikalität ihrer Erkenntnisse hauptsächlich an den folgenden
»Knotenpunkten« der Theorie und Praxis:
(1) Ablehnung des in der entfalteten Industriegesellschaft
    längst überholten marxistisch-leninistischen Modells der
    proletarischen Revolution (Machtergreifung durch revo-
    lutionäre Massen, Diktatur des Proletariats), Erarbeitung
    eines den wirklichen gesellschaftlichen Tendenzen ent-
    sprechenden neuen Modells.
(2) Neubestimmung des Klassenverhältnisses (im »real exi-
    stierenden« Sozialismus sowohl wie im Spätkapitalismus).
    Die »erweiterte« Arbeiterklasse; das Proletariat in ihr als
    Minderheit; Integrierung und Ausdehnung der Abhän-
    gigkeit; Verwandlung der Arbeiterklasse in »Volk«; ihr
    Konservatismus.
(3) Die entscheidende Rolle der Intelligentsia in der Über-
    gangsperiode entsprechend ihrer Stellung im Produk-
    tionsprozeß. Der Fetischismus der Massen.
(4) Schwerpunktverlegung der gesellschaftlichen Dynamik
    auf die Subjektivität: die »Reise nach Innen« und ihre

Ambivalenz. Bewußsein als umwälzende Kraft.

(5) Neustellung (und Beantwortung?) der Frage nach dem Subjekt der Revolution, als Resultat von Punkt (2).

(6) Demonstration, daß der integrale Sozialismus reale Möglichkeit ist, wenn die entscheidenden Maßnahmen (Umverteilung der Arbeit und des Einkommens, graduelle Abschaffung des Leistungsprinzips, demokratisches Bildungssystem, ein über die Fabrik erweitertes Rätesystem . . .) durchgeführt werden. Die neue Ökonomie als Ökonomie der Zeit: progressive Reduzierung der gesellschaftlich notwendigen Arbeitszeit. Das Reich der Freiheit *im* Reich der Notwendigkeit.

# Kritik des Realitätsprinzips

## 1. Johann Schülein
## Jenseits des Leistungsprinzips – Marcuse und Freud

*Marcuses frühe Kritische Theorie*
Jede lebendige Biografie entwickelt sich, nicht nur im Handeln, sondern auch im Denken. Sie reagiert auf Veränderungen der sozialen Wirklichkeit, indem sie ihrer immanenten Eigendynamik folgt. Herbert Marcuses Theorie ist ein eindrucksvolles Beispiel dafür. Obwohl er sich erst relativ spät mit der Psychoanalyse beschäftigt hat, ist diese Wendung nichts als die folgerichtige Konsequenz seiner vorherigen theoretischen Entwicklung im Kontext der Erfahrungen des Übergangs zur voll entwickelten Industriegesellschaft. Und obwohl die Beschäftigung mit der Psychoanalyse seiner Theorie nichts prinzipiell Neues hinzufügt, gelangt sie erst dadurch zur vollen Ausschöpfung ihrer Möglichkeiten.

Marcuses frühes Denken ist gekennzeichnet von einem philosophisch inspirierten Marxismus, dem Experten seine Genese aus klassisch-idealistischen (Hegel) und existentialistischen (Heidegger) Positionen ansehen. Seine Marx-Rezeption, stark geprägt von den sogenannten »Frühschriften«, identifiziert sich mit dem normativen Ideal einer herrschaftsfreien Gesellschaft, aber nicht mit den existierenden Strömungen politischer Organisationen mit marxistischer Ideologie. Es war daher kein Zufall, daß er bald Kontakt zum Institut für Sozialforschung und der dort vertretenen Kritischen Theorie fand. Die Kritische Theorie war eine Reaktion auf die zunehmende Verschärfung sozialer Konflikte in den zwanziger und frühen dreißiger Jahren, ohne daß eine progressive Opposition sichtbar wurde. Sie führte gewissermaßen einen Zweifrontenkrieg: gegen die herrschenden Verhältnisse und ihre ideologischen Repräsentanten und gegen die Oppositionsbewegungen und ihre Vertreter, in deren Theorien das kritische

Potential der Aufklärung verkümmert und wirkungslos geworden war. Gleichzeitig fühlte sich die Kritische Theorie beidem verpflichtet: sie hatte zum Ziel, die progressiven Aspekte der bürgerlichen Theorie gegen ihre repressiven zu verteidigen ebenso wie sie den erstarrten Marxismus weiterentwickeln wollte.

Marcuse selbst beschrieb diese Situation im Nachhinein so: »Damals war es noch nicht eindeutig, daß die militärische und administrative Bewältigung des Faschismus die gesellschaftlichen Strukturen, aus denen er hervorgegangen war, modernisieren und leistungsfähiger machen würde, nicht aber sie beseitigen würde. Es war noch offen, ob nicht diese Bewältigung durch weitertreibende und allgemeinere geschichtliche Kräfte überholt werden würde: die alte, modernistische Gesellschaft hatte noch nicht ihre ganze Gewalt und ihre ganze Vernunft enthüllt, und das Schicksal der Arbeiterbewegung lag noch ›im ungewissen‹.« (Vorwort zu: *Kultur und Gesellschaft 1*, S. 7)

Unter diesen Voraussetzungen ergaben sich für die Kritische Theorie Konsequenzen für die theoretische Arbeit: Es ging darum, auf der Ebene der Theorie und der gesellschaftlichen Entwicklung nachzuvollziehen, wie es zu dieser Gefahr des Absturzes in Barbarei kommen konnte und zugleich darum, aufzuzeigen, wo sich Gegentendenzen aufweisen ließen.

Marcuse hat in diesem Zusammenhang sehr früh die Notwendigkeit gesehen, angesichts des sich andeutenden Übergangs zu einer neuen Stufe gesellschaftlicher Herrschaft, die klassischen Formen der marxistischen Gesellschaftsanalyse (d. h. die Analyse ihrer ökonomisch-politischen Struktur) zu ergänzen bzw. weiterzuentwickeln zu einer Kritik des gesamten gesellschaftlichen Prozesses. Das naive Bild des Vulgärmaterialismus, der mit einer zunehmenden Entwicklung der Produktivkräfte eine Verschärfung der Widersprüche unterstellte, die gewissermaßen unausweichlich zur sozialistischen Revolution führen mußte, hatte die Dynamik der kapitalistischen Produktionsweise unterschätzt bzw. unzureichend verstanden. Es mußte darum gehen, zu begreifen, mit welchen außerökonomischen Mechanismen sich eine Gesellschaft erhielt, die ökonomisch schon längst als überfällig angesehen wurde. Marcuses Aufsätze in der *Zeitschrift für Sozialforschung* zeigen seine Bemühungen, die strukturelle Ambivalenz der gesellschaftlichen Entwicklungen am Beispiel bestimmter Problemfelder, die die traditionelle marxistische Analyse als »Überbauphänomene« eingeordnet (und vernachlässigt) hatte. Einige Grundelemente seiner Theorie sind dabei im Kern bereits angelegt. Im Aufsatz *Über den affirmativen Charakter der Kultur* (1937/1965) untersucht er das Verhältnis von bürgerlicher Kultur und Persönlichkeit. Er zeigt, wie im Laufe der Entwicklung bestimmte Elemente von Subjektivität immer mehr ausgegrenzt und verpönt wurden, weil sie die Instrumentalisierbarkeit der Menschen für die Zwecke der profitorientierten Produktion stören. Ein Beispiel dafür ist die Reduktion von Lust auf künstlerisch lizensierte Schönheit:

> »Nur im Ideal der Kunst wurde die Schönheit mit gutem Gewissen bejaht, denn an sich hat sie eine gefährliche, die gegebene Gestalt des Daseins bedrohende Gewalt . . . Darin liegt ihre Gefahr in einer Gesellschaft, die das Glück rationieren und regulieren muß« (a. a. O., S. 83).

Auf der anderen Seite weist Marcuse darauf hin, daß gerade der Schein-Charakter des Kunstgenusses die Vorstellung einer Utopie einer lustbejahenden Gesellschaft festhält und daß deshalb ihre Zerschlagung trotz ihres repressiven Charakters nicht unbedingt ein Fortschritt ist. In diesem Zusammenhang taucht bereits der Gedanke auf, daß es Formen der Herrschaft gibt, die durch die Verinnerlichung von Herrschaft, durch das Abhängigwerden der Subjekte von den Verhältnissen, die sie unterdrücken, manifeste Gewalt abgelöst wird von ebenso unauffälligen wie effektiven Formen der Herrschaft. Dabei dominiert noch der Blick auf die Funktion der repressiven Kultur, den einzelnen mit seinem materiellen und psychischen Elend zu »versöhnen«:

> »Die Einstreuung des kulturellen Glücks in das Unglück mildert die Armseligkeit und Krankhaftigkeit solchen Lebens zu einer ›gesunden‹ Arbeitsfähigkeit. Die Menschen können sich glücklich fühlen, auch wenn sie es gar nicht sind . . . Das Individuum, auf sich selbst zurückgeworfen,

lernt seine Isolierung ertragen und in gewisser Weise lie-
ben . . .« (a. a. O., S. 90).
Daneben stehen jedoch auch schon Formulierungen wie diese:
»Das Interesse des Individuums bleibt im Utilitarismus mit
dem Grundinteresse der bestehenden Ordnung vereinigt.
Sein Glück ist harmlos. Und diese Harmlosigkeit hält sich
durch bis in die Freizeitgestaltung des autoritären Staats.
Jetzt wird die erlaubte Freude organisiert.« (a. a. O., S. 98).
Darin steckt bereits die für Marcuses spätere Theorie zentrale
Vorstellung der negativen Identität von Subjektstruktur und
Gesellschaftssystem.

Ein anderer Aufsatz, *Zur Kritik des Hedonismus* (1938/1965),
enthält einige weitere Vorformulierungen der späteren Theorie. In diesem Text geht es vordergründig um die philosophie-
geschichtliche Kontroverse zwischen Vernunft und Glücks-
streben. Marcuse betont, daß trotz oder wegen seiner Partikularität, seiner Beschränktheit auf individuelles Glück, der Hedonismus gegen die fatalen Folgen einer rationalistischen (und
daher für abstrakte Zwecke instrumentalisierbaren) Ver-
nunftsphilosophie, die Bedürfnisbefriedigung diskriminiert,
Recht hat. Daran knüpft seine Analyse der gegenwärtigen
Gesellschaft, speziell ihres Umgangs mit Bedürfnissen, an:
»Die Entfaltung der Produktivkräfte . . . haben . . . neue Genußmöglichkeiten geschaffen. Aber diesen gegebenen Genußmöglichkeiten stehen Menschen gegenüber, die sowohl
objektiv, aufgrund ihres ökonomischen Status, wie subjek-
tiv, aufgrund ihrer Erziehung und Disziplinierung, weitgehend genußunfähig sind. Aus der Diskrepanz zwischen
dem, was als Objekt möglichen Genusses da ist und der Art
und Weise, wie die Objekte verstanden, genommen und
gebraucht werden, ergibt sich die Frage nach der Wahrheit
der Glücksbeziehung in dieser Gesellschaft: die (den Genuß) intendierenden Akte kommen nicht zur Erfüllung
ihrer eigenen Intention; auch wenn sie sich erfüllen, bleiben
sie unwahr.« (a. a. O., S. 151)
Dies ist ein Bruch mit der orthodoxen marxistischen Theorie,
die in diesem Zusammenhang meist naturalistisch vorgeht,

indem sie unterstellt, die »Grundbedürfnisse« der Menschen seien zwar unterdrückbar, in ihrer Substanz jedoch unzweideutig emanzipativ. Marcuse setzt dagegen die Möglichkeit der Verdopplung von Entfremdung durch die Manipulation der Subjekte bis zu einem Punkt, wo sie bewußt, aber ohne es zu begreifen, ihrer Unterdrückung zustimmen.

Damit sind im Grunde die wesentlichen Momente von Marcuses Theorie der modernen Gesellschaft umrissen, ohne daß auch nur ein einziges Mal ein psychoanalytisches Argument verwendet worden wäre. Die innere Logik der Kritischen Theorie, die schon sehr früh die spezifische Dynamik hochentwickelter Gesellschaften (und die Unzulänglichkeiten traditioneller Interpretationsmuster) erkannte, führte allerdings fast unausweichlich zu einer Auseinandersetzung mit dem einzigen Entwurf einer Theorie des Subjekts, der von seiner Struktur her der Problematik entsprach: der Psychoanalyse Freuds.

## Freud und die Psychoanalyse

Marcuse mußte, wie alle Mitarbeiter des Institus für Sozialforschung, 1933 emigrieren und ging 1934 in die USA. Die Konfrontation mit einer gesellschaftlichen Wirklichkeit, in der die von der Kritischen Theorie beschriebenen neuen Formen der Entfremdung bereits für Europäer ungeahnte Ausmaße angenommen hatte, brachte unausweichlich für Marcuse wie für die meisten kritischen Intellektuellen die Einsicht mit sich, daß auf absehbare Zeit eine fundamentale gesellschaftliche Umwälzung nicht möglich ist und daß die klassische soziale Basis der antikapitalistischen Opposition noch weit mehr gesellschaftlich integriert war, als dies die europäischen Verhältnisse bereits vermuten ließen. In *Vernunft und Revolution*, seiner philosophiegeschichtlichen Ehrenrettung Hegels, hat sich das Bild verfestigt. Er schreibt:

> »Die Entwicklung der kapitalistischen Produktivität brachte ... die Entwicklung des revolutionären Bewußtseins zum Stillstand. Der technische Fortschritt vermehrte die Bedürfnisse und die Mittel, sie zu befriedigen, wobei seine Ausnutzung sowohl die Bedürfnisse als auch die

Mittel ihrer Befriedigung repressiv machte: gerade sie erhalten Unterwerfung und Herrschaft aufrecht. Die fortschreitende Verwaltung reduzierte das Maß, in dem die Individuen noch ›bei sich‹ und ›für sich‹ sein können und überführt sie in totale Objekte ihrer Gesellschaft. Die Entwicklung des Bewußtseins wird zum gefährlichen Vorrecht von Außenseitern. Der Bereich, in dem individuelles oder gemeinschaftliches Transzendieren möglich war, wird auf diese Weise ausgeschaltet. Mit ihm das Lebenselement von Opposition.« (1941/1962, S. 372)

Die letzte Hoffnung auf die Entstehung einer radikalen Opposition in der Tradition der alten Arbeiterbewegung zerfiel, als nach dem Krieg nicht nur der Kapitalismus seine Dominanz noch ausbauen konnte, sondern zugleich unverkennbar wurde, daß die existierenden »sozialistischen« Gesellschaften keinesfalls dem Bild einer befreiten Gesellschaft entsprechen. Vielleicht ist Marcuses intensive Hinwendung zur Psychoanalyse, zur Beschäftigung mit Subjektivität, in diesem Zusammenhang zu sehen: es war keine relevante Oppositionsbewegung zu erkennen, und der aktive Beitrag der Beherrschten zur Aufrechterhaltung des Systems bzw. die neue Stufe der gesellschaftlichen Herrschaft, die »Domestizierung durch Lusterfahrung«, wurden immer deutlicher.

Marcuse hat sich im Grunde nicht mit der Psychoanalyse, sondern mit Freuds Theorie auseinandergesetzt. Dies hat einen Grund in der Perspektive der Kritischen Theorie, die davon ausgeht, daß eine gute Theorie – wenn auch in verhüllter Form – wirklichkeitsgesättigt ist, Realität zum Ausdruck bringt und deshalb realitätsnaher wirkenden, aber oberflächlicheren Konzepten überlegen ist. Entsprechend mißtrauisch war sie gegenüber scheinbaren Fortschritten (nicht nur der Theorie). Der andere Grund ist in der Entwicklung der Psychoanalyse selbst bzw. im Wandel des Verhältnisses zwischen Psychoanalyse und Gesellschaft zu sehen. Um dies zu verdeutlichen, ist ein kurzer Blick auf Freuds Denken und die Entwicklung der Psychoanalyse nötig.

Freud, ursprünglich Nervenarzt, stieß bei der Auseinandersetzung mit Erkrankungen, die zu seiner Zeit als Simulation oder

Degeneration eingeschätzt wurden, weil sich kein organisches Substrat identifizieren ließ und die von seinen Zeitgenossen mehr oder weniger tabuisiert oder auf sadistische Weise »behandelt« wurden (z. B. mit Elektroschocks und Kaltwasserkuren), auf Verbindungen zwischen der Lebensgeschichte der Erkrankten und ihrem Leiden. Was sich heute im öffentlichen Bewußtsein weitgehend durchgesetzt hat, war damals eine revolutionäre Erkenntnis, die ihren Entdecker zum totalen Außenseiter machte. Freud war unabhängig und stur genug, um theoretisch und praktisch dieses Phänomen weiter zu bearbeiten. Das Resultat seiner Anstrengungen war das historisch erste Modell professioneller Psychotherapie, vor allem aber eine Theorie des Subjekts. In aller Kürze lassen sich ihre zentralen Positionen so umreißen:

- Der größte Teil der psychischen Aktivitäten vollzieht sich unbewußt, aber nicht strukturlos. Hinter vielen Handlungen, Gefühlen, Gedanken stehen unbewußte psychische Sinnzusammenhänge, auf die bezogen das, was unmittelbar irrational erscheint, rational ist. Das unbewußte psychische Geschehen wird bestimmt von der Dynamik des bio-psychischen Antriebspotentials, der Triebe (seine letzte Triebtheorie unterschied zwischen Sexualtrieben und Aggressionstrieb) bzw. von deren psychischen Repräsentanzen.

- Die spezifische Triebstruktur eines Menschen entsteht erst im Verlauf eines Reifungsprozesses, in dem die ursprünglichen Prinzipien (das Lustprinzip und die Autoerotik) abgelöst bzw. erweitert werden durch das Realitätsprinzip und Objektbeziehungen. Diese Triebentwicklung, die sich in der Interaktion mit den frühen Bezugspersonen vollzieht, ist eingebettet in eine innere Differenzierung der Psyche. Die Vermittlung zwischen Triebdynamik und Außenwelt wird dabei zunehmend von einem Funktionskomplex geleistet, der, auf der Basis »neutralisierter« Triebenergie, eine gewisse Autonomie gewinnt. Dieses Ich ist das Zentrum von Aktion und Reflexion, welches seinerseits von einer intrapsychischen Steuerungsinstanz kontrolliert wird, das sich in der Auseinandersetzung mit den Autoritäten und Normen der Umwelt bildet – dem Über-

Ich. Dagegen werden die Triebimpulse zum »Es«, zum unbewußten Sinnzusammenhang des psychischen Geschehens.

● Beide, Triebentwicklung und psychische Differenzierung, sind als Möglichkeit genetisch angelegt. Ihre konkrete Form und Dynamik gewinnen sie jedoch erst durch die jeweils besondere Interaktion mit den konkreten sozialen Bedingungen, die ihrerseits eingebunden sind in historische Verhältnisse. Subjektive Psyche ist immer sozial und historisch formiert, wobei dieser Formierungsprozeß auch das Risiko der Deformierung mit sich bringt: Jeder Entwicklungsschritt kann unter ungünstigen Umständen scheitern und in neurotische Komplikationen münden, die die Handlungsfähigkeit der Subjekte einschränken.

● So gesehen unterscheiden sich Normalität und Pathologie nur graduell; letztere ist das Ergebnis widersprüchlicher Verarbeitungen der gleichen Entwicklungsprobleme (z. B. der Lösung von den primären Bezugspersonen im sogenannten »Ödipuskomplex«). Thematisierbar werden dadurch ungünstige, defiziente soziale Entwicklungsbedingungen und systematische Formen gesamtgesellschaftlicher Pathologie. Auf der anderen Seite können gesellschaftliche Entwicklungen gelesen werden als Ausdruck von Bewältigungstechniken individueller wie kollektiver Identitätsprobleme.

Freud selbst hat das interpretative (und politische) Potential seiner Theorie (und auch seiner Praxis, die unter dem Motto: »Wo Es war, soll Ich werden« ein Modell der Entfaltung von selbstreflexiver Kompetenz darstellt) deutlich gesehen. Er hat darauf eine Theorie der Kultur entwickelt, die in ihrem pessimistischen Optimismus wie ihrer konservativen Radikalität eigentümlich quer zu den üblichen Einteilungen liegt. Seine Grundthese ist, daß das menschliche Triebpotential zwar in bestimmten Grenzen für soziale Zwecke umstrukturiert und benutzt werden kann, daß es jedoch gewissermaßen einen Rest von Kulturfeindlichkeit in jedem Einzelnen gibt – Ursache für eine gewisse Repressivität der Kultur.

Gleichzeitig ging er davon aus, daß ein Übermaß an Triebunterdrückung durch die Kultur individuelle wie kollektiv destruktive Prozesse auslöst. Dieses Konzept hat eine kritische und eine affirmative, eine optimistische und eine pessimistische Seite. Kritisch rechnet Freud der Gesellschaft vor, welche fatalen Folgen die repressive Sexualmoral hat und wo eine Kultur, die ihre Mitglieder durch die totale Unterdrückung und Deformierung ihrer Sexualität zwingt, psychisch quasi über ihre Verhältnisse zu leben, sich selbst zerstört. Affirmativ verteidigt er die Errungenschaften der Kultur gegen Kulturkritik, die die destruktiven Neigungen von Menschen nicht berücksichtigt und mit dem Vorschlag, die kulturellen Institutionen abzuschaffen, den Rückfall in die Barbarei des Kampfes aller gegen alle provozieren. Optimistisch ist Freud, wenn er davon ausgeht, daß die Stimme der Vernunft zwar leise ist, sich aber letztlich doch Gehör verschaffen und dadurch eine Abschaffung irrationaler Institutionen und die Versöhnung des Menschen mit der unvermeidlichen »Restregressivität« Kultur ermöglichen müßte. Pessimistisch ist er, wenn er – angesichts von Krieg und Faschismus – das selbstdestruktive Potential des Einzelnen und der Gattung hoch einschätzt und dafür plädiert, mehr Repression zum Schutz der kulturellen Institutionen einzusetzen.

Für Freud selbst waren zwar Therapie und politische Theorie zwei getrennte Bereiche, aber es war ihm selbstverständlich, in beiden zu arbeiten. Die erste Generation seiner Schüler konnte und wollte jedoch diesen umfassenden Anspruch der Psychoanalyse nicht aufrechterhalten. Bis auf wenige Ausnahmen (Bernfeld, Fromm, Fenichel, Reich) beschränkten sie sich auf die Kanonisierung und Institutionalisierung der psychoanalytischen Therapie; die gesellschaftskritische Funktion der Psychoanalyse wurde aufgegeben oder gar als un-psychoanalytisch diskriminiert. Dieser Prozeß der Beschränkung und »Klinifizierung« ging einher mit zunehmender gesellschaftlicher Etablierung, vor allem in den USA. Dort war die Psychoanalyse nie auf derart massive Abwehr wie in Europa gestoßen, im Gegenteil: sie wurde bald zum renommierten Statussymbol. Gefragt (und gut bezahlt) wurde allerdings nur die exklusive Therapie, nicht die konsequente

Kulturkritik. So wurde über weite Strecken aus Freuds theoretischem und praktischem Modell radikaler Selbstreflexion eine harmlose und affirmative Freizeitbeschäftigung, an der eine größer werdende Gruppe von Therapeuten gut verdiente. Entsprechend einseitig und reduziert vollzog sich auch die innere und organisatorische Entwicklung der Psychoanalyse. Marcuse fand also eine widersprüchliche Gestalt der Psychoanalyse vor: einen revolutionären Entwurf einer Theorie des Subjekts, die stark von zeitspezifischen Ideologien geprägt war, wenige Versuche, Freuds Gesellschaftstheorie kritisch weiterzuentwickeln und eine mainstream-Psychoanalyse, die oberflächlich gesehen über Freuds Denken hinausgetrieben war, die jedoch ihre kritische Potenz weitgehend verloren hatte. Es lag daher für ihn nahe, sich auf die ursprüngliche Gestalt der Psychoanalyse zu beschränken, in der die Widersprüche zwar augenfällig, aber festgehalten sind und nicht in technischen Differenzierungen der Theorie getilgt waren. Marcuses Auseinandersetzung mit der Psychoanalyse ist daher weitgehend eine mit Freud.

## Marcuses Auseinandersetzung mit Freud

Marcuses umfassende Auseinandersetzung mit Freud erschien 1955 unter dem (programmatischen) Titel *Eros and Civilisation*. Er nannte seine Arbeit eine philosophische Auseinandersetzung mit Freud, was untertrieben war, denn es handelte sich um eine fest umrissene Gesellschaftstheorie mit einer ausgeweiteten Theorie des Objekts. Seitdem ist seine Analyse in ihren Grundzügen weitgehend gleich geblieben.

An Freuds These, daß jede Kultur mit Unterdrückung von Triebbedürfnissen einhergehen muß und daß andererseits eine Art von Kosten-Nutzen-Rechnung nötig sei, weil ein Übermaß an Repression zur Zerstörung von Kultur führt, entwickelt Marcuse seine eigene Fragestellung.

»Gehört sie (Unterdrückung) tatsächlich zum Wesen der Kultur als solche, dann wäre Freuds Frage bezüglich des Preises der Kultur bedeutungslos – dann gäbe es keine Wahl. Freuds eigene Theorie bietet aber Gründe, seine Gleichsetzung von Kultur und Unterdrückung abzuleh-

nen . . . Stellt die Wechselbeziehung zwischen Freiheit und
Unterdrückung, Herrschaft und Fortschritt wirklich das
Prinzip der Kultur dar? Oder resultiert dieser Wechselbe-
zug nur aus einer spezifischen historischen Organisation
des menschlichen Daseins? In Freuds Begriffen ausgedrückt: ist der Konflikt zwischen dem Lust- und dem
Realitätsprinzip derart unversöhnlich, daß die unterdrük-
kende Umformung der menschlichen Triebstruktur unerläßlich ist? Oder läßt dieser Konflikt die Vorstellung einer
Kultur ohne Unterdrückung zu, die auf einer völlig anders-
artigen Daseinserfahrung, auf einer völlig anderen Beziehung zwischen Mensch und Natur, auf völlig anderen
existentiellen Beziehungen beruht?« *(Triebstruktur und Gesellschaft* 1955/1960, S. 10 f.)
Es geht Marcuse darum, aus der konsequentesten Analyse der
kulturellen Widersprüche heraus, die Möglichkeit einer qualitativ neuen Welt abzuleiten.
Zu diesem Zweck liest er Freuds Theorie gegen den Strich,
gewinnt ihr durch kritische Interpretation neue Dimensionen
ab: Beispielsweise sieht er in Freuds Beharren auf dem Gegensatz zwischen Kultur und Triebbedürfnissen das Festhalten an
sonst verleugneten Ansprüchen.

»Freuds Werk zeichnet sich durch das kompromißlose Be-
streben aus, den repressiven Gehalt der höchsten Kulturwerte und Errungenschaften nachzuweisen . . . (Er) verteid-
digt die tabuierten Strebungen der Menschheit, deren Umfang und Tiefe er sichtbar macht: den Anspruch auf einen
Zustand, in dem Freiheit und Notwendigkeit übereinstim-
men.« (a. a. O., S. 23)
Auch sein Therapiekonzept geht so gesehen über die ursprünglichen Intentionen hinaus:
»Die psychoanalytische Befreiung des Erinnerungsvermö-
gens wirft die Vernunfthaltung des unterdrückten Individuums über den Haufen . . . Die psychoanalytische Theorie
hebt (die) seelischen Fähigkeiten aus der unverbindlichen
Sphäre von Tagträumen und Dichtung und erfaßt wieder
ihre absoluten Wahrheitsgehalte . . . Die Befreiung der Vergangenheit endet nicht in der Versöhnung mit der Gegen-

wart. Entgegen der selbstauferlegten Gehemmtheit des Entdeckers strebt die Orientierung an der Vergangenheit nach einer Orientierung an der Zukunft.« (a. a. O., S. 24 f.)

Potentiell, so Marcuse, ist Therapie ein Moment der Transzendierung des Bestehenden.

Freuds Theorie erscheint so als ein Ausdruck von Wirklichkeit, in dem die historische Alternative durchschimmert, auch gegen die bewußten Intentionen ihres Verfassers. Es bedarf nur noch gewisser begrifflicher Rekonstruktionen und Differenzierungen, um die revolutionäre Sprengkraft der radikalen Psychoanalyse sichtbar zu machen. Marcuse greift dazu die bereits früher entwickelten, impliziten und expliziten Überlegungen auf und übersetzt sie in die Denkweise der Psychoanalyse, wobei sie begrifflich an Präzision und Zusammenhang gewinnen. Die beiden zentralen Kategorien sind »zusätzliche Unterdrückung« und »Leistungsprinzip«.

»Während jede Form des Realitätsprinzips ein beträchtliches Maß an unterdrückender Triebkontrolle fordert, führen . . . die spezifischen Interessen der Herrschaft zusätzliche Kontrollausübungen ein, die über jene hinausgehen, die für eine zivilisierte menschliche Gemeinschaft unerläßlich sind. Diese zusätzliche Lenkung und Machtausübung, die von den besonderen Institutionen der Herrschaft ausgehen, sind das, was wir als *zusätzliche Unterdrückung* bezeichnen.« (a. a. O., S. 42)

Diese historische Form des Realitätsprinzips ist das Leistungsprinzip.

»Das Leistungsprinzip, daß das herrschende Prinzip einer auf Erwerb und Wettstreit ausgerichteten Gesellschaft im Prozeß ständiger Ausdehnung ist, setzt eine lange Entwicklung voraus, während derer die Herrschaft zunehmend rationalisiert wurde . . . Die auf Profit eingestellte Verwendung des Produktionsapparates erfüllt die Bedürfnisse und Möglichkeiten des Individuums. Für die überwiegende Mehrheit der Bevölkerung werden Ausmaß und Art der Befriedigung durch ihre eigene Anstrengung bestimmt, aber diese Anstrengung ist Arbeit für einen Apparat, den sie nicht selbst lenken, der als eine unabhängige Macht wirkt

... Die Menschen leben nicht ihr eigenes Leben, sondern erfüllen schon vorher festgelegte Funktionen.« (a. a. O., S. 49)

Marcuse diskutiert ausführlich am Beispiel der Sexualität, wie deformierend sich die Herrschaft des Leistungsprinzips auf die Psyche der Subjekte auswirkt und wie die Internalisierung des Leistungsprinzips ihr Widerstandspotential lähmt bis zu einem Punkt, an dem sie ihrer eigenen Deformation zustimmen. Die von Freud beschriebene Zusammenfassung der ursprünglichen sexuellen Partialtriebe unter das Primat der genitalen Sexualität wird von Marcuse als intrapsychische Form der Herstellung von Zweckrationalität gesehen, bei der die eigenständige Entwicklung individueller Ausdrucks- und Befriedigungsweisen auf der Strecke bleibt. Was Freud als Perversion einstuft: das Festhalten an Triebimpulsen, die sich nicht an die Norm der genitalen Sexualität halten, ist für Marcuse deshalb Ausdruck der »Auflehnung gegen die Unterwerfung der Sexualität unter den Befehl der Fortpflanzung ... und ... die Institutionen, die diesen Befehl garantieren.« (a. a. O., 53) Dagegen erscheinen die gesellschaftlich lizenzierten Formen der Triebbefriedigung als Pseudo-Emanzipation.

»Heute ist die sexuelle Freiheit, im Vergleich zur puritanischen und viktorianischen Epoche, zweifellos größer ... Zur gleichen Zeit aber sind die sexuellen Beziehungen selbst viel enger mit sozialen Beziehungen in Verbindung getreten; die sexuelle Freiheit ist mit nutzbringender Konformität in Gleichklang gebracht worden ... Im Gegensatz zur Destruktivität des befreiten Eros dient die gelockerte Sexualmoral innerhalb des gut befestigten Systems monopolistischer Kontrollen selbst dem System.« (a. a. O., S. 96)

Marcuse weist diese repressive Logik der Industriekultur auch in anderen psychischen Dimensionen nach. Er zeigt, wie durch die Destruktion des lebendigen Eros auch die Aggression zu dem verkommt, als was sie denunziert wird: nämlich unberechenbare Destruktivität, die unterdrückt werden muß und die sich in Folgen des Leistungsprinzips bemerkbar macht. Er verfolgt, wie durch das Abstraktwerden der Systemzwänge der Prozeß der Individualisierung gestört und der

der Sozialisierung verstärkt wird: an die Stelle des in persönlicher Auseinandersetzung erworbenen individuellen Über-Ichs tritt das direkt von sozialen Agenten und Agenturen manipulierte und manipulierbare »automatische Über-Ich«; das seiner Individualität beraubte Ich schrumpft derart, »daß die vielfältigen antagonistischen Vorgänge zwischen Es, Ich und Über-Ich sich nicht mehr in ihrer klassischen Form entfalten können« (a. a. O., S. 100). Diese Kulturdiagnose, gewonnen aus der Reformulierung seiner frühen Ansätze zur Weiterentwicklung marxistischer Gesellschaftskritik in der radikalisierten Konzeption von Freud, war vernichtend. Sie sprach der zutiefst irrationalen Rationalität des Systems die Fähigkeit zu, alle immanenten Gegensätze zu integrieren. An dieser Stelle zieht Marcuse die Konsequenz dessen, was schon vorher implizit war, aber solange er noch auf die Unmöglichkeit, die klassische antikapitalistische Opposition (die Arbeiterbewegung) zu korrumpieren, hoffte, nicht explizit wurde: Opposition ist nur noch als radikale Negation des Bestehenden, nicht als Kampf um Macht innerhalb der vorgegebenen Spielregeln, denkbar.

»Die Gruppen und Gruppenideale, die Weltanschauungen, Kunstwerke und literarischen Schöpfungen, die noch kompromißlos die Befürchtungen und Hoffnungen der Menschheit zum Ausdruck bringen, stehen im Gegensatz zum herrschenden Realitätsprinzip: sie sind seine absolute Ablehnung« (a. a. O., S. 105), nicht dessen Perfektionierung durch das bloße Auswechseln von Vorzeichen der Macht. Dies ist die Position eines radikalen Denkens, welches seine eigene Isolation erkennt und seine Hoffnung nur noch im Widerstand, nicht mehr im Entwickeln »positiver« Programmatiken sehen kann. Entsprechend beschreibt Marcuse im zweiten Teil seines Buches, welches er in Anlehnung an Freuds spekulativste Arbeit (*Jenseits des Lustprinzips*) *Jenseits des Realitätsprinzips* überschrieb, in welchen Denk- und Lebensweisen, in welchen Wirklichkeitsbildern er Momente dieser radikalen Negation sieht. Gegen den destruktiven Erfolg der Vernunft setzt er den utopischen Charakter der Phantasie, gegen das leistungsfixierte Menschenbild des Prometheus das lebens-, genußorientierte Bild von Narziß und Orpheus. In ihnen ist am ehesten die Idee eines nicht-repressiven Realitätsprinzips, in dem Ordnung und Triebbefriedigung sich nicht widersprechen, bewahrt.

*»Repressive Entsublimierung« und »Große Weigerung«*
*Eros and Civilisation* war weitgehend ein philosophischer Essay, in dem die begriffliche Systematisierung im Vordergrund stand. Marcuse hat 1959 in *One-Dimensional Man* seine Theorie zu einer Ideologiekritik fortgeschrittener Industriegesellschaften weiterentwickelt. In diesem Buch untersucht er vor allem wie Gesellschaften dieses Typs Opposition totalitär unterdrücken, indem sie ihr die Möglichkeit der Wahrnehmung und Artikulation nehmen und wie gerade da, wo sich ihre Rationalität als völlig neutral ausgibt, ihre ideologische Funktion am wirksamsten ist.

Die Gesellschaftsanalyse ist die gleiche geblieben: Im Gegensatz zur frühkapitalistischen Zeit, wo der Klassenantagonismus Motor gesellschaftlichen Fortschritts war, hat die moderne Industriekultur ein totales und dadurch ungreifbares System der Herrschaft hervorgebracht, welches noch seine eigenen Widersprüche zu Mitteln der Integration umbiegen kann, welches sich den Anschein der Alternativlosigkeit verschafft und seine Mitglieder zur Zustimmung manipulieren kann.

> »Eine komfortable, reibungslose, vernünftige, demokratische Unfreiheit herrscht in der fortgeschrittenen industriellen Zivilisation, ein Zeichen technischen Fortschritts.«
> (1959/1967, S. 21)

Dabei spielt vor allem die Möglichkeit, die Bedürfnisse der Menschen zu steuern, eine zentrale Rolle. Marcuse unterscheidet jetzt plastisch zwischen wahren und falschen Bedürfnissen:

> » ›Falsch‹ sind diejenigen, die dem Individuum durch partikuläre gesellschaftliche Mächte, die an seiner Unterdrükkung interessiert sind, auferlegt werden ... Ihre Befriedigung mag für das Individuum höchst erfreulich sein, aber ... das Ergebnis ist ... Euphorie im Unglück. Die meisten der herrschenden Bedürfnisse, sich im Einklang mit der

131

Reklame zu entspannen, zu vergnügen, zu benehmen und zu konsumieren, zu hassen und zu lieben, was andere hassen und lieben, gehören in diese Kategorie falscher Bedürfnisse.« (a. a. O., S. 25)

Falsche Bedürfnisse als Medium der Herrschaft sind eingebettet in einen ideologischen Kontext, der gerade durch seine Universalität, dadurch, daß Ideologie nicht mehr dem Produktionsprozeß hinzugefügt wird, sondern dieser selbst zur Ideologie wird, hermetische Züge gewinnt: die kognitiven und emotionalen Möglichkeiten der Individuen und Kollektive reduzieren sich auf systemkonforme, harmlose Formen.

Marcuse untersucht nun einen Mechanismus etwas genauer, den er schon in *Eros and Civilisation* angedeutet hatte: die Einschränkung subjektiver Handlungsmöglichkeiten durch das Verhindern komplexer psychischer Entwicklungen. Er zeigt, daß sie durch die Nivellierung und Dequalifizierung, die die Persönlichkeit durch die industrielle Produktion und die ihr entsprechende Konsumtion erfährt, ihr transzendierendes Moment verlieren. Sublimierung, von Freud als kulturangemessene und der Ichentwicklung förderliche Form der Verwendung partialtriebhafter Impulse, die nicht unter die genitale Sexualität subsummierbar sind, beschrieben, hat zwar repressive Züge (weil die Partialtriebe nicht als solche zur Geltung kommen), aber sie bewahrt die Spannung zwischen Kultur und Bedürfnis und leistet einen Beitrag zur Selbstverwirklichung der Subjekte. Nun, wo die gesellschaftlichen Möglichkeiten der Sublimierung dadurch zerstört werden, daß die gesamte Produktion auf schnelle Befriedigung der (falschen) Bedürfnisse zielt, bleiben sie auf ihren schlechten Status quo fixiert. Es kommt zu einer erzwungenen, »repressiven Entsublimierung«. Marcuse zeigt dies am Beispiel der Kunst. Oberflächlich gesehen scheint es, als sei Kunstgenuß demokratisiert, weil durch die Massenmedien vielen zugänglich. Tatsächlich wird gerade durch die Massenproduktion und -versorgung nicht nur Kunst auf »Unterhaltung« reduziert, sondern auch der Kunst selbst die Spitze abgebrochen, das Moment der Transzendenz geht im Prozeß des gleichgültigen Konsums unter.

»Künstlerische Entfremdung ist Sublimierung. Sie bringt die Bilder von Zuständen hervor, die mit dem bestehenden Realitätsprinzip unvereinbar sind, die aber als Bilder der Kultur erträglich, ja erhebend und nützlich werden. Jetzt wird diese Bilderwelt außer Kraft gesetzt. Ihre Einverleibung in die Küche, das Büro und den Laden, ihre kommerzielle Freigabe an Geschäft und Vergnügen ist in gewissem Sinne eine Entsublimierung – vermittelter Genuß wird durch unmittelbaren ersetzt. Aber es ist eine Entsublimierung, die von einer ›Position der Stärke‹ seitens der Gesellschaft ausgeübt wird, die es sich leisten kann, mehr als früher zu gewähren, weil ihre Interessen zu den innersten Trieben ihrer Bürger geworden sind.« (a. a. O., S. 91).

Das Drama, das im Fernsehen gezeigt wird, ist nur noch Material für regressive Identifizierung, nicht Ausgangspunkt von Bildungsprozessen. Und wenn Sexualität zunehmend liberalisiert wird, so ist dies keine Befreiung, weil ihr in Wahrheit die Chance genommen wird, über Entfremdung zur eigenen Identität zu gelangen. Statt dessen bleibt sie in ihrer schlechten Unmittelbarkeit verfangen und süchtig von der industriellen Produktion von Scheinbefriedigungen abhängig. Marcuse entwirft nun, nachdem er zunächst die frühbürgerliche Kultur als unter dem Vorzeichen des Leistungsprinzips repressiv gegenüber der Entwicklung von Identität beschrieben hat, das Bild einer spätbürgerlichen Kultur, die quasi doppelt repressiv ist, weil sie nun auch noch durch die Lizenzierung bestimmter Bedürfnisse, die zugleich die Möglichkeit der Bildung von Identität behindern, Herrschaft ausübt. Er kann sich gesellschaftliche Veränderung nur durch einen radikalen, ja traumatischen Umschwung vorstellen. Sie muß aktiv in Angriff genommen werden. Er spricht von der »Großen Weigerung«, die zunächst zwangsläufig anarchistische Züge trägt:

»Heute, im gedeihenden Kriegsführungs- und Wohlfahrtsstaat, scheinen die menschlichen Qualitäten eines befriedeten Daseins asozial und unpatriotisch – Qualitäten wie die Absage an alle Härte, Kumpanei und Brutalität; Ungehorsam gegenüber der Tyrannei der Mehrheit; das Eingeständnis von Angst und Schwäche . . .; eine empfindliche Intelligenz, die Ekel empfindet angesichts dessen, was verübt wird.« (a. a. O., S. 253)

Das liest sich wie das Programm einer subversiven Minderheit – und wie die Vorwegnahme, was wenige Jahre später zum Paradigma einer Protestbewegung wurde, die weltweit dem System den Kampf ansagte. Marcuse hat, lange bevor es gesellschaftlich wirksam wurde, das Psychogramm des antiautoritären Rebellen entworfen, der zunächst für seine eigene Emanzipation kämpft, um soziale Opposition überhaupt erst möglich werden zu lassen.

*Zur Einschätzung von Marcuses Modell und seiner Wirkung*

Der Hinweis, daß Marcuses Theorie auf massive Ablehnung gestoßen ist, erübrigt sich. Als er zu einer Leitfigur der Studentenrevolte wurde, begann eine teilweise hektische Auseinandersetzung mit seinem bis dahin weitgehend vernachlässigten Werk. Nun wurden ihm von allen Seiten seine Fehler vorgerechnet:

- seine Diagnose sehe zwar sehr scharf die Nachteile, sei aber blind gegen die Leistungen der Industriegesellschaft;
- seine Konstruktion eines »freien« Menschen sei, gerade auf dem Hintergrund der Freudschen Theorie, utopisch;
- seine Freud-Rezeption sei methodisch wie inhaltlich unzulänglich;
- sein Denken bliebe in bloßer Negation stecken und verschließe jede Möglichkeit einer längerfristigen politischen Perspektive;
- seine »Große Weigerung« sei, ebenso wie seine Idealisierung von Orpheus und Narziß, eine Wiederbelebung des bürgerlichen Individualismus.

Es besteht kein Zweifel, daß alle diese Kritikpunkte nicht unbegründet sind. Es fragt sich allerdings, ob sie seiner Theorie gerecht werden. Denn ebensowenig Zweifel besteht, daß Marcuse seiner Zeit theoretisch weit voraus war. Er hat als einer der ersten die strukturellen Widersprüche und »Kosten« der »Überfluß-Gesellschaft« analysiert und zugleich ein Modell oppositioneller Identität entwickelt, welches zwar selbst widersprüchlicher war, als er dies sah und entsprechende Mißverständnisse provozierte, aber dennoch sehr viel mehr Realitätsgehalt hatte, als die (wenigen) anderen Oppositions-Theorien seiner Zeit. Seine Kritische Theorie hat ihr Ziel erreicht: aus der Wirklichkeit Ansätze zu einer Alternative aufscheinen zu lassen. Daß dabei einiges sich im Nachhinein als falsch oder unzulänglich entpuppt, kann und muß kritisiert werden, aber man darf nicht vergessen, daß er quasi der Rufer in der Wüste war und daß eine solche avantgardistische Theorie zwangsläufig defizient ist, weil ihr noch nicht die Mittel zur Verfügung stehen, die den »Erben« nicht zuletzt auf Grund ihrer Vorarbeiten gegeben sind.

Zu seinen wichtigsten theoretischen Leistungen gehört der konsequente Versuch, Marxismus und Psychoanalyse zu vermitteln, ein Vorhaben, welches von beiden Seiten aus streng tabuisiert wurde. Dieser Versuch setzte voraus, daß Marcuse den dialektischen Kern der historisch-materialistischen Methode löste aus der Dogmatik parteigebundener Optik und auf der anderen Seite die Herausarbeitung des historisch-dialektischen Charakters der Psychoanalyse gegen die bornierten Betriebsblindheiten der klinifizierten Psychoanalyse herausarbeitete. Damit konnte seine Gesellschaftstheorie der objektiven Bedeutung von Subjektivität gerecht werden, ohne in Subjektivismus zu verfallen und zugleich den Objektivismus traditioneller materialistischer Analysen überwinden. Daß dieser Versuch bei den offiziellen Vertretern beider Theorien auf erbitterte Ablehnung stieß und daß ein ambitioniertes Vorhaben dieser Art im Alleingang nur unzureichend zu bewältigen war, liegt in der Natur der Sache. Um so eindrucksvoller ist, daß Marcuse es schaffte, an diesem notwendigen theoretischen Schritt festzuhalten und ihn in vieler Hinsicht praktisch durchzuführen.

Wie sehr Marcuse in seiner sozialpsychologischen Diagnose recht gehabt hat, zeigt sich schon daran, daß vieles, was er schrieb, heute Allgemeingut von Gesellschaftskritik ist; so sehr, daß manches, mit heutigen Augen gelesen, schon fast banal klingt. Beispielhaft ist auch heute noch sein Versuch, Psychoanalyse und kritische Gesellschaftstheorie zu vermitteln, auch wenn sein Konzept noch nicht die endgültige Lösung der methodischen und inhaltlichen Probleme darstellt. Der Versuch selbst – zu dessen Durchsetzung Marcuse ganz erheblich beigetragen hat – ist heute wichtiger denn je. Die Erfahrungen, die während und nach der Studentenrevolte gemacht wurden, haben nur zu deutlich auf die Relevanz von Subjektivität für jeden Versuch alternativer Politik, sowohl im Privatbereich als auch in der Öffentlichkeit, hingewiesen. In diesem Sinne gilt es, Marcuses weitsichtige Theorie weiterzuentwickeln, damit das, was ihm gelang: Schritthalten der Theorie mit der gesellschaftlichen Entwicklung, auch in Zukunft möglich bleibt.

## 2. Herbert Marcuse
## Trieblehre und Freiheit

(aus: *Psychoanalyse und Politik*, © 1968 Europäische Verlagsanstalt, Frankfurt/Main)

I

Meine Damen und Herren!

Die Diskussion der Freudschen Theorie vom Standpunkt der politischen Wissenschaft und Philosophie bedarf der Rechtfertigung – um so mehr, als Freud immer wieder den naturwissenschaftlich-empirischen Charakter seiner Arbeit betont hat. Die Rechtfertigung muß eine zweifache sein: sie muß erstens zeigen, daß die Freudsche Theorie ihrer eigenen Begrifflichkeit nach der politischen Fragestellung offen ist und entgegenkommt – mit anderen Worten: daß ihre anscheinend rein biologische Konzeption im Grunde eine gesellschaftlich-historische ist. Dies soll der Vortrag selbst deutlich machen*. Sie muß zweitens zeigen, inwiefern einerseits Psychologie heute ein wesentlicher Teil der politischen Wissenschaft ist und andererseits die Freudsche Trieblehre – und nur um sie handelt es sich hier – entscheidende Tendenzen der heutigen Politik auf ihren – verdeckten – Begriff bringt.

Wir beginnen mit diesem zweiten Aspekt der Rechtfertigung. Es handelt sich nicht darum, psychologische Begriffe in die politische Wissenschaft einzuführen, politische Vorgänge psychologisch zu erklären. Das hieße, das Fundierende durch das von ihm Fundierte erklären. Vielmehr muß sich die Psychologie selbst als politisch enthüllen; nicht nur so, daß die Psyche immer unmittelbarer als ein Stück des Gesellschaftlich-Allgemeinen erscheint – so daß Vereinzelung beinahe gleichbedeu-

---

* *Trieblehre und Freiheit* und *Die Idee des Fortschritts im Lichte der Psychoanalyse* stellen selbständige und für die besonderen Zwecke der Veranstaltung ausgearbeitete Fassungen einer an anderer Stelle und unter anderen Gesichtspunkten aufgerollten Problematik dar; vgl. *Trieblehre und Freiheit*, in: *Sociologica*, Bd. 1 der *Frankfurter Beiträge zur Soziologie*, Frankfurt am Main 1955, S. 47 ff., und *Eros and Civilization*, Boston 1955 (deutsch: *Triebstruktur und Gesellschaft*, Frankfurt 1965).

tend mit Teilnahmslosigkeit, sogar mit Schuld, aber auch mit dem Prinzip der Negation, der möglichen Revolution ist; sondern auch so, daß das Allgemeine, dessen Stück die Psyche ist, immer weniger »die Gesellschaft« und immer mehr »die Politik«, das heißt, die der Herrschaft verfallene und mit ihr identifizierte Gesellschaft ist.

Wir müssen gleich hier am Anfang versuchen zu definieren, was wir mit »Herrschaft« meinen, weil der Inhalt dieses Begriffes in der Freudschen Trieblehre zentral steht. Herrschaft ist überall da wirksam, wo die Ziele und Zwecke des Individuums und die Weisen, sie zu erstreben und zu erreichen, dem Individuum vorgegeben und als vorgegebene von ihm ausgeführt werden. Herrschaft kann von Menschen, von der Natur, von Dingen ausgeübt werden – ja sie kann innerlich sein, von dem Individuum an sich selbst vollzogen werden, in der Form der Autonomie erscheinen. Diese Form spielt in der Freudschen Trieblehre eine entscheidende Rolle: das Über-Ich nimmt die autoritären Vorbilder – den Vater und seine Stellvertreter – in sich auf und macht ihre Gebote und Verbote zu seinen eigenen Gesetzen, zu seinem Gewissen. Die Triebbeherrschung wird zum eigenen Werk des Individuums: Autonomie.

Damit aber scheint Freiheit zu einem unmöglichen Begriff zu werden, denn es gibt nichts, was dem Individuum nicht in irgendeiner Weise vorgegeben ist. Und in der Tat kann Freiheit nur im Rahmen der Herrschaft definiert werden, wenn die bisherige Geschichte den Leitfaden für die Definition abgeben soll. Freiheit ist *eine Form der Herrschaft*: diejenige nämlich, in der die vorgegebenen Mittel die Bedürfnisse des Individuums mit einem Minimum von Unlust und Entsagung befriedigen. In diesem Sinne ist Freiheit durch und durch geschichtlich und ihr Grad nur geschichtlich bestimmbar: sowohl die Fähigkeiten und Bedürfnisse wie das Minimum von Entsagung sind je nach der Stufe der Kulturentwicklung verschieden und objektiven Bedingungen unterworfen. Aber gerade diese objektiv-geschichtliche Bedingtheit hebt die Unterscheidung von Freiheit und Herrschaft über jede bloß subjektive Wertung hinaus: die auf einer bestimmten Kulturstufe erarbeiteten Mittel der Bedürfnisbefriedigung sind, wie die menschlichen Bedürfnisse und Fähigkeiten selbst, gesellschaftlich gegebene Tatsachen, vorhanden in den materiellen und geistigen Produktivkräften und in den Möglichkeiten ihrer Verwendung. Eine Kultur kann diese Möglichkeiten im Interesse der individuellen Bedürfnisbefriedigung verwenden – dann ist die Kultur auf Freiheit ausgerichtet. Unter optimalen Bedingungen reduziert sich Herrschaft auf rationale Teilung der Arbeit und Erfahrung; Freiheit und Glück konvergieren. Oder aber die individuelle Befriedigung wird selbst einem gesellschaftlichen Bedürfnis unterworfen, das diese Möglichkeiten beschränkt und ablenkt – dann treten gesellschaftliches und individuelles Bedürfnis auseinander: die Kultur ist eine herrschaftsmäßige.

Die bisherige Kultur war herrschaftsmäßig, insofern das gesellschaftliche Bedürfnis durch das Interesse der jeweils herrschenden Gruppen bestimmt war und dieses Interesse die Bedürfnisse der anderen und die Weisen und Grenzen ihrer Befriedigung definierte. Diese Kultur hat den gesellschaftlichen Reichtum bis zu einem Punkte entwickelt, an dem die den Individuen auferlegten Verzichte und Lasten immer unnötiger, irrationaler erscheinen. Am krassesten drückt sich die Irrationalität der Unfreiheit aus in der intensivierten Unterwerfung der Individuen unter den ungeheuren Produktions- und Verteilungsapparat, in der Entprivatisierung der Freizeit, in der beinahe ununterscheidbaren Verschmelzung von konstruktiver und destruktiver gesellschaftlicher Arbeit. Und gerade diese Verschmelzung ist die Bedingung der stetig wachsenden Produktivität und Naturbeherrschung, die auch die Individuen – oder wenigstens deren Mehrzahl in den fortgeschrittensten Ländern – immer komfortabler am Leben erhält. So wird die Irrationalität zur Form der gesellschaftlichen *Vernunft*, zum vernünftigen Allgemeinen. Psychologisch – und das allein interessiert uns hier – verringert sich die Differenz zwischen Herrschaft und Freiheit. Das Individuum reproduziert in seinem Tiefsten, in seiner Triebstruktur, die Wertungen und Verhaltensweisen, die der Aufrechterhaltung der Herrschaft dienen, während die Herrschaft immer weniger autonom, immer weniger »persönlich«, immer objektiver und allgemeiner wird. Was eigentlich herrscht, ist der zur unteilbaren Einheit gewordene ökonomische, politische und kulturelle Apparat, den die gesellschaftliche Arbeit aufgebaut hat. Allerdings hat das Individuum von jeher die Herrschaft aus sich heraus reproduziert, und diese Reproduktion diente der vernünftigen Selbsterhaltung und Selbstentwicklung in dem Maße, in dem die Herrschaft das Allgemeine vertrat und entwickelte. Das Allgemeine hat sich von jeher in der Opferung des Glücks und der Freiheit eines großen Teils der Menschen durchgesetzt: es enthielt immer den Widerspruch gegen sich selbst, verkörpert in politischen und geistigen Kräften, die nach einer anderen Lebensform drängten. Was der gegenwärtigen Stufe eigen ist, ist die Stillstellung dieses Widerspruchs: die Bewältigung der Spannung zwischen der Positivität – der gegebenen Lebensform – und ihrer Negation – dem Widerspruch gegen diese Lebensform im Namen der geschichtlich möglichen größeren Freiheit. Wo heute die Stillstellung dieses Widerspruchs am weitesten fortgeschritten ist, da wird das Mögliche kaum noch gewußt und gewollt – gerade nicht von denen, von deren Wissen und Wollen seine Realisierung abzuhängen scheint, die es allein zum wirklich Möglichen machen könnten. In den technisch fortgeschrittensten Zentren der gegenwärtigen Welt ist die Gesellschaft wie nie zuvor zur Einheit zusammengeschmiedet: was möglich ist, wird definiert und realisiert durch die Mächte, die diese Einheit zustande gebracht haben; die Zukunft soll die ihre bleiben, und die Individuen sollen »in Freiheit« diese Zukunft wollen und herbeiführen.

»In Freiheit«: denn Zwang setzt den Widerspruch voraus, der im Widerstand sich äußern kann. Der totalitäre Staat ist nur eine der Formen – vielleicht eine schon veraltete Form –, in denen sich der Kampf gegen die geschichtliche Möglichkeit der Befreiung abspielt. Die andere, die demokratische Form verwirft den Terror, weil sie stark und reich genug ist, sich ohne ihn zu retten und reproduzieren: die meisten Individuen haben es in der Tat besser in ihr. Aber nicht dies, sondern die Weise, in der sie die ihr zur Verfügung stehenden Produktivkräfte organisiert und verwendet, bestimmt ihre geschichtliche Tendenz: auch sie hält trotz allen technischen Fortschritts die Gesellschaft auf der erreichten Stufe fest, auch sie arbeitet gegen geschichtlich mögliche, neue Formen der Freiheit. In diesem Sinne ist auch ihre Rationalität regressiv, obgleich sie mit schmerzloseren und bequemeren Mitteln und Methoden arbeitet. Aber daß sie dies tut, darf das Bewußtsein nicht verdrängen, daß auch hier die Freiheit gegen ihre Vollendung, die Wirklichkeit gegen ihre Möglichkeit ausgespielt wird.

Wenn eine mögliche Freiheit der wirklichen gegenübergestellt, ja die letztere im Lichte der ersteren gesehen wird, so setzt dies voraus, daß auf der gegenwärtigen Kulturstufe viel von der den Menschen auferlegten Mühsal, Entsagung, Kontrolle nicht mehr durch Lebensnot, Kampf ums Dasein, Armut und Schwäche gerechtfertigt ist. Die Gesellschaft könnte sich einen hohen Grad von Triebbefreiung leisten, ohne ihre Errungenschaften einzubüßen oder ihren Fortschritt aufzuhalten. Die in der Freudschen Theorie angezeigte Grundrichtung solcher Befreiung wäre die Zurücknahme eines großen Teils der auf entfremdete Arbeit abgelenkten Triebenergie und deren Freilassung für die Erfüllung der sich autonom – und nicht manipuliert – entwickelnden Bedürfnisse der Individuen. Das wäre in der Tat auch *Entsublimierung* – aber eine Entsublimierung, die auch noch die »vergeistigtesten« Manifestationen menschlicher Energie, anstatt sie zu zerstören, vielmehr als Möglichkeiten glückhafter Befriedigung entwerfen würde. Das Resultat wäre: nicht Rückfall in die Vorgeschichte der Kultur, sondern fundamentale Veränderung im Inhalt und Ziel der Kultur, im Prinzip des Fortschritts. Ich werde versuchen, dies an anderer Stelle zu erläutern*; hier möchte ich nur darauf hinweisen, daß die Realisierung dieser Möglichkeit wesentlich veränderte gesellschaftliche Institutionen der Kultur voraussetzt. So erscheint sie als eine Katastrophe in der bestehenden Kultur und der Kampf gegen sie als eine Notwendigkeit; und so werden die Kräfte, die auf sie hintreiben, lahmgelegt.

---

\* Vgl. H. Marcuse *Die Idee des Fortschritts im Lichte der Psychoanalyse*, S. 425 ff.

Solche Stillstellung der Dynamik der Freiheit ist in der Freudschen Trieblehre von der Psychologie aus aufgedeckt worden:
Freud hat ihre Notwendigkeit, ihre Folgen für das Individuum und ihre Grenzen sichtbar gemacht. Wir sollen sie hier in
den Begriffen der Freudschen Trieblehre, aber über sie hinaus-
gehend, thesenhaft formulieren.

Im Rahmen der Kultur, wie sie sich als geschichtliche Realität
entfaltet hat, ist Freiheit nur auf dem Grunde von Unfreiheit,
das heißt von Triebunterdrückung, möglich. Denn seiner
Triebstruktur nach ist der Organismus ursprünglich auf Lustgewinnung ausgerichtet, vom *Lustprinzip* beherrscht: die
Triebe streben nach der lustvollen Auflösung von Spannung,
nach schmerzloser Bedürfnisbefriedigung. So aber widerstre-
ben sie ursprünglich dem Aufschub der Befriedigung, der
Beschränkung und Sublimierung der Lust, der nichtlibidinö-
sen Arbeit. Aber Kultur *ist* Sublimierung: aufgeschobene,
methodisch beherrschte, Unlust voraussetzende Befriedigung.
Der »Kampf ums Dasein«, die »Lebensnot«, die Kooperation
erzwingen Entsagung und Repression im Interesse von Sicherheit, Ordnung, Zusammenleben. Kultureller Fortschritt besteht in der immer größeren und bewußteren Produktion der
technischen, materiellen und intellektuellen Bedingungen des
Fortschritts – in der selbst unbefriedigenden Arbeit an den
Mitteln der Befriedigung. Freiheit in der Kultur hat ihre
innere Schranke an der Notwendigkeit, im Organismus Arbeitskraft zu gewinnen und zu erhalten – ihn aus einem
Subjekt-Objekt der Lust in ein Subjekt-Objekt der Arbeit zu
verwandeln. Dies ist der gesellschaftliche Inhalt der Überwindung des Lustprinzips durch das *Realitätsprinzip*, das vom
frühesten Kindheitsalter an zum herrschenden Prinzip der
psychischen Prozesse wird. Erst diese Verwandlung, die an
den Menschen eine unheilbare Wunde zurückläßt, macht sie
gesellschafts- und damit lebensfähig, denn ohne gesicherte
Kooperation ist ein Überleben in der kargen und feindlichen
Umwelt unmöglich. Erst diese traumatische Verwandlung, die
im echten Sinne eine »Entfremdung« des Menschen von der
Natur, von seiner Natur ist, macht auch den Menschen ge-
nußfähig: erst der verhaltene und gemeisterte Trieb erhöht die

bloß natürliche Bedürfnisbefriedigung zur empfundenen und begriffenen Lust – zum Glück.

Aber von hier an ist auch alles Glück nur gesellschaftsfähiges Glück, und die Freiheit des Menschen wächst auf dem Boden der Unfreiheit. Diese Verflechtung ist nach der Theorie Freuds unabwendbar und unauflöslich. Um dies zu verstehen, müssen wir seiner Trieblehre noch ein Stück folgen; wir gehen dabei von der späten Fassung aus, wie sie nach 1920 entwickelt worden ist. Es ist die metapsychologische, sogar metaphysische Fassung, aber vielleicht gerade deswegen auch diejenige, die den tiefsten und revolutionären Kern der Freudschen Theorie enthält.

Der Organismus entwickelt sich in der Wirkung von zwei ursprünglichen Grundtrieben: der Lebenstriebe (Sexualität, jetzt von Freud vorwiegend *Eros* genannt) und des *Todes*-, des Destruktionstriebes. Während jene zur Zusammenfassung lebendiger Substanz in immer größeren und dauerhafteren Einheiten drängen, will der Todestrieb die Regression zu dem bedürfnis- und daher schmerzlosen Zustand vor der Geburt: er treibt zur Vernichtung des Lebens, zum Rückfall in die anorganische Materie. Der mit einer solchen antagonistischen Triebstruktur ausgestattete Organismus findet sich in einer Umwelt, die für die unmittelbare Befriedigung der Lebenstriebe zu arm und zu feindselig ist. Eros will Leben unter dem Lustprinzip, während die Umwelt diesem Ziel entgegensteht. Die Umwelt erzwingt daher, sobald die Lebenstriebe sich dem Todestrieb unterworfen haben (eine Unterwerfung, die mit dem Beginn und der Dauer des Lebens koexistent ist), eine entscheidende Modifikation der Triebe: sie werden teils von ihrem ursprünglichen Ziel abgelenkt oder auf dem Weg dahin gehemmt, teils in ihrem Triebfelde beschränkt und in ihrer Richtung verändert*. Das Ergebnis dieser Modifikation ist gehemmte, aufgeschobene, ersetzte – aber auch gesicherte, nützliche und relativ dauernde Befriedigung.

---

* Die in dieser Konzeption vorausgesetzte »Plastizität« der Triebe sollte allein schon die Auffassung widerlegen, daß die Triebe wesentlich unveränderliche biologische Substrate sind: nur die »Energie« der Triebe und – teilweise – ihre »Lokalisierung« bleiben im Grunde unverändert.

Die psychische Dynamik erscheint so als der ständige Kampf dreier Grundmächte: des Eros, des Todestriebs und der Außenwelt. Ihnen entsprechen die drei Grundprinzipien, die nach Freud die Funktionen des psychischen Apparats bestimmen: das *Lustprinzip*, das *Nirwana-Prinzip* und das *Realitätsprinzip*. Steht das Lustprinzip für die uneingeschränkte Entfaltung der Lebenstriebe, das Nirwana-Prinzip für die Regression in den schmerzlosen Zustand vor der Geburt, so bedeutet das Realitätsprinzip die Totalität der von der Außenwelt erzwungenen Modifikationen jener Triebe, die »Vernunft« als die Wirklichkeit selber.

Es scheint, daß sich hinter der Dreiteilung eine Zweiteilung verbirgt: wenn der Todestrieb zur Vernichtung des Lebens drängt, weil Leben Überwiegen von Unlust, Spannung, Bedürfnis ist, dann wäre auch das Nirwana-Prinzip eine Form des Lustprinzips, und der Todestrieb käme in gefährliche Nähe zum Eros. Andererseits scheint Eros selbst an der Natur des Todestriebes teilzuhaben: der Drang nach Stillstellung, Verewigung der Lust indiziert auch im Eros einen triebhaften Widerstand gegen das Auftreten immer neuer Spannungen, gegen das Aufgeben eines erreichten lustvollen Gleichgewichtszustandes, der, wenn nicht lebensfeindlich, so doch statisch und daher »fortschrittsfeindlich« ist. Freud hat die ursprüngliche Einheit der beiden entgegengesetzten Triebe gesehen: er hat von der ihnen gemeinsamen *»konservativen Natur«* gesprochen, von der »inneren Schwere« und »Trägheit« alles Lebens. Er hat diesen Gedanken, fast möchte man sagen: erschreckt wieder von sich gewiesen und an der Dualität von Eros und Todestrieb, Lustprinzip und Nirwana-Prinzip festgehalten – trotz der von ihm mehrfach betonten Schwierigkeit, andere als ursprünglich libidinöse Triebe im Organismus aufzuweisen. Es ist die wirksame »Mischung« der beiden Grundtriebe, die das Leben definiert: der Todestrieb, obgleich in den Dienst des Eros gezwungen, behält die ihm eigene Energie. Nur daß diese destruktive Energie von dem eigenen Organismus abgelenkt und als gesellschaftlich nützliche Aggression gegen die Außenwelt – die Natur und die erlaubten Feinde – gerichtet, oder als Gewissen, als Moralität vom Über-Ich zur gesellschaftlich nützlichen Beherrschung der eigenen Triebe verwendet wird.

In dieser Form werden die Destruktionstriebe den Lebenstrieben dienstbar – aber nur, indem auch diese sich entscheidend verwandeln. Freud hat den größten Teil seines Werkes der Analyse der Verwandlungen des Eros gewidmet; hier soll nur das herausgehoben werden, was für das Schicksal der Freiheit bestimmend wird. Eros als Lebenstrieb ist Sexualität, und Sexualität ist in ihrer ursprünglichen Funktion »Lustgewinnung aus Körperzonen« – nicht mehr und nicht weniger. Freud setzt ausdrücklich hinzu: Lustgewinnung, die erst »nachträglich in den Dienst der Fortpflanzung gestellt wird«*. Damit ist der »polymorphperverse« Charakter der Sexualität angezeigt: die Triebe sind ihrem Objekt nach indifferent gegenüber dem eigenen und fremden Körper; vor allem sind sie nicht auf bestimmte Teile lokalisiert und auf spezielle Funktionen eingeschränkt. Der Primat der genitalen Sexualität und der Reproduktion – die dann zur Reproduktion in der monogamen Ehe wird – ist gewissermaßen ein nachträglicher: späte Leistung des Realitätsprinzips, das heißt geschichtliche Leistung der Menschengesellschaft in ihrem notwendigen Kampf gegen das gesellschaftsunfähige Lustprinzip. Ursprünglich** ist der Organismus in seiner Ganzheit und in allen seinen Betätigungen und Beziehungen potentielles Feld der Sexualität, vom Lustprinzip beherrscht. Und gerade deswegen muß er *desexualisiert* werden, um sich in unlustvoller Arbeit betätigen, ja in ihr leben zu können.

Wir können hier nur die beiden wichtigsten Momente in dem von Freud beschriebenen Desexualisierungs-Prozeß hervorheben: erstens die Absperrung der sogenannten »Partialtrie-

---

* S. Freud: *Abriß der Psychoanalyse, Werke Bd. XVII,* S. 75.
** Der Begriff »ursprünglich« hat im Sinne Freuds in eins strukturelle – funktionale – und zeitliche, ontogenetische und phylogenetische Bedeutung. Die »ursprüngliche« Triebstruktur war die in der Vorgeschichte der Gattung herrschende. Sie wird in der Geschichte verwandelt, bleibt als Untergrund, vorbewußt und unbewußt, in der Geschichte des Individuums und der Gattung wirksam – am sichtbarsten in der frühen Kindheit. Die Idee, daß die Menschheit, in ihren Individuen und in ihrer Allgemeinheit, noch von »archaischen« Mächten beherrscht ist, ist eine der tiefsten Einsichten Freuds.

be«, das heißt der prä- und nichtgenitalen Sexualität, die von dem Körper als erogener Gesamtzone ausgeht. Sie werden unselbständig, treten als Vorstadien in den Dienst der Genitalität und damit der Reproduktion, oder sie werden sublimiert und, im Falle des Widerstandes, unterdrückt und als Perversionen tabuiert; zweitens die Entsinnlichung der Sexualität und des Sexualobjektes in der »Liebe« – die ethische Bewältigung und Eindämmung des Eros. Sie ist eine der größten Leistungen der Kulturgesellschaft – und eine der spätesten. Sie erst macht die patriarchalisch-monogame Familie zur gesunden »Keimzelle« der Gesellschaft.

Die Überwindung des Ödipuskomplexes ist die Voraussetzung. In diesem Prozeß wird der ursprünglich allumfassende Eros auf die Spezialfunktion der – genitalen – Sexualität und ihrer Inzidenzen reduziert. Erotik wird auf das gesellschaftlich-tragbare Minimum eingeschränkt. Nun ist Eros nicht mehr eigentlich der den ganzen Organismus durchwaltende Lebenstrieb, der zum Gestaltungsprinzip der menschlichen und natürlichen Umwelt werden will – er ist zur Privatangelegenheit geworden, für die in den notwendigen gesellschaftlichen Beziehungen der Menschen, den Arbeitsbeziehungen, weder Zeit noch Raum ist und die nur als Reproduktionsfunktion »allgemein« wird. Die Triebunterdrückung – denn auch die Sublimierung ist Unterdrückung – wird zur Grundbedingung des Lebens in der Kulturgesellschaft.

Diese biologisch-psychologische Verwandlung bestimmt nun die Grunderfahrung der menschlichen Existenz und das Ziel des menschlichen Lebens. Das Leben wird erfahren als Kampf mit sich selbst und mit der Umwelt, es wird erlitten und erobert. Unlust, nicht Lust ist seine Substanz; Glück ist Belohnung, Erholung, Zufall, Augenblick – jedenfalls nicht Ziel der Existenz. Dies ist vielmehr die *Arbeit*. Und die Arbeit ist wesentlich entfremdete Arbeit. Nur in privilegierten Situationen arbeitet der Mensch in seinem Beruf »für sich«, befriedigt er in seinem Beruf seine eigenen, sublimierten und unsublimierten, Bedürfnisse; im Normalfall ist er ganztägig mit der Ausübung einer vorgegebenen gesellschaftlichen Funktion beschäftigt, während seine Selbsterfüllung – wenn überhaupt

– auf die spärliche Freizeit eingeschränkt ist. Die gesellschaftliche Zeitgestaltung folgt strukturell der in der Kindheit abgeschlossenen Triebgestaltung: erst die Einschränkung des Eros ermöglicht die Einschränkung der freien, das heißt lustvollen Zeit auf ein von der ganztägigen Arbeit abgesetztes Minimum. Und die Zeiteilung ist die Einteilung der Existenz selbst in den Hauptinhalt »entfremdete Arbeit« und den Nebeninhalt »Nicht-Arbeit«.

Aber die das Lustprinzip entthronende Triebgestaltung ermöglicht auch die Ethik, die in der Entwicklung der westlichen Kultur immer bestimmender geworden ist. Das Individuum reproduziert *instinktiv* die kulturelle Verneinung des Lustprinzips, die Entsagung und das Pathos der Arbeit: in den repressiv modifizierten Trieben wird die gesellschaftliche Gesetzgebung zur eigenen Gesetzgebung des Individuums; die notwendige Unfreiheit erscheint als Tat seiner Autonomie und damit als Freiheit. Wenn die Freudsche Trieblehre hier haltgemacht hätte, wäre sie wenig mehr als die psychologische Begründung des idealistischen Freiheitsbegriffs, der seinerseits die Tatsachen der kulturellen Herrschaft philosophisch begründet hatte. Dieser philosophische Begriff bestimmt Freiheit im Gegenzug zur Lust, so daß Beherrschung, ja selbst Unterdrückung der sinnlichen Triebziele als Bedingung der Möglichkeit der Freiheit erscheint. Für Kant ist Freiheit wesentlich moralische – innere, intelligible – Freiheit und als solche *Zwang*:

»Je weniger der Mensch physisch, je mehr er dagegen moralisch (durch die bloße Vorstellung der Pflicht) kann gezwungen werden, desto freier ist er.«[*]

Der Schritt vom Reich der Notwendigkeit zum Reich der Freiheit ist hier der Fortschritt vom physischen zum moralischen Zwang – aber das Objekt des Zwanges bleibt dasselbe: der Mensch als Glied der »Sinnenwelt«. Und der moralische Zwang ist nicht bloß moralischer: er hat seine sehr physischen Institutionen; von der Familie bis zur Fabrik und Armee

---

[*]  I. Kant: *Die Metaphysik der Sitten,* 2. Teil: *Metaphysische Anfangsgründe der Tugendlehre, Einleitung;* in: *Gesammelte Schriften, Bd. VI,* Berlin 1907, S. 382, Anm.

umgeben sie das Individuum als die wirksamen Verkörperungen des Realitätsprinzips. Auf diesem doppelten Grunde des moralischen Zwanges entfaltet sich die politische Freiheit: dem Absolutismus abgerungen in blutigen Straßenkämpfen und Schlachten, wird sie eingerichtet, gesichert – und stillgestellt in der Selbstdisziplin und Selbstentsagung der Individuen. Sie haben gelernt, daß ihre unveräußerliche Freiheit unter Pflichten steht, von denen die Triebunterdrückung nicht die geringste ist. Moralischer und physischer Zwang haben einen gemeinsamen Nenner: *Herrschaft*.

Sie ist die allgemeine Vernunft der Kulturentwicklung. In ihrer Anerkennung ist Freud mit der idealistischen Ethik und der liberalbürgerlichen Politik einig. Freiheit muß den Zwang enthalten: Lebensnot, der Kampf ums Dasein und die amoralische Natur der Triebe machen Triebunterdrückung unabdingbar; Fortschritt oder Barbarei ist die Alternative. Wieder muß betont werden, was für Freud der tiefste Grund für die Notwendigkeit der Triebunterdrückung ist: der integrale Anspruch des Lustprinzips, das heißt die konstitutionelle Ausrichtung des Organismus auf Ruhe in der Erfüllung, Befriedigung, Frieden. Die »konservative Natur« der Triebe macht sie im tiefsten Sinn unproduktiv – unproduktiv für die entfremdete Produktivität, die den kulturellen Fortschritt antreibt: so unproduktiv, daß sogar die Selbsterhaltung des Organismus kein ursprüngliches Triebziel ist, solange Selbsterhaltung überwiegen von Unlust ist. In Freuds später Trieblehre gibt es keinen selbständigen Selbsterhaltungstrieb mehr: er ist entweder Manifestation des Eros oder der Aggression. Deshalb müssen Unproduktivität und Konservatismus überwunden werden, wenn sich die Gattung im kulturellen Zusammenleben entfalten soll: Ruhe und Frieden, das Lustprinzip taugen nichts im Kampf ums Dasein:

> »Das Programm, welches uns das Lustprinzip aufdrängt, glücklich zu werden, ist nicht zu erfüllen.«[*]

Die repressive Triebverwandlung wird zur biologischen Konstitution des Organismus: die Geschichte waltet in der Trieb-

---

[*] S. Freud: *Das Unbehagen in der Kultur*, Werke Bd. *XIV*, S. 442.

struktur selbst; Kultur wird zur Natur, sobald das Individuum gelernt hat, das Realitätsprinzip aus sich heraus triebmäßig zu bejahen und zu reproduzieren. Durch die Einschränkung des Eros zur Partialfunktion der Sexualität und durch die Nutzbarmachung des Destruktionstriebs wird das Individuum *seiner Natur nach* zum Subjekt-Objekt gesellschaftlich-nützlicher Arbeit, der Natur- und Menschenbeherrschung. Auch die Technik ist aus der Unterdrückung geboren; noch die höchsten Errungenschaften zur Erleichterung der menschlichen Existenz bezeugen ihre Herkunft in der vergewaltigten Natur und in den verstumpften Menschenwesen. »Die individuelle Freiheit ist kein Kulturgut.«[*]

Die repressive Triebverwandlung wird zur psychologischen Grundlage einer *dreifachen Herrschaft*, sobald sich die Kulturgesellschaft verfestigt hat: erstens einer Herrschaft über sich selbst, über die eigene Natur, über die sinnlichen Triebe, die nur Genuß und Befriedigung wollen; zweitens einer Herrschaft über die von den so disziplinierten und beherrschten Individuen geleistete Arbeit; und drittens einer Herrschaft über die äußere Natur: Wissenschaft und Technik. Und zu der so gegliederten Herrschaft gehört die ihr eigene *dreifache Freiheit*; erstens Freiheit von der bloßen Notwendigkeit der Triebbefriedigung: Freiheit zur Entsagung und damit zum gesellschaftlich tragbaren Genuß – moralische Freiheit; zweitens Freiheit von willkürlicher Gewalt und von der Anarchie des Kampfes ums Dasein; Freiheit in der arbeitsteiligen Gesellschaft, mit gesetzlichen Rechten und Pflichten – politische Freiheit; und drittens Freiheit von der Naturgewalt: Naturbeherrschung, Freiheit zur Veränderung der Welt durch die menschliche Vernunft – intellektuelle Freiheit.

Die gemeinsame *psychische Substanz* dieser dreifachen Freiheit ist *Unfreiheit*: Herrschaft über die eigenen Triebe, die durch die Gesellschaft zur Natur gemacht, die Institutionen der Herrschaft verewigt. Aber die kulturelle Unfreiheit ist eine Unterdrückung besonderer Art: sie ist vernünftige Unfreiheit, vernünftige Herrschaft. Sie ist vernünftig, insofern

[*]    a. a. O., S. 455.

erst sie den Aufstieg vom Menschentier zum Menschenwesen, von der Natur zur Kultur möglich macht. Aber bleibt sie vernünftig, wenn die Kultur sich voll entfaltet hat?

Hier ist der Punkt, wo die Freudsche Trieblehre die Kulturentwicklung in Frage stellt. Die Frage erwuchs im Verlauf der psychoanalytischen Praxis, der klinischen Erfahrung, die für Freud den Zugang zur Theorie eröffnete. Die Kultur wird also im Individuum und vom Individuum aus in Frage gestellt – und zwar vom kranken, neurotischen Individuum aus. Die Krankheit ist individuelles Geschick, Privatgeschichte; aber in der Psychoanalyse enthüllt sich das Private als Partikularität des allgemeinen Schicksals, der traumatischen Wunde, die die repressive Triebverwandlung dem Menschen zugefügt hat. Wenn Freud dann fragt: was hat die Kultur aus dem Menschen gemacht?, so kontrastiert er nicht die Kultur mit der Idee irgendeines »natürlichen« Zustandes, sondern mit den sich geschichtlich entwickelnden Bedürfnissen der Individuen und mit den Möglichkeiten ihrer Erfüllung.

Freuds Antwort ist im vorhergehenden schon angedeutet worden. Je mehr die Kultur fortschreitet, je gewaltiger ihr Apparat zur Entwicklung und Befriedigung der gesellschaftlichen Bedürfnisse wird, desto drückender sind die Opfer, die sie den Individuen auferlegen muß, um die erforderte Triebstruktur aufrechtzuerhalten.

Die in der Freudschen Konzeption enthaltene These behauptet, daß die Repression mit dem Kulturfortschritt zunimmt, weil die zu unterdrückende Aggression zunimmt. Die Behauptung scheint mehr als fragwürdig, wenn wir die gegenwärtigen Freiheiten mit den vorhergehenden vergleichen. Sicherlich ist die Sexualmoral weit mehr aufgelockert, als sie es im neunzehnten Jahrhundert war; sicherlich ist die patriarchalische Autoritätsstruktur und mit ihr die Familie als Agentur der Erziehung, der »Sozialisierung« des Individuums sehr geschwächt; sicherlich sind die politischen Freiheitsrechte in der westlichen Welt viel weiter verbreitet, als sie es vorher waren, wenn auch die Substanz der faschistischen Periode in ihnen wieder lebendig ist und das Wachstum der Aggression nicht erst bewiesen zu werden braucht. Immerhin, die von

Freud behauptete wesentliche Verbindung dieser Tatsachen mit der Triebdynamik ist keineswegs einleuchtend, wenn wir die größere Liberalität der privaten und öffentlichen Moral betrachten. Aber die gegenwärtige Situation erscheint in anderem Licht, wenn wir die Freudschen Kategorien konkreter auf sie anwenden.

## 3. Detlev Claussen
## Im Universum der totalen Verdinglichung –
## Technik- und Vernunftkritik

Leistung, Effizienz, Kontrolle: das sind die wertfreien Werte einer fortgeschrittenen Industriegesellschaft. Sachzwang: kein Terror, sondern die Technik erfordert sie. Technologische Rationalität bestimmt nicht nur das Denken, sondern auch das Verhalten der Menschen: durch gesteigerte Konsummöglichkeiten und steigenden Lebensstandard wird die Anpassung an die Erfordernisse der Produktionsorganisation belohnt. Aber das bedeutet nicht, »daß der Materialismus herrscht und es mit geistigen, metaphysischen und künstlerischen Beschäftigungen zu Ende geht. Im Gegenteil, es gibt allerhand im Stil von ›Gemeinsamer Gottesdienst diese Woche‹, ›Warum es nicht einmal mit Gott versuchen‹, Zen, Existentialismus und Beatniks usf. Aber solche Arten von Protest und Transzendenz stehen nicht mehr im Widerspruch zum Status quo und sind nicht mehr negativ. Sie sind vielmehr der feierliche Teil des praktischen Behaviorismus, seine harmlose Negation, und werden vom Status quo als Teil seiner gesunden Kost rasch verdaut.« (*Der eindimensionale Mensch*, S. 33 f.)

Einem alten materialistischen Satz zufolge ergibt sich aus einer Handmühle eine Gesellschaft mit Feudalherren und aus der Dampfmühle eine Gesellschaft mit industriellen Kapitalisten. Aber welche Gesellschaft ergibt ein Atomkraftwerk? Äußerste Rationalität und höchste Wissenschaftlichkeit erfordert seine Konstruktion; es soll über die Grenzen der Natur hinaus Wachstum und Fortschritt sichern, die Werte an sich sind. Ihr Sinn besteht darin, daß »es weitergeht«. Das einzelne scheint rational, aber das Ganze ist irrational. Mit der Wahl der technischen Mittel wird das Ganze bestimmt:

»Das technologische Apriori ist insofern ein politisches Apriori, als die Umgestaltung der Natur die des Menschen zur Folge hat und ›die vom Menschen hervorgebrachten Schöpfungen‹ aus einem gesellschaftlichen Ganzen hervor- und in es zurückgehen.« (a. a. O., S. 168)

Was Marcuse 1964 im *Eindimensionalen Menschen* als Tendenzen der fortgeschrittenen Industriegesellschaft beschrieb, scheint immer realer und aktueller zu werden. Ein Atomkraftwerk ergibt tatsächlich eine Gesellschaft eindimensionaler Menschen, die – der Produktionsorganisation unterworfen – jede historische Alternative auf dem Altar technologischen Fortschritts opfern. Das Atomkraftwerk signalisiert die Hauptthesen aus Marcuses Buch. Die Einigkeit von Industrieverbänden und großen Arbeiterorganisationen in der Erweiterung des technologischen Universums wird an dieser Frage ebenso ablesbar wie die Tatsache, daß der real existierende Sozialismus überhaupt keine Alternative dazu anzubieten hat. Die Parole »Atomkraft in der Hand des Volkes« muß sich auf eine angebliche Neutralität der Technik berufen und ihren politischen Charakter leugnen: *technische Organisation ist nicht nur Mittel, sondern Zweck geworden.*

Im *Eindimensionalen Menschen* analysiert Marcuse eine Gesellschaft, die nicht nur ihre Alternative zerstört, sondern auch das Bedürfnis danach. Der technologische Schleier, der vor eine von der Gegenwart unterschiedliche Zukunft gezogen wird, macht die Eigentumsverhältnisse zu etwas Sekundärem: ihre Veränderung allein reicht nicht, um der gesellschaftlichen Entwicklung eine andere Richtung zu geben.

»Die technische Transformation ist zugleich eine politische, aber die politische Änderung würde nur in dem Maße in eine qualitative gesellschaftliche Änderung übergehen, wie sie die Richtung des technischen Fortschritts ändern – das heißt eine neue Technik entwickeln würde. Denn die bestehende Technik ist zu einem Instrument destruktiver Politik geworden.« (a. a. O., S. 238)

Destruktion bedeutet in diesem Zusammenhang mehr als ein bloßes Werturteil, sondern resultiert zwingend aus dem Verhältnis von Rationalität und Irrationalität in der fortgeschrittenen Industriegesellschaft. Der eindimensionale Mensch muß sie verdrängen, um leben zu können:

»Der Vernichtungskrieg hat noch nicht stattgefunden, die nazistischen Ausrottungslager wurden abgeschafft. Das Glückliche Bewußtsein verdrängt den Zusammenhang. Die Folter ist als normale Angelegenheit wieder eingeführt worden, aber in einem Kolonialkrieg, der sich am Rande der zivilisierten Welt abspielt. Und dort wird sie mit gutem Gewissen praktiziert; denn Krieg ist Krieg. Und dieser Krieg ist höchst peripher – er verwüstet nur die ›unterentwickelten‹ Länder. Sonst herrscht Frieden.« (a. a. O., S. 103)

Auf der allgemeinen Erfahrung der Katastrophe basierte die revolutionäre Zusammenbruchstheorie; aber der spätkapitalistische Normalverlauf scheint die Fähigkeit zur Erfahrung zu verstümmeln. Während das Ende des ersten Weltkrieges die Oktoberrevolution in Rußland und Aufstände in vielen Teilen Europas auslöst, haben schon Auschwitz und Hiroshima kaum noch weltverändernde Praxis hervorgerufen:

»Dieser größere Zusammenhang von Erfahrung, diese wirkliche, empirische Welt ist heute immer noch die der Gaskammern und Konzentrationslager, von Hiroshima und Nagasaki, von amerikanischen Cadillacs und deutschen Mercedeswagen, die des Pentagon und die des Kreml, nuklearer Städte und chinesischer Kommunen, von Kuba, von Gehirnwäsche und Massakern. Aber die wirkliche, empirische Welt ist zugleich die, in der diese Dinge als selbstverständlich hingenommen oder unbekannt sind, in der die Menschen frei sind. Es ist eine Welt, in der der Besen in der Ecke oder der Geschmack ›von etwas wie Ananas‹ recht wichtig sind, in der tägliche Mühe und tägliche Bequemlichkeiten vielleicht die einzigen Tatbestände sind, die alle Erfahrung ausmachen. Und dieses zweite, beschränkte empirische Universum ist ein Teil des ersten; die Mächte, die das erste beherrschen, gestalten auch die beschränkte Erfahrung.« (a. a. O., S. 194 f.)

Die eindimensionale Welt riegelt sich ab; die Katastrophe gehört zu ihr, ohne daß sie Kräfte freisetzt – die Apokalypse wird alltäglich und bleibt unbemerkt:

»Der technische Fortschritt ist von einer zunehmenden Rationalisierung, ja Verwirklichung des Imaginären begleitet. Die Archetypen des Grauens wie der Freude, des Krieges wie des Friedens verlieren ihren katastrophischen Charakter. Ihr Erscheinen im täglichen Leben der Individuen ist nicht mehr das von irrationalen Kräften – ihre modernen Ersatzgötter sind Elemente technischer Herrschaft und ihr unterworfen.« (a. a. O., S. 259)

Über dreißig Jahre vor der Niederschrift des *Eindimensionalen Menschen* hatte Marcuse in dem Aufsatz *Einige gesellschaftliche Folgen moderner Technologie* (1941) seine Einsichten in den politischen Charakter von Technologie vorformuliert:

»Der Nationalsozialismus ist ein schlagendes Beispiel dafür, wie ein hochrationalisiertes und durchmechanisiertes Wirtschaftssystem von höchster Produktivität im Interesse von totalitärer Unterdrückung und verlängertem Mangel funktionieren kann. In der Tat ist das Dritte Reich eine Art ›Technokratie‹: Die technischen Begründungen imperialistischer Leistungsfähigkeit und Rationalität verdrängen die traditionellen Maßstäbe des Profits und der allgemeinen Wohlfahrt. Im nationalsozialistischen Deutschland wird die Herrschaft des Terrors nicht nur durch unmittelbare Gewalt aufrechterhalten, die der Technologie an sich äußerlich ist, sondern durch geschickte Ausnutzung der Gewalt, die der Technologie innewohnt: Intensivierung der Arbeit, Propaganda, die Ausbildung der Jugend und der Arbeiter, die Organisation der Bürokratien, Industrie und Partei – gemeinsam bilden sie die alltäglichen Mittel des Terrors – folgen den Richtlinien größtmöglicher technischer Effektivität.« (a. a. O., S. 287)

Der Nationalsozialismus hat die Logik des Privatkapitalismus gesprengt, in dem sich antagonistisch Bourgeoisie und Proletariat gegenüberstanden. Rationalität stand im Dienst von Profit und Akkumulation – aber ebenso rational organisierte sich der Widerspruch zu dieser Gesellschaft, um eine andere Gesellschaft frei von Armut, Massenelend und entfremdeter Arbeit herbeizuführen. In der Systemopposition des Proletariats verkörperte sich die lebendige Negation der Gesellschaft, die andere Dimension des Bestehenden. Die Marxsche Theorie schöpfte aus der revolutionären Arbeiterbewegung ihre praktische Bedeutung: sie sollte dem bewußten Willen die objektiven Möglichkeiten seiner Verwirklichung zeigen. Sie zeigte, daß die privatkapitalistische Organisation die Produktivkräfte nur bis zu einer bestimmten Stufe entwickelte und damit der vollen Entfaltung menschlicher Möglichkeiten im Wege stand. Aus dem Widerspruch von Eigentumsverhältnissen und Produktivkräften resultierten destruktive Folgen: Massenelend, imperialistische Ausbeutung und Krieg. Diese erfahrbaren Katastrophen vermittelten materiell zwischen kritischer Theorie und revolutionärer Praxis, die Dimension des Noch-Nicht-Seienden in die Realität umzusetzen. Aber auf die große Zusammenbruchskrise des Kapitalismus als Weltsystem im Jahre 1928 folgte nicht seine revolutionäre Beseitigung, sondern die Liquidation seiner sozialistischen Alternative.

Die hochtechnisch organisierte Vernichtung alles dessen, was anders ist, bezeichnet die Verselbständigung von Herrschaft gegenüber der ökonomischen Logik: die Todesfabrik mit Zyklon B.

»Die Einbildungskraft dankt vor dieser Wirklichkeit ab, welche die Einbildungskraft einholt und überholt. Auschwitz lebt immer noch fort, nicht in der Erinnerung, wohl aber in den vielfältigen Leistungen des Menschen – den Raumflügen, den Raketen und den raketengesteuerten Geschossen, dem ›labyrinthischen Erdgeschoß unter der Imbißhalle‹, den hübschen elektronischen Fabriken, sauber, hygienisch und mit Blumenbeeten, dem Giftgas, das den Menschen in Wirklichkeit gar nicht schadet, dem Geheimnis, in das wir alle eingeweiht sind.« (*Der eindimensionale Mensch*, a. a. O., S. 258)

Es klingt fast prophetisch, wenn man in dem Aufsatz von 1941 blättert:

»Die effektive Verwirklichung der Interessen der Großindustrie war eines der stärksten Motive für die Überführung der ökonomischen in totalitäre politische Herrschaft; Effektivität ist einer der Hauptgründe für die Macht des faschistischen Regimes über die beherrschte Bevölkerung. Gleichzeitig jedoch ist jene auch der Widerstand, an welchem diese Macht brechen kann. Der Faschismus kann seine Herrschaft nur aufrechterhalten durch Verstärkung des Zwangs, den er der Gesellschaft aufzuerlegen gezwungen ist. Er wird immer deutlicher seine Unfähigkeit manifestieren, die Produktivkräfte zu entwickeln, und er wird an der Macht scheitern, die sich als effektiver als der Faschismus erweist.« (*Einige gesellschaftliche Folgen* . . ., a. a. O., S. 309)

Am Ende des Nationalsozialismus erscheint nicht der Sozialismus, sondern als effektiver haben sich Spätkapitalismus und bürokratischer Sozialismus erwiesen.

Der Faschismus bedeutet Eindimensionalisierung der Welt mit technischen *und* terroristischen Mitteln. Effektiver hat sich ein System erwiesen, das auf den Einsatz terroristischer Mittel nach innen weitgehend verzichten kann. In seiner Analyse des Sowjetmarxismus hatte Marcuse gezeigt, daß die Welt des »real existierenden Sozialismus« keine Alternative zum Spätkapitalismus darstellt. Im *Eindimensionalen Menschen* wird diese These mehr oder weniger vorausgesetzt. Marcuse beharrt darauf, daß die USA als fortgeschrittenstes kapitalistisches Land den anderen den Spiegel ihrer eigenen Zukunft vorhält. Die eindimensionale Welt, die er analysiert, zeichnet sich vor allem durch die Aufsaugung jeder Alternative – und zwar durch die Effizienz der bestehenden technologischen Organisation – aus.

»Eine komfortable, reibungslose, vernünftige, demokratische Unfreiheit herrscht in der fortgeschrittenen industriellen Zivilisation, ein Zeichen technischen Fortschritts.« (*Der eindimensionale Mensch*, a. a. O., S. 21)

Die Integration der revolutionären Arbeiterbewegung ermöglicht die widerspruchslose Entfaltung technischer Effizienz.

»Der Proletarier auf früheren Stufen des Kapitalismus war zwar das Lasttier, das durch die Arbeit seines Körpers für die Lebens- und Luxusbedürfnisse sorgte, während er in Dreck und Armut lebte. Damit aber war er die lebendige Absage an diese Gesellschaft. Demgegenüber verkörpert der organisierte Arbeiter in den fortgeschrittenen Bereichen der technologischen Gesellschaft diese Absage weniger deutlich und wird gegenwärtig, wie die anderen Objekte der gesellschaftlichen Arbeitsteilung, der technischen Ge-

meinschaft der verwalteten Bevölkerung einverleibt.«
(a. a. O., S. 46)

Die Entwicklung des Maschinensystems hat den produktiven
Charakter des Arbeiters immer mehr entwertet: der logische
Endpunkt dieser Entwicklung ist die automatisierte Maschine,
die nach einem Diktum Horkheimers nicht die Arbeit, sondern den Arbeiter überflüssig macht. Der Arbeiter wird zunehmend zum Anhängsel des technischen Apparats, wird
seiner Subjektfähigkeit beraubt, die Voraussetzung jeder revolutionären Praxis ist, und mehr noch: er wird zum Objekt des
technischen Prozesses. Seine eigenen Arbeiterorganisationen
vollstrecken an ihm auf der politischen Ebene das Urteil, das
im Produktionsprozeß gefällt worden ist.

»Die kritischen Wahrheitsvorstellungen, die einer oppositionellen gesellschaftlichen Bewegung entsprungen sind,
verändern ihre Bedeutung, wenn diese Bewegung sich selbst
in den Apparat einfügt. Ideen wie Freiheit, produktive
Arbeit, Planwirtschaft und Befriedigung der Bedürfnisse
werden dann verschmolzen mit den Interessen der Herrschaft und der Konkurrenz. Greifbare organisatorische Er-
folge erscheinen wichtiger als die Erfordernisse der kritischen Rationalität.« (*Einige gesellschaftliche Folgen . . .*,
a. a. O., S. 301)

Der Übergang der großen Arbeiterorganisationen zu einer
reformistischen Politik oder auch die Festlegung der großen
kommunistischen Parteien des Westens auf den nationalen
Rahmen deuten an, wie sich der Druck auf die Apparate der
Arbeiterinteressen verstärkt hat, der durch die technologische
Organisation der Gesellschaft erzeugt wird. Das herrschende
Kriterium der Effizienz wird an sie selbst angelegt – die
revolutionäre Theorie wird durch ihre reformistische Praxis
zur bedeutungslosen Phrase oder kontemplativen Weltanschauung degradiert.

»Denn die Kategorien des kritischen Denkens behalten ihre
Wahrheit nur dann, wenn sie den Weg der vollständigen
Verwirklichung der Möglichkeiten aufzeigen, auf die sie
gerichtet sind, und sie verlieren ihren Nachdruck, wenn sie
Verhaltensweisen im Sinn von fatalistischer Willfährigkeit

und konkurrenzbestimmter Anpassung prägen.« (a. a. O., S. 299)

Das Gegenüber des Klassengegensatzes, das Verhältnis von Herr und Knecht wird nicht mehr erfahren.

»Dieser Trend verstärkt sich durch die Auswirkung der technologischen Organisation der Produktion auf die Gegenseite: auf die Betriebsführung und die Direktion. Herrschaft wird in Verwaltung überführt. Die kapitalistischen Herren und Eigentümer verlieren ihre Identität als verantwortliche Kräfte; sie nehmen die Funktion von Bürokraten in einer körperschaftlichen Maschine an.« (*Der eindimensionale Mensch*, a. a. O., S. 52)

Der Appell »Wir sitzen alle in einem Boot« wird Wirkung zeigen, die Ideologie einer organischen Gemeinschaft hat ihren Boden nicht in »Blut und Boden«, sondern in der technologischen Rationalität gefunden.

Mit der Dialektik von Herr und Knecht hatte Hegel das Verhältnis von Arbeit, Kampf und Bewußtsein aufgedeckt. Die erfahrene Autorität des Herren wurde zur Voraussetzung der Entfaltung des arbeitenden Bewußtseins. In der eindimensionalen Welt wird dieser Unterschied nivelliert, der doch die Voraussetzung einer Rebellion gegen das Bestehende ist. Was Marcuse in seinem Aufsatz *Das Veralten der Psychoanalyse* angedeutet hatte, zeigt sich im *Eindimensionalen Menschen* gesamtgesellschaftlich. Je weniger Herrschaft erfahrbar ist, schwinden die Kräfte der Subjekte, etwas qualitativ anderes hervorzubringen. Individualpsychologisch folgte auf die erfahrene Autorität zumindest noch eine leidvolle Ich-Leistung: die Anpassung. Aber unter den Bedingungen der Eindimensionalität scheinen »die mannigfachen Introjektionsprozesse zu fast mechanischen Reaktionen verknöchert. Das Ergebnis ist nicht Anpassung, sondern *Mimesis*: eine unmittelbare Identifikation des Individuums mit *seiner* Gesellschaft und dadurch mit der Gesellschaft als einem Ganzen«. (a. a. O., S. 30)

Die Erfahrung von übermächtiger Herrschaft konnte vom Individuum im »unglücklichen Bewußtsein« seiner unverwirklichten Möglichkeiten verarbeitet werden; die eindimen-

sionale Welt produziert dagegen ein geschichts- und erinne-
rungsloses Glückliches Bewußtsein, »daß selbst individueller
Protest in seinen Wurzeln beeinträchtigt wird. Die geistige
und gefühlsmäßige Weigerung ›mitzumachen‹ erscheint als
neurotisch und ohnmächtig«. (a. a. O., S. 29)
Arbeit, auch in ihrer entfremdeten Gestalt, begründete für
Marx noch die Möglichkeit der Befreiung – zunächst aus der
Willkür der Natur, dann aus der Willkür der gesellschaftlichen
Klassenherrschaft. In der Empörung gegen die Entfremdung
bestand für das von Heteronomie beherrschte, fremdbe-
stimmte Subjekt die Chance, autonom zu werden. Aber je
mehr durch technologische Rationalität aus der Arbeit ein
funktioneller Job im Apparat wird, um so mehr tritt in der
Entwicklung der Produktivkräfte eine Spaltung ein. Marx
zufolge stellte die revolutionäre Klasse selbst die größte Produktivkraft dar, während in der eindimensionalen Welt ohne
revolutionäre Negation zwar die Macht der technischen Organisation wächst, die menschliche Produktivkraft aber, die
subjektiven Fähigkeiten, verarmen.
»Die in diesem Training entwickelten Fähigkeiten machen
aus der ›Persönlichkeit‹ ein Mittel der Verfolgung solcher
Zwecke, welche die menschliche Existenz als eben solches
Mittel aufrechterhalten, das ohne weiteres durch andere
Mittel gleichen Zuschnitts ersetzt werden kann. Die psychologischen und ›persönlichen‹ Aspekte der Berufsausbil-
dung werden um so mehr hervorgehoben, je mehr sie der
Reglementierung unterworfen werden und je weniger sie
der freien und vollständigen Entfaltung überlassen bleiben.«
(*Einige gesellschaftliche Folgen* . . ., a. a. O., S. 303)
An die Stelle klassenbewußter Subjekte treten mehr oder
weniger für geschichtliche Alternativen blinde Individuen, die
sich selbst nur als Funktionen im Apparat wahrnehmen
können.
»Spezialisierung fixiert das herrschende System der Standar-
disierung. Nahezu jeder ist potentielles Mitglied der Menge,
und die Massen gehören zu den alltäglichen Werkzeugen
des gesellschaftlichen Prozesses. Als solche lassen sie sich
leicht behandeln, denn die Gedanken, Gefühle und Interes-

sen ihrer Mitglieder sind der Struktur des Apparates ange-
paßt.« (a. a. O., S. 304)

Damit schwindet die Möglichkeit der Erfahrung von Entfrem-
dung, d. h. des Widerspruchs von gesellschaftlich falscher
Organisation und unentfalteten menschlichen Möglichkeiten.
Die eindimensionale Welt läßt sich als das Universum der
vollendeten Verdinglichung begreifen, in der die menschlichen
Subjekte zu erfahrungsunfähigen Objekten technologischer
Organisation gemacht werden.

»Nur im Medium der Technik werden Mensch und Natur
ersetzbare Objekte der Organisation. Die allseitige Leistungsfähigkeit und Produktivität des Apparats, unter den
sie subsumiert werden, verschleiern die den Apparat organi-
sierenden partikularen Interessen. Mit anderen Worten, die
Technik ist zum großen Vehikel der *Verdinglichung* geworden – der Verdinglichung in ihrer ausgebildetsten und wirksamsten Form. Die gesellschaftliche Stellung des Individuums und seine Beziehung zu anderen scheinen nicht nur
durch objektive Qualitäten und Gesetze bestimmt, sondern
diese Qualitäten und Gesetze scheinen auch ihren geheim-
nisvollen und unkontrollierbaren Charakter zu verlieren;
sie erscheinen als berechenbare Manifestationen (wissenschaftlicher) Rationalität. Die Welt tendiert dazu, zum Stoff
totaler Verwaltung zu werden, die sogar die Verwalter
verschlingt. Das Gewebe der Herrschaft ist zum Gewebe
der Vernunft selbst geworden, und diese Gesellschaft ist
verhängnisvoll darein verstrickt.« (*Der eindimensionale
Mensch*, a. a. O., S. 182 f.)

Die traditionelle Kritik konnte den Klassencharakter der Gesellschaft im Namen der Vernunft denunzieren; unvernünftige
Organisation und Autonomie als vernünftiges Leben schienen
sich als geschichtliche Wirklichkeit und Möglichkeit gegenüberzustehen. Wenn aber die revolutionäre Alternative nicht
wirklich ist, muß für die kritische Theorie die Vernunft des
Wirklichen selbst zum Gegenstand der Kritik werden. »Der
eindimensionale Mensch« Marcuses bewegt sich hier in demselben Medium der Kritik wie die »Dialektik der Aufklärung«
von Adorno und Horkheimer oder Horkheimers »Zur Kritik

der instrumentellen Vernunft«. Die eindimensionale Welt verkörpert nicht den Sündenfall der Vernunft, sondern vollendet nur die Entzauberung der Welt, die sich die Vernunft in Gestalt der Philosophie und Naturwissenschaft zur Aufgabe gemacht hat.

»Das totalitäre Ganze technologischer Rationalität ist die letzte Umbildung der Idee der Vernunft ... Das geschlossene operationelle Universum der fortgeschrittenen industriellen Zivilisation mit ihrer bestürzenden Harmonie von Freiheit und Unterdrückung, Produktivität und Zerstörung, Wachstum und Regression ist in dieser Idee der Vernunft als eines spezifischen geschichtlichen Entwurfs bereits vorgezeichnet. Die technischen und vortechnischen Stufen haben gewisse gemeinsame Grundbegriffe von Mensch und Natur, in denen die Kontinuität der abendländischen Tradition sich ausdrückt. Innerhalb dieses Kontinuums stoßen verschiedene Denkweisen aufeinander; sie gehören zu verschiedenen Weisen, Gesellschaft und Natur zu erfassen, zu organisieren und zu verändern. Die stabilisierenden Tendenzen widerstreiten den zerstörenden Elementen der Vernunft, die Macht des positiven der des negativen Denkens, bis schließlich die Errungenschaften der fortgeschrittenen industriellen Zivilisation zum Triumph der eindimensionalen Wirklichkeit über allen Widerspruch führen.« (a. a. O., S. 139, S. 140)

Vernunft entwickelte die Fähigkeit der Menschen zur praktischen Naturbeherrschung.

»Als begriffliches Denken und Verhalten ist Vernunft notwendig Gewalt, Herrschaft. Logos ist Gesetz, Regel, Ordnung aufgrund von Erkenntnis. Indem es besondere Fälle unter ein Allgemeines subsumiert, indem es sie ihrem Allgemeinbegriff unterwirft, erlangt das Denken Gewalt über die besonderen Fälle. Es wird nicht nur fähig, sie zu begreifen, sondern auch auf sie einzuwirken, sie zu kontrollieren. Während jedoch alles Denken unter der Herrschaft der Logik steht, ist die Entfaltung dieser Logik in den verschiedenen Denkweisen verschieden. Die klassische formale und die moderne symbolische Logik, die transzendentale und die dialektische Logik – eine jede beherrscht ein anderes Universum der Sprache und Erfahrung. Sie alle entwickelten sich innerhalb des geschichtlichen Kontinuums der Herrschaft, dem sie Tribut zollen. Und dieses Kontinuum verleiht den positiven Denkweisen ihren konformistischen und ideologischen, denen des negativen Denkens ihren spekulativen und utopischen Charakter.« (a. a. O., S. 181 f.)

Der Formalismus der theoretischen Vernunft, die Reinigung der Gegenstandswelt von allen Qualitäten, ermöglicht den totalen Empirismus der praktischen Vernunft.

»In bezug auf das bestehende Universum von Sprache und Verhalten sind Nichtwiderspruch und Nichttranszendenz der gemeinsame Nenner. Der totale Empirismus offenbart seine ideologische Funktion in der zeitgenössischen Philosophie.« (a. a. O., S. 183)

Stärke und Macht des Positiven bestehen in seinem Neutralismus: Zwecklosigkeit setzt eine Welt der Mittel voraus, in der nichts Zwecke setzt außer dem Apparat selber. Das wissenschaftlich-technische Apriori der westlichen Zivilisation setzt den Zweck als die Einpassung des Einzelnen in das Ganze: das Ganze regiert die Welt der positiven Tatsachen. Die Technologie wird vom Mittel der Klassenherrschaft zu der aktuellen Form, in der Klassenherrschaft ausgeübt wird.

Die reine Form, Gegenstand theoretischer Vernunft, wird zur wissenschaftlichen Organisationsweise der praktischen Welt, in der die praktische Vernunft wirksam ist.

»In dieser Wirklichkeit ist die Materie ebenso ›neutral‹ wie die Wissenschaft; die Objektivität trägt weder ein Telos in sich noch ist sie auf ein Telos hingeordnet. Aber es ist gerade ihr neutraler Charakter, der die Objektivität mit einem spezifischen geschichtlichen Subjekt verbindet – nämlich mit dem Bewußtsein, das in der Gesellschaft herrscht, durch und für welche diese Neutralität eingeführt wird ... Reiner und angewandter Operationalismus, theoretische und praktische Vernunft, das wissenschaftliche und das Geschäftsunternehmen vollziehen die Reduktion von sekundären auf primäre Qualitäten, die Quantifizierung und Abstraktion ›von besonderen Arten von Entitäten‹. Zwar ist die Rationalität reiner Wissenschaft wertfrei und setzt keinerlei praktische Zwecke fest; sie ist allen von außen kommenden Werten gegenüber ›neutral‹, die an sie herangetragen werden können. Aber diese Neutralität ist ein *positives* Merkmal.« (a. a. O., S. 170 f.)

Die Gleichgültigkeit der Wissenschaft gegen die Zwecke bereitet ihre totale Instrumentalisierung vor: sie kann jedem Zweck dienen, nur nicht der Befreiung. Der technologische Apparat, in dem reine Wissenschaft materiell geronnen ist, verkörpert ihren instrumentalistischen Charakter.

Dieser Instrumentalismus zerstört jede kritische Dimension der Vernunft. Das trifft auch auf das Denken und Verhalten des einzelnen zu.

»Darüber hinaus dehnt sich die instrumentalistische Vorstellung technologischer Rationalität fast auf den gesamten Bereich des Denkens aus und bringt die verschiedenen intellektuellen Aktivitäten auf einen gemeinsamen Nenner. Auch sie werden zu einer Art Technik.« (*Einige gesellschaftliche Folgen . . .*, a. a. O., S. 306)

Die Selbstverstümmelung der Vernunft wird von den Experten des Denkens selbst vorgenommen, nicht nur in der Naturwissenschaft, sondern in jeder Dimension menschlicher Kommunikation. Vor allem an der Philosophie der Sprache weist Marcuse überzeugend das Theorieverbot als Folge des eindimensionalen Denkens nach, das seine Entsprechung in der Alltagssprache hat:

»Ich werde zu zeigen versuchen, daß die ›saubere Bombe‹ und der ›harmlose atomare Niederschlag‹ nur die extremen Schöpfungen eines normalen Stils sind. Einmal als Hauptverstoß gegen die Logik betrachtet, erscheint der Widerspruch jetzt als ein Prinzip der Logik der Manipulation – als die realistische Karikatur der Dialektik. Es ist die Logik einer Gesellschaft, die es sich leisten kann, auf Logik zu verzichten und mit der Zerstörung zu spielen, eine Gesellschaft mit technologischer Macht über Geist und Materie.« (*Der eindimensionale Mensch*, a. a. O., S. 108)

Die Entmachtung des Denkens, letztlich auch der dialektischen Logik von Kritik, muß die logische Folge technologischer Rationalität sein.

»Verschiedene Einflüsse haben zusammengewirkt, um die gesellschaftliche Ohnmacht des kritischen Denkens herbeizuführen. Allen voran das Wachstum des industriellen Apparats und seiner allumfassenden Kontrolle über alle Lebensbereiche. Die technologische Rationalität, welche denen sich eingeprägt hat, die den Apparat bedienen, hat zahlreiche Erscheinungsformen des äußeren Zwangs und Autorität in solche der Selbstdisziplin und Selbstbeherrschung überführt. Im weiten Maß werden Sicherheit und Ordnung durch den Umstand garantiert, daß der Mensch gelernt hat, sein Verhalten bis ins kleinste Detail dem seiner Zeitgenossen anzupassen.« (*Einige gesellschaftliche Folgen* . . ., a. a. O., S. 300)

Die eindimensionale Welt verwandelt nicht nur die ehemals revolutionäre Opposition in einen integralen Bestandteil des Positiven, sondern sie läßt auch die Individuen nicht unberührt: indem sie die Möglichkeit der Befriedigung im privaten und gesellschaftlichen Leben auf äußerliche Dinge konzentriert, schwächt sie die erotische gegenüber der destruktiven Energie. Nicht nur die Vernunft ist repressiv, sondern auch die Bedürfnisstruktur. Die Ausbrüche, die Revolten gegen das vernünftige Normale stehen nur in scheinbarem Gegensatz zum Ganzen:

»Freilich sind die Ausbrüche erschreckend und gewalttätig, doch werden sie sofort gegen die schwächeren Konkurrenten oder verdächtigen ›Außenseiter‹ (Juden, Ausländer, nationale Minderheiten) gelenkt. Die gelenkten Massen ersehnen keine neue Ordnung, sondern einen größeren Anteil an der Herrschenden.« (a. a. O., S. 304)

Die Massen als manipulierbare Objekte der Verdinglichung werden in der Eindimensionalität immer unfähiger zur Freiheit, weil selbst ihre unbewußten Vorstellungen des anderen von der herrschenden Rationalität beeinflußt werden.

»Die Phantasie ist gegenüber dem Prozeß der Verdinglichung nicht immun geblieben. Wir sind besessen von unseren Imagines und leiden unter ihnen. Das wußte die Psy-

165

choanalyse und kannte die Konsequenzen . . . Die verstümmelten Individuen (verstümmelt auch in ihrer Einbildungskraft) würden noch mehr organisieren und zerstören, als
ihnen jetzt gestattet ist. Eine solche Freisetzung wäre das
ungemilderte Grauen – nicht die Katastrophe der Kultur,
sondern das freie Spiel ihrer regressivsten Tendenzen. Rational ist diejenige Phantasie, die zum Apriori werden kann,
das darauf abzielt, den Produktionsapparat umzubauen und
umzudirigieren in Richtung auf ein befriedetes Dasein, ein
Leben ohne Angst. Und das kann niemals die Phantasie
jener sein, die von den Bildern der Herrschaft und des
Todes besessen sind.« (*Der eindimensionale Mensch*,
a. a. O., S. 261)
*Der eindimensionale Mensch* folgt der Objektivität der fortgeschrittenen Industriegesellschaft – eine Theorie als Horror-
Trip. Und doch ist diese Objektivität nicht alles; denn das
Bild, das die eindimensionale Wissenschaft von Mensch und
Natur entwirft, ist zwar wirksam, aber falsch. Schon die
radikale theoretische Kritik ist ein Bestandteil der Weigerung
mitzumachen. Diese Kritik enthüllt, daß die technologische
Rationalität ein falsches Bild der Natur erzeugt – nämlich das
ihrer unendlichen Ausbeutbarkeit. In diesem Zusammenhang
steht auch ihr falsches Bild von der Natur des Menschen – als
ein zur Freiheit unfähiges Objekt, das sich nicht einmal wei-
gern kann. Aber die Weigerung existiert, sie erscheint in den
Geächteten und Außenseitern:
»Die Ausgebeuteten und Verfolgten anderer Rassen und
anderer Farben, die Arbeitslosen und die Arbeitsunfähigen.
Sie existieren außerhalb des demokratischen Prozesses; ihr
Leben bedarf am unmittelbarsten und realsten der Abschaffung unerträglicher Verhältnisse und Institutionen. Damit
ist ihre Opposition revolutionär, wenn auch nicht ihr Bewußtsein. Ihre Opposition trifft das System von außen und
wird deshalb nicht durch das System abgelenkt; sie ist eine
elementare Kraft, die die Regeln des Spiels verletzt und es
damit als ein aufgetakeltes Spiel enthüllt.« (a. a. O., S. 267)
Marcuse bestimmt die Grenze des Systems im *eindimensiona-*
*len Menschen* als die Naturschranke der Individualität oder

– philosophisch ausgedrückt – der Subjektivität. Ebenso wie die praktische Weigerung existiert, existiert die kritische Theorie.

>Die kritische Theorie der Gesellschaft besitzt keine Begriffe, die die Kluft zwischen dem Gegenwärtigen und seiner Zukunft überbrücken könnten; indem sie nichts verspricht und keinen Erfolg zeigt, bleibt sie negativ.« (a. a. O., S. 268)

Die gegenüber der übermächtigen technologischen Rationalität schwachen Subjekte können sich mit der Waffe der Kritik ausrüsten, die ein anderes Universum entwirft – die ein neues Projekt entwirft, in dem die Technik Mittel des Menschen ist, ein befriedetes Dasein herbeizuführen. Das aber bedeutet, die Richtung des Fortschritts zu ändern, andere als die vom System erzeugten repressiven Bedürfnisse zu entwickeln, die die Notwendigkeit entfremdeter Arbeit endlos verlängern.

>Aber die Tatsachen und Alternativen liegen vor wie Bruchstücke, die sich nicht zusammenfügen lassen, oder wie eine Welt stummer Objekte ohne Subjekt, ohne die Praxis, die diese Objekte in eine neue Richtung bewegen würde. Die dialektische Theorie ist nicht widerlegt, aber sie kann kein Heilmittel bieten.« (a. a. O., S. 263)

Die durch die technologische Rationalität entmachtete Vernunft kann nur einer von den Subjekten beherrschten neuen Rationalität Platz machen, wenn die Individuen kritisches Bewußtsein und existentielles Leiden zusammenfügen: »Aber das ist nichts als eine Chance.« (a. a. O., S. 268)

## 4. Herbert Marcuse
### Die Paralyse der Kritik: eine Gesellschaft ohne Opposition

(Vorrede aus: *Der eindimensionale Mensch. Studien zur Ideologie der fortgeschrittenen Industriegesellschaft.* © 1967 Luchterhand, Darmstadt und Neuwied, 15. Aufl. 1980, S. 11–20. Orig.: Boston, Mass., 1964)

Dient nicht die Bedrohung durch eine atomare Katastrophe, die das Menschengeschlecht auslöschen könnte, ebensosehr dazu, gerade diejenigen Kräfte zu schützen, die diese Gefahr verewigen? Die Anstrengungen, eine solche Katastrophe zu verhindern, überschatten die Suche nach ihren etwaigen Ursachen in der gegenwärtigen Industriegesellschaft. Diese Ursachen werden von der Öffentlichkeit nicht festgestellt, bloßgelegt und angegriffen, weil sie gegenüber der nur zu offenkundigen Bedrohung von außen zurücktreten – für den Westen vom Osten, für den Osten vom Westen. Gleich offenkundig ist das Bedürfnis vorbereitet zu sein, sich am Rande des Abgrundes zu bewegen, der Herausforderung ins Auge zu sehen. Wir unterwerfen uns der friedlichen Produktion von Destruktionsmitteln, der zur Perfektion getriebenen Verschwendung und dem Umstand, daß wir zu einer Verteidigung erzogen werden, welche gleichermaßen die Verteidiger verunstaltet wie das, was sie verteidigen.

Wenn wir versuchen, die Ursachen der Gefahr darauf zu beziehen, wie die Gesellschaft organisiert ist und ihre Mitglieder organisiert, dann stehen wir sofort der Tatsache gegenüber, daß die fortgeschrittene Industriegesellschaft reicher, größer und besser wird, indem sie die Gefahr verewigt. Die Verteidigungsstruktur erleichtert das Leben einer größeren Anzahl von Menschen und erweitert die Herrschaft des Menschen über die Natur. Unter diesen Umständen fällt es unseren Massenmedien nicht schwer, partikulare Interessen als die

aller einsichtigen Leute zu verkaufen. Die politischen Bedürfnisse der Gesellschaft werden zu industriellen Bedürfnissen
und Wünschen, ihre Befriedigung fördert das Geschäft und
das Gemeinwohl, und das Ganze erscheint als die reine Ver-
körperung der Vernunft.

Und doch ist diese Gesellschaft als Ganzes irrational. Ihre
Produktivität zerstört die freie Entwicklung der menschlichen
Bedürfnisse und Anlagen, ihr Friede wird durch die beständige Kriegsdrohung aufrechterhalten, ihr Wachstum hängt ab
von der Unterdrückung der realen Möglichkeiten, den Kampf
ums Dasein zu befrieden – individuell, national und international. Diese Unterdrückung, höchst verschieden von derjenigen, die für die vorangehenden, weniger entwickelten Stufen
unserer Gesellschaft charakteristisch war, macht sich heute
nicht aus einer Position natürlicher und technischer Unreife
heraus geltend, sondern aus einer Position der Stärke. Die
(geistigen und materiellen) Fähigkeiten der gegenwärtigen Gesellschaft sind unermeßlich größer als je zuvor – was bedeutet,
daß die Reichweite der gesellschaftlichen Herrschaft über das
Individuum unermeßlich größer ist als je zuvor. Unsere Gesellschaft ist dadurch ausgezeichnet, daß sie die zentrifugalen
Kräfte mehr auf technischem Wege besiegt als mit Terror: auf
der doppelten Basis einer überwältigenden Leistungsfähigkeit
und eines sich erhöhenden Lebensstandards.

Es gehört zur Absicht einer kritischen Theorie der gegenwärtigen Gesellschaft, die Wurzeln dieser Entwicklungen zu er-
forschen und ihre geschichtlichen Alternativen zu untersuchen – eine Theorie, die die Gesellschaft analysiert im Licht
ihrer genutzten und ungenutzten oder mißbrauchten Kapazitäten zur Verbesserung der menschlichen Lage. Was aber sind
die Maßstäbe einer solchen Kritik?

Sicher spielen Werturteile eine Rolle. Die etablierte Weise, die
Gesellschaft zu organisieren, wird an anderen möglichen Weisen gemessen, Weisen, von denen angenommen wird, daß sie
der Erleichterung des menschlichen Kampfes ums Dasein
bessere Chancen bieten; eine bestimmte historische Praxis
wird an ihren eigenen geschichtlichen Alternativen gemessen.
Von Anbeginn steht damit jede kritische Theorie der Gesell-

schaft dem Problem historischer Objektivität gegenüber, einem Problem, das an den beiden Stellen aufkommt, an denen die Analyse Werturteile einschließt:

1. das Urteil, daß das menschliche Leben lebenswert ist oder vielmehr lebenswert gemacht werden kann oder sollte. Dieses Urteil liegt aller geistigen Anstrengung zu Grunde; es ist das *Apriori* der Gesellschaftstheorie, und seine Ablehnung (die durchaus logisch ist) lehnt die Theorie selbst ab;

2. das Urteil, daß in einer gegebenen Gesellschaft spezifische Möglichkeiten zur Verbesserung des menschlichen Lebens bestehen sowie spezifische Mittel und Wege, diese Möglichkeiten zu verwirklichen. Die kritische Analyse hat die objektive Gültigkeit dieser Urteile zu beweisen, und der Beweis muß auf empirischem Boden geführt werden. Der etablierten Gesellschaft steht eine nachweisbare Quantität und Qualität geistiger und materieller Ressourcen zur Verfügung. Wie können diese Ressourcen für die optimale Entwicklung und Befriedigung individueller Bedürfnisse und Anlagen bei einem Minimum an schwerer Arbeit und Elend ausgenutzt werden? Die Gesellschaftstheorie ist eine historische Theorie, und die Geschichte ist das Reich der Notwendigkeit. Daher ist zu fragen: welche unter den verschiedenen möglichen und wirklichen Weisen, die verfügbaren Ressourcen zu organisieren und nutzbar zu machen, bieten die größte Chance einer optimalen Entwicklung?

Der Versuch, diese Fragen zu beantworten, erfordert zunächst eine Reihe von Abstraktionen. Um die Möglichkeiten einer optimalen Entwicklung anzugeben und zu bestimmen, muß die kritische Theorie von der tatsächlichen Organisation und Anwendung der gesellschaftlichen Ressourcen abstrahieren sowie von den Ergebnissen dieser Organisation und Anwendung. Eine solche Abstraktion, die sich weigert, das gegebene Universum der Tatsachen als den endgültigen Zusammenhang hinzunehmen, in dem etwas zwingende Kraft erhält, eine solche »transzendierende« Analyse der Tatsachen im Licht ihrer gehemmten und geleugneten Möglichkeiten gehört wesentlich zur Struktur von Gesellschaftstheorie. Sie ist aller Metaphysik entgegengesetzt aufgrund des streng geschichtlichen Charakters der Transzendenz*. Die »Möglichkeiten« müssen sich innerhalb der Reichweite der jeweiligen Gesellschaft befinden; sie müssen bestimmbare Ziele der Praxis sein. Dementsprechend muß die Abstraktion von den bestehenden Institutionen eine tatsächliche Tendenz ausdrücken – das heißt, ihre Veränderung muß das reale Bedürfnis der vorhandenen Bevölkerung sein. Die Gesellschaftstheorie hat es mit den geschichtlichen Alternativen zu tun, die in der etablierten Gesellschaft als subversive Tendenzen und Kräfte umgehen. Die mit den Alternativen verbundenen Werte werden durchaus zu Tatsachen, wenn sie vermittels historischer Praxis in Wirklichkeit übersetzt werden. Die theoretischen Begriffe verlieren mit der gesellschaftlichen Veränderung ihre Gültigkeit.

Hier aber konfrontiert die fortgeschrittene Industriegesellschaft die Kritik mit einer Lage, die sie ihrer ganzen Basis zu berauben scheint. Ausgeweitet zu einem ganzen System von Herrschaft und Gleichschaltung, bringt der technische Fortschritt Lebensformen (und solche der Macht) hervor, welche die Kräfte, die das System bekämpfen, zu besänftigen und allen Protest im Namen der historischen Aussichten auf Freiheit von schwerer Arbeit und Herrschaft zu besiegen oder zu widerlegen scheinen. Die gegenwärtige Gesellschaft scheint imstande, einen sozialen Wandel zu unterbinden – eine qualitative Veränderung, die wesentlich andere Institutionen durchsetzen würde, eine neue Richtung des Produktionsprozesses, neue Weisen menschlichen Daseins. Die Unterbindung sozialen Wandels ist vielleicht die hervorstechendste Leistung der fortgeschrittenen Industriegesellschaft; die allgemeine Hinnahme des »nationalen Anliegens«, das Zwei-Parteien-System, der Niedergang des Pluralismus, das betrügerische Einverständnis von Kapital und organisierter Arbeiterschaft in einem starken Staat bezeugen die Integration der Gegensätze,

---

* Die Ausdrücke »transzendieren« und »Transzendenz« werden durchweg im empirischen, kritischen Sinne verwandt: sie bezeichnen Tendenzen in Theorie und Praxis, die in einer gegebenen Gesellschaft über das etablierte Universum von Sprechen und Handeln in Richtung auf seine geschichtlichen Alternativen (realen Möglichkeiten) »hinausschießen«.

die das Ergebnis wie die Vorbedingung dieser Leistung ist. Ein kurzer Vergleich zwischen dem Stadium, in dem die Theorie der Industriegesellschaft sich bildete, und ihrer gegenwärtigen Lage kann zeigen helfen, wie die Grundlage der Kritik sich gewandelt hat. Als sie in der ersten Hälfte des neunzehnten Jahrhunderts aufkam und die ersten Begriffe von Alternativen ausarbeitete, gewann die kritische Theorie der Industriegesellschaft Konkretion in einer geschichtlichen Vermittlung zwischen Theorie und Praxis, Werten und Tatsachen, Bedürfnissen und Zielen. Diese geschichtliche Vermittlung spielte sich ab im Bewußtsein und in der politischen Aktion der beiden großen Klassen, die sich in der Gesellschaft gegenüberstanden: Bourgeoisie und Proletariat. In der kapitalistischen Welt sind sie noch immer die grundlegenden Klassen. Die kapitalistische Entwicklung hat jedoch die Struktur und Funktion dieser beiden Klassen derart verändert, daß sie nicht mehr die Träger historischer Umgestaltung zu sein scheinen. Ein sich über alles hinwegsetzendes Interesse an der Erhaltung und Verbesserung des institutionellen Status quo vereinigt die früheren Antagonisten in den fortgeschrittensten Bereichen der gegenwärtigen Gesellschaft. Und in dem Maße, wie der technische Fortschritt Wachstum und Zusammenhalt der kommunistischen Gesellschaft gewährleistet, weicht gerade die Idee der qualitativen Änderung den realistischen Begriffen einer nichtexplosiven Evolution. Da es an nachweisbaren Trägern und Triebkräften gesellschaftlichen Wandels fehlt, wird die Kritik auf ein hohes Abstraktionsniveau zurückgeworfen. Es gibt keinen Boden, auf dem Theorie und Praxis, Denken und Handeln zusammenkommen. Selbst die empirischste Analyse geschichtlicher Alternativen erscheint als unrealistische Spekulation, das Eintreten für sie als eine Sache persönlichen (oder gruppenspezifischen) Beliebens.

Und dennoch: widerlegt dieses Fehlen einer Vermittlung die Theorie? Angesichts offenkundig widersprüchlicher Tatsachen besteht die kritische Analyse weiterhin darauf, daß das Bedürfnis nach qualitativer Änderung so dringend ist wie je zuvor. Wer verlangt nach ihr? Die Antwort ist weiterhin dieselbe: die Gesamtgesellschaft für jedes ihrer Mitglieder. Die

Vereinigung von anwachsender Produktivität und anwachsender Zerstörung, das Hasardspiel mit der Vernichtung, die Auslieferung des Denkens, Hoffens und Fürchtens an die Entscheidungen der bestehenden Mächte, die Erhaltung des Elends angesichts eines beispiellosen Reichtums enthalten in sich die unparteiischste Anklage – auch wenn sie nicht die *raison d'être* dieser Gesellschaft sind, sondern nur ihr Nebenprodukt: ihre durchgreifende Rationalität, die Leistungsfähigkeit und Wachstum befördert, ist selbst irrational.

Die Tatsache, daß die große Mehrheit der Bevölkerung diese Gesellschaft hinnimmt und dazu gebracht wird, sie hinzunehmen, macht sie nicht weniger irrational und verwerflich. Die Unterscheidung zwischen wahrem und falschem Bewußtsein, wirklichem und unmittelbarem Interesse ist immer noch sinnvoll. Aber diese Unterscheidung selbst muß bestätigt werden. Die Menschen müssen dazu gelangen, sie zu sehen, und müssen vom falschen zum wahren Bewußtsein finden, von ihrem unmittelbaren zu ihrem wirklichen Interesse. Das können sie nur, wenn sie unter dem Bedürfnis stehen, ihre Lebensweise zu ändern, das Positive zu verneinen, sich ihm zu verweigern. Eben dieses Bedürfnis vermag die etablierte Gesellschaft in dem Maße zu unterdrücken, wie sie imstande ist, »die Güter« auf erweiterter Stufenleiter »zu liefern«, und die wissenschaftliche Unterwerfung der Natur zur wissenschaftlichen Unterwerfung des Menschen zu benutzen.

Gegenüber dem totalen Charakter der Errungenschaften der fortgeschrittenen Industriegesellschaft gebricht es der kritischen Theorie an einer rationalen Grundlage zum Transzendieren dieser Gesellschaft. Dieses Vakuum entleert die theoretische Struktur selbst, weil die Kategorien einer kritischen Theorie der Gesellschaft während einer Periode entwickelt wurden, in der sich das Bedürfnis nach Weigerung und Subversion im Handeln wirksamer sozialer Kräfte verkörperte. Diese Kategorien waren wesentlich negative und oppositionelle Begriffe, welche die realen Widersprüche der europäischen Gesellschaft des neunzehnten Jahrhunderts bestimmten. Die Kategorie »Gesellschaft« selbst drückte den akuten Konflikt zwischen der sozialen und politischen Sphäre aus

– die Gesellschaft als antagonistisch gegenüber dem Staat. Entsprechend bezeichneten Begriffe wie »Individuum«, »Klasse«, »privat«, »Familie« Sphären und Kräfte, die in die etablierten Verhältnisse noch nicht integriert waren – Sphären von Spannung und Widerspruch. Mit der zunehmenden Integration der Industriegesellschaft verlieren diese Kategorien ihren kritischen Inhalt und tendieren dazu, deskriptive, trügerische oder operationelle Termini zu werden.

Ein Versuch, die kritische Intention dieser Kategorien wiederzuerlangen und zu verstehen, wie diese Intention durch die gesellschaftliche Wirklichkeit entwertet wurde, erscheint von Anbeginn als Rückfall von einer mit der geschichtlichen Praxis verbundenen Theorie in abstraktes, spekulatives Denken: von der Kritik der politischen Ökonomie zur Philosophie. Dieser ideologische Charakter der Kritik ergibt sich aus der Tatsache, daß die Analyse gezwungen ist, von einer Position »außerhalb« der positiven wie der negativen, der produktiven wie der destruktiven Tendenzen in der Gesellschaft auszugehen. Die moderne Industriegesellschaft ist die durchgehende Identität dieser Gegensätze – es geht ums Ganze. Zugleich kann die Stellung der Theorie nicht eine bloße Spekulation sein. Sie muß insofern eine historische Stellung sein, als sie in den Fähigkeiten der gegebenen Gesellschaft begründet sein muß. Diese zweideutige Situation schließt eine noch grundlegendere Zweideutigkeit ein. Der *Eindimensionale Mensch* wird durchweg zwischen zwei einander widersprechenden Hypothesen schwanken: 1. daß die fortgeschrittene Industriegesellschaft imstande ist, eine qualitative Änderung für die absehbare Zukunft zu unterbinden; 2. daß Kräfte und Tendenzen vorhanden sind, die diese Eindämmung durchbrechen und die Gesellschaft sprengen können. Ich glaube nicht, daß eine klare Antwort gegeben werden kann. Beide Tendenzen bestehen nebeneinander – und sogar die eine in der anderen. Die erste Tendenz ist die herrschende, und alle Vorbedingungen eines Umschwungs, die es geben mag, werden benutzt, ihn zu verhindern. Vielleicht kann ein Unglück die Lage ändern, aber solange nicht die Anerkennung dessen, was getan und was verhindert wird, das Bewußtsein und Verhalten des Menschen umwälzt, wird nicht einmal eine Katastrophe die Änderung herbeiführen.

Im Brennpunkt der Analyse steht die fortgeschrittene Industriegesellschaft, in der der technische Produktions- und Verteilungsapparat (bei einem zunehmenden automatisierten Sektor) nicht als eine Gesamtsumme bloßer Instrumente funktioniert, die von ihren gesellschaftlichen und politischen Wirkungen isoliert werden können, sondern vielmehr als ein System, von dem das Produkt des Apparates wie die Operationen, ihn zu bedienen und zu erweitern, a priori bestimmt werden. In dieser Gesellschaft tendiert der Produktionsapparat dazu, in dem Maße totalitär zu werden, wie er nicht nur die gesellschaftlich notwendigen Betätigungen, Fertigkeiten und Haltungen bestimmt, sondern auch die individuellen Bedürfnisse und Wünsche. Er ebnet so den Gegensatz zwischen privater und öffentlicher Existenz, zwischen individuellen und gesellschaftlichen Bedürfnissen ein. Die Technik dient dazu, neue, wirksamere und angenehmere Formen sozialer Kontrolle und sozialen Zusammenhalts einzuführen. Die totalitäre Tendenz dieser Kontrollen scheint sich noch in einem anderen Sinne durchzusetzen – dadurch, daß sie sich auf die weniger entwikkelten, selbst vorindustriellen Gebiete der Welt ausbreitet und dadurch, daß sie Ähnlichkeiten in der Entwicklung von Kapitalismus und Kommunismus hervorbringt.

Angesichts der totalitären Züge dieser Gesellschaft läßt sich der traditionelle Begriff der »Neutralität« der Technik nicht mehr aufrechterhalten. Technik als solche kann nicht von dem Gebrauch abgelöst werden, der von ihr gemacht wird; die technologische Gesellschaft ist ein Herrschaftssystem, das bereits im Begriff und Aufbau der Techniken am Werke ist.

Die Weise, in der eine Gesellschaft das Leben ihrer Mitglieder organisiert, schließt eine ursprüngliche Wahl zwischen geschichtlichen Alternativen ein, die vom überkommenen Niveau der materiellen und geistigen Kultur bestimmt sind. Die Wahl selbst ergibt sich aus dem Spiel der herrschenden Interessen. Sie *antizipiert* besondere Weisen, Mensch und Natur zu verändern und nutzbar zu machen und verwirft andere. Sie ist ein »Entwurf« von Verwirklichung unter anderen*. Aber ist der Entwurf einmal in den grundlegenden Institutionen und Verhältnissen wirksam geworden, so tendiert er dazu, exklusiv zu werden und die Entwicklung der Gesellschaft als Ganzes zu bestimmen. Als ein technologisches Universum ist die fortgeschrittene Industriegesellschaft ein politisches Universum – die späteste Stufe der Verwirklichung eines spezifischen geschichtlichen Entwurfs – nämlich die Erfahrung, Umgestaltung und Organisation der Natur als des bloßen Stoffs von Herrschaft.

Indem der Entwurf sich entfaltet, modelt er das gesamte Universum von Sprache und Handeln, von geistiger und materieller Kultur. Im Medium der Technik verschmelzen Kultur, Politik und Wirtschaft zu einem allgegenwärtigen System, das alle Alternativen in sich aufnimmt oder abstößt. Produktivität und Wachstumspotential dieses Systems stabilisieren die Gesellschaft und halten den technischen Fortschritt im Rahmen von Herrschaft. Technologische Rationalität ist zu politischer Rationalität geworden.

Bei der Erörterung der bekannten Tendenzen der fortgeschrittenen industriellen Zivilisation habe ich selten besondere Belege gegeben. Das Material ist in der umfassenden soziologischen und psychologischen Literatur über Technik und sozialen Wandel, wissenschaftliche Betriebsführung, korporative Unternehmen, Veränderungen des Charakters industrieller Arbeit und der Arbeitskraft etc. zusammengestellt und beschrieben. Es gibt viele unideologische Analysen der Tatsachen – wie Berle und Means, *The Modern Corporation and Private Property*, die Berichte des 76. Kongresses des Temporary National Economic Committee über *Concentration of Economic Power*, die Veröffentlichungen der AFL-CIO über *Automation and Major Technological Change*, aber auch die von *News and Letters* und *Correspondence* in Detroit. Ich möchte auch die hohe Bedeutung des Werks von C. Wright Mills und von Studien hervorheben, die häufig wegen Verein-

---

* Der Terminus »Entwurf« (Projekt) hebt das Element von Freiheit und Verantwortung in der geschichtlichen Determination hervor: er verknüpft Autonomie und Kontingenz. In diesem Sinne wird er im Werk von Jean-Paul Sartre verwandt. Zur weiteren Diskussion cf. Kapitel 8.

fachung, Übertreibung oder journalistischer Unbekümmertheit scheel angesehen werden – Vance Packards Bücher *The Hidden Persuaders*, *The Status Seekers* und *The Waste Makers*, das Buch von William H. Whyte *The Organisation Man*, das von Fred J. Cook *The Warfare State* gehören zu dieser Kategorie*. Freilich bleiben in diesen Werken mangels theoretischer Analyse die Wurzeln der beschriebenen Verhältnisse unaufgedeckt und geschützt; aber dazu gebracht, für sich selbst zu sprechen, reden die Verhältnisse eine deutliche Sprache. Vielleicht verschafft man sich das durchschlagendste Beweismaterial dadurch, daß man einfach ein paar Tage lang jeweils eine Stunde das Fernsehprogramm verfolgt oder sich das Programm von AM-Radio anhört, dabei die Reklamesendungen nicht abstellt und hin und wieder den Sender wechselt.

Im Brennpunkt meiner Analyse stehen Tendenzen in den höchstentwickelten gegenwärtigen Gesellschaften. Es gibt weite Bereiche innerhalb und außerhalb dieser Gesellschaften, wo die beschriebenen Tendenzen nicht herrschen – ich würde sagen: noch nicht herrschen. Ich entwerfe diese Tendenzen und biete einige Hypothesen, nichts weiter.

---

\* Deutsche Ausgaben: Vance Packard, *Die geheimen Verführer*, *Der Griff nach dem Unbewußten in Jedermann*, Econ-Verlag, Düsseldorf 1958 (Ullstein-Buch Nr. 402); *Die Pyramidenkletterer*, Econ-Verlag, Düsseldorf 1963; *Die große Verschwendung*, Econ-Verlag, Düsseldorf 1962; William H. Whyte, *Herr und Opfer der Organisation*, Düsseldorf 1958.

# Gegenbilder: Subjektivität als Wirklichkeit

## 1. Lothar Baier
### Das Unbehagen in der affirmativen Kultur

Die Kunst in Verruf gebracht zu haben: das gilt als unverzeih-
liches Vergehen der Protestbewegung vom Ende der sechziger
Jahre. So als hätte es in ihrer Macht gestanden, mit einem
Wort ein bis dahin blühendes Kulturleben zu paralysieren,
künstlerische Produktivität zu verhindern, die Leute vom
Schreiben, Lesen, Malen, Musizieren abzuhalten. Das böse,
das destruierende Wort hieß: »affirmative Kultur«.
Es war kein Wort der sechziger Jahre, aber es gehörte zu den
jenen älteren Wörtern, die in den sechziger Jahren zum ersten
Mal Adressaten fanden und deshalb leicht für deren Produkt
gehalten wurden: klang »affirmative Kultur« nicht wie eine
der Formeln, die das Feuilleton als »Soziologenchinesisch«
identifizierte, um sie damit unschädlich zu machen? Etwas
Skandalöses haftete der Formel an, gerade weil sie so gegenwärtig klang; es war die unerwünschte Gegenwart der verdrängten Vergangenheit, die sich zu Wort meldete. Der große
Essay »Über den affirmativen Charakter der Kultur«, 1937 in
der *Zeitschrift für Sozialforschung* erschienen, war Herbert
Marcuses Antwort auf die faschistische Herausforderung gewesen, der sich die bürgerliche Kultur nicht gewachsen zeigte.
War es aber nicht gerade die *bürgerliche* Kultur gewesen, in
der man die Nachkriegsgeneration aufzog, um sie gegen den
Faschismus resistent zu machen, ihr, wie es nach 1945 hieß,
zur »Besinnung« zu verhelfen? Als Marcuses Essay 1965 in
der edition suhrkamp veröffentlicht wurde, stellte sich nicht
nur heraus, daß Marcuse *vor* Auschwitz klüger gewesen war
als unsere Kulturpädagogen *danach*; in Marcuse konnten sich
auch viele deshalb wiedererkennen, weil er, dessen Promo-
tionsthema *Der deutsche Künstlerroman* hieß, den Abschied
von einer Art Urvertrauen in die kritische Kraft der Kultur
aufgrund geschichtlicher Erfahrung vorgelebt hatte.

Das Adjektiv »affirmativ« bezeichnet den Bruch mit der Auffassung, daß die Kunst, als höchster Ausdruck des kulturellen Ideals, den Traum von einer anderen Welt unbeschadet aller äußeren Veränderungen wachzuhalten und in die Zukunft zu retten vermag: die einmal kritisch-revolutionäre Funktion der Kunst ist in den Dienst des Bestehenden getreten. Am Schicksal der Person, der inneren Bildung und Reifung der Persönlichkeit, die seit der Renaissance den Fluchtpunkt aller kulturellen Arbeit darstellt, macht Marcuse deutlich, inwieweit das Affirmativ-Werden der Kultur bereits in ihrem Ideal angelegt war; es bedurfte allerdings der totalen Mobilisierung der Gesellschaft, um es an den Tag zu bringen.

»Jedes Individuum ist unmittelbar zu sich selbst: ohne irdische und himmlische Vermittlungen. Und so ist es auch unmittelbar zu allen anderen. Die klarste Darstellung hat diese Idee der Person in der klassischen Dichtkunst seit Shakespeare gefunden. In ihren Dramen sind die Personen einander so nahe, daß es zwischen ihnen nichts prinzipiell Unsagbares, Unaussprechbares gibt. Der Vers macht möglich, was in der Prosa der Wirklichkeit schon unmöglich geworden ist. In Versen sprechen die Personen über alle gesellschaftlichen Isolierungen und Distanzierungen hinweg von den ersten und letzten Dingen. Sie überwinden die faktische Einsamkeit in der Glut der großen und schönen Worte, oder sie lassen die Einsamkeit selbst in metaphysischer Schönheit erscheinen. Verbrecher und Heiliger, Fürst und Diener, Weiser und Narr, reich und arm vereinigen sich in einer Diskussion, aus deren freiem Ablauf die Wahrheit herausleuchten soll.« (*Kultur und Gesellschaft*, Bd. 1, S. 70 f.) Dieses Bild einer herrschaftsfreien Kommunikation autonomer Personen verlor in dem Maß an revolutionärer Bedeutung, in dem sich die Sehnsüchte, die in ihm aufgehoben sind, immer mehr an ihr Vertröstetwerden gewöhnten. Es wurde zum Ideal, das per definitionem außerhalb einer Welt angesiedelt ist, die beginnt, als Warenmarkt organisiert zu werden; seine Realisierung vermeidet die Konfrontation mit der gesellschaftlichen Wirklichkeit, indem sie sich ganz in die »kulturelle Bildung der Individuen« verlagert:

»Die Kultur meint nicht so sehr eine bessere wie eine edlere
Welt: eine Welt, die nicht durch einen Umsturz der materiellen Lebensordnung, sondern durch ein Geschehen in der
Seele des Individuums herbeigeführt werden soll. Humanität wird zu einem inneren Zustand; Freiheit, Güte, Schönheit werden zu seelischen Qualitäten: Verständnis für alles
Menschliche, Wissen um das Große aller Zeiten, Würdi-
gung alles Schweren und Erhabenen, Respekt vor der Geschichte, in der das alles geworden ist. Aus solchem Zustand
soll ein Handeln fließen, das nicht gegen die gesetzte Ordnung anrennt.« (a. a. O., S. 71)
Der Prozeß der Zivilisation, so wie Norbert Elias ihn untersucht hat, zähmt nicht nur die Triebe und verlegt ihre Zäh-
mung von außen nach innen, ersetzt den äußeren Zwang
immer wirksamer durch den Selbstzwang der Individuen, er
erfaßt auch die Kultur: der Glücksanspruch, den die Kunstwerke in ihrer Schönheit aufbewahren, wird von der äußeren
Welt abgelenkt und den Individuen zurückgegeben, in der
Form scheinhafter Befriedigung. Der Schein aber, sagt
Marcuse,
    »hat eine reale Wirkung: es findet eine Befriedigung statt.
    Ihr Sinn jedoch wird entscheidend verändert: sie tritt in den
    Dienst des Bestehenden. Die rebellische Idee wird zum
    Hebel der Rechtfertigung. Daß es eine höhere Welt, ein
    höheres Gut als das materielle Dasein gibt, verdeckt die
    Wahrheit, daß ein besseres materielles Dasein geschaffen
    werden kann, in dem solches Glück wirklich geworden ist.
    In der affirmativen Kultur wird sogar das Glück zu einem
    Mittel der Einordnung und Bescheidung.« (a. a. O., S. 89)
Die Kultur wird nicht dadurch affirmativ, daß sie, wie es in
Voltaires *Candide* ironisch heißt, die bestehende Welt als
»beste aller Welten« anpreist. Die Kluft zwischen Ideal und
Wirklichkeit bleibt erhalten. Sie verliert jedoch ihre Sprengkraft in dem Maß, indem die Kultur es den einzelnen zur
Pflicht macht, es mit dem Bewußtsein der Spannung auszuhal-
ten und aus der gelungenen inneren Versöhnung ein Gefühl
der Befriedigung zu beziehen. Mag das einzelne Kunstwerk
auch zur Rebellion aufrufen: dadurch, daß es zum Kanon

einer Kultur gehört, die den Verzicht auf die Rebellion zugunsten der inneren Bereicherung vorschreibt, wird es zum Instrument der Beschwichtigung. Es ist alles nicht so schlimm, solange die Person unangetastet bleibt, die sich am Schein des Glücks erfreut und den Verzicht auf die reale Erfüllung ihrer Sehnsucht auf das Konto innerer Bildung buchen kann.

»Das Individuum hat gelernt alle Forderungen zunächst an sich selbst zu stellen. Die Herrschaft der Seele ist anspruchsvoller nach innen und bescheidener nach außen geworden. Die Person ist nun nicht mehr ein Sprungbrett für den Angriff auf die Welt, sondern eine geschützte Rückzugslinie hinter der Front. In ihrer Innerlichkeit, als sittliche Person, ist sie der einzig sichere Besitz, der dem Individuum nicht verlorengehen kann ... Aber noch in solcher verarmten Form enthält die Idee der Persönlichkeit das vorwärtstreibende Moment, daß es zuletzt um das Individuum geht. Die kulturelle Vereinzelung der Individuen zu in sich geschlossenen, ihre Erfüllung in sich selbst tragenden Persönlichkeiten entspricht immerhin noch einer liberalen Methode der Disziplinierung, die über einen bestimmten Bereich privaten Lebens keine Herrschaft fordert.« (a. a. O., S. 91 f.)

Daß die Kultur affirmativen Charakter besitzt, bleibt den Individuen, die in ihr leben, solange verborgen, wie sie als Privatpersonen aus dem Spiel bleiben. Sie können sich sogar einbilden, daß sie das, was sie mit sich machen lassen, aus freien Stücken gewollt haben.

»Das ändert sich, sobald die Aufrechterhaltung der bestehenden Gestalt des Arbeitsprozesses mit einer bloß partiellen Mobilmachung (bei der das private Leben des Individuums in Reserve bleibt) nicht mehr auskommt, wo vielmehr die ›totale Mobilmachung‹ nötig wird, durch die das Individuum in allen Sphären seines Daseins der Disziplin des autoritären Staates unterworfen werden muß. Jetzt kommt das Bürgertum mit seiner eigenen Kultur in Konflikt. Die totale Mobilmachung der monopolkapitalistischen Epoche ist mit jenen um die Idee der Persönlichkeit zentrierten, fortschrittlichen Momenten der Kultur nicht mehr zu verei-

nen. Die Selbstaufhebung der affirmativen Kultur beginnt.«
(a. a. O., S. 92)
Der Gedanke der Selbstaufhebung ist der Dreh- und Angelpunkt von Marcuses Kulturkritik: radikale Kritik der Kultur wird erst in dem geschichtlichen Augenblick möglich, in dem die Kultur den utopischen Überschuß abwirft, der die Disziplinierung durch die Kultur erträglich gemacht hat; nicht nur erträglich, sondern auch als Selbstverwirklichung erfahrbar. Die affirmative Funktion tritt jetzt, wenn die Illusion der autonomen, vor der Außenwelt geschützten Person verdunstet, offen hervor. Was nicht heißt, daß erst die faschistische Mobilisierung der Gesellschaft den affirmativen Charakter der Kultur erzeugt:

> »Die Grundfunktion der Kultur bleibt dieselbe; nur die Wege, auf denen sie diese Funktion ausübt, ändern sich.«
> (a. a. O., S. 93)

Diese Grundfunktion sieht Marcuse in der Verinnerlichung, der »Umkehrung sprengender Triebe und Kräfte des Individuums in seelische Bereiche«, die den einzelnen innerlich diszipliniert, indem sie ihn Disziplinierung als Befreiung von störenden Trieben erleben läßt. Zusammen mit den anderen durch Verinnerlichung Befreiten zählt das kultivierte Individuum zu einer Gemeinschaft, die nichts anderes zusammenhält als die imaginäre Solidarität der innerlich Reichen.

> »Diese abstrakte innere Gemeinschaft (abstrakt, weil sie die wirklichen Gegensätze bestehen läßt) schlägt in der letzten Periode der affirmativen Kultur in eine ebenso abstrakte äußere Gemeinschaft um. Das Individuum wird in eine falsche Kollektivität gestellt (Rasse, Volkstum, Blut und Boden). Aber solche Veräußerlichung hat dieselbe Funktion wie die Verinnerlichung: Entsagung und Einordnung in das Bestehende, erträglich gemacht durch den realen Schein der Befriedigung. Daß die nun seit über vierhundert Jahren befreiten Individuen so gut in den Gemeinschaftskolonnen des autoritären Staates marschieren, dazu hat die affirmative Kultur ein gut Teil beigetragen.« (ebenda)

In ihrer Radikalität steht diese Kritik der Kultur einzig da im Kontext der dreißiger Jahre: während sich die antifaschisti-

schen Intellektuellen von der Nazipropaganda so beeindruk-
ken ließen, daß sie die »Verteidigung der Kultur« als Kampf-
ruf gegen Hitler verstanden, versuchte Marcuse die Aufmerk-
samkeit auf die Techniken der Einübung in den autoritären
Staat zu lenken, die die Kultur selbst entwickelt hat. Im
Zeichen der literarischen Volksfront, die ebenso über den
Klassen und politischen Gegensätzen schwebte wie die affirmative Kultur, hatte Marcuses Kritik keine Chancen, Gehör
zu finden, so wenig wie Brechts Aufforderung, im Zusammenhang mit dem Faschismus auch von den Eigentumsverhältnissen zu sprechen. Marcuse hat damals ganz klar gesehen,
an welche Grenzen seine Kritik stoßen mußte:

> »Sofern Kultur nur als affirmative Kultur in das abendländi-
> sche Denken eingegangen ist, wird die Aufhebung ihres
> affirmativen Charakters wie eine Aufhebung der Kultur als
> solcher wirken.« (a. a. O., S. 98)

Mit anderen Worten, der Kritiker der affirmativen Kultur
erscheint als ein Feind der Kultur und läßt sich dann mit
bücherverbrennenden und bilderstürmenden Nazis in einen
Topf werfen – was die späteren Leser Marcuses, Stichwort
»Linksfaschismus«, gelegentlich zu spüren bekamen. Was
Marcuses Auffassung von der antifaschistischen Kulturvertei-
digung unterscheidet, ist ihr offensiver und antizipierender
Charakter: in ihr ist die Möglichkeit einer anderen Gesellschaft mitgedacht, deren Kultur nicht mehr die Sehnsucht
nach Befreiung wachzuhalten hat, sondern ihre Erfüllung.
Vielleicht, sagt Marcuse, »wird aber auch die Schönheit und
ihr Genuß überhaupt nicht mehr der Kunst anheimfallen.
Vielleicht wird die Kunst als solche gegenstandslos werden«.
(a. a. O., S. 99) Jedenfalls wird die Kunst einer künftigen
Kultur nicht mehr die Inhalte hervorbringen können, »die als
solche schon affirmativen Charakter tragen« (ebenda).
Was für Inhalte sind das, und was ist es, das den Kunstwerken
selbst den Stempel der Affirmation aufdrückt? In »Über den
affirmativen Charakter der Kultur« hat sich Marcuse mit der
Ästhetik im engeren Sinn nur am Rande befaßt: Ansatzpunkt
der Kritik war der Schein des erfüllten Glücksanspruchs im
Kunstwerk, aus dem das Individuum gleichwohl eine reale

Befriedigung zieht und sich darüber mit einer Realität versöhnen läßt, die reale Erfüllungen des Glücksanspruchs versagt. In dem späteren Essay *Triebstruktur und Gesellschaft* tritt die ästhetische Struktur des Kunstwerks selbst in den Vordergrund: sie besänftigt auch noch den schärfsten Einspruch gegen das Realitätsprinzip, nimmt der Negation den Stachel.

»Als ästhetisches Phänomen hebt die kritische Funktion sich selbst auf. Gerade das Verhaftetsein der Kunst an die Form entkräftet und verfälscht die Negation der Unfreiheit in der Kunst. Um vereint zu sein, muß die Unfreiheit mit dem Anschein der Realität im Kunstwerk dargestellt werden. Dies Element des Scheins macht es notwendig, die dargestellte Wirklichkeit ästhetischen Maßstäben unterzuordnen, und beraubt sie damit ihres Schreckens. Außerdem bekleidet die Form des Kunstwerks den Inhalt mit den Eigenschaften der Freude. Stil, Rhythmus, Maß führen eine ästhetische Ordnung ein, die an sich erfreulich ist; sie versöhnt mit dem Inhalt.« (*Triebstruktur und Gesellschaft*, S. 144)

Es ist die Werkstruktur selbst, das transparente Verhältnis zwischen den Teilen und dem Ganzen, was das kritische Potential der Kunst in Grenzen hält: das Bild der Unfreiheit erhält allein dadurch, daß es formalen Regeln unterworfen wird, einen Sinn und macht dadurch die Sinnlosigkeit der realen Unfreiheit weniger unerträglich. Ist damit das letzte Wort über die Kunst gesprochen, die, mag sie innerhalb ihrer Formen auch rebellieren, im Käfig der Affirmation gefangen bleibt? Marcuse fährt fort:

»Trotzdem drückte die Kunst, innerhalb der ästhetischen Form, doch die Rückkehr des verdrängten Urbildes der Befreiung aus, wenn es auch in ambivalenter Weise geschah; die Kunst blieb Widerstand und Opposition. Im gegenwärtigen Zustand, im Stadium der totalen Mobilmachung, scheint selbst diese höchst ambivalente Opposition nicht mehr lebensfähig. Die Kunst überlebt nur dort, wo sie sich selbst aufhebt, wo sie ihre Substanz rettet, indem sie ihre traditionelle Form verleugnet und damit auf die Versöhnung verzichtet: wo sie surrealistisch und atonal wird.« (a. a. O., S. 145)

Der Ausweg aus dem Dilemma wird von der Entwicklung der modernen Kunst selbst gewiesen; hat das, was Marcuse über den »affirmativen Charakter« sagte, nur für die Klassiker gegolten, und bricht mit Dada und Surrealismus, Webern und Schönberg eine ganz neue Ära an, in der die Kunst sich der totalen Mobilmachung zu entziehen vermag? Zwischen der Niederschrift von *Triebstruktur und Gesellschaft* (Original-ausgabe 1955) und *Der Eindimensionale Mensch* (Original-ausgabe 1964) hat sich Marcuses Einschätzung der Moderne entscheidend geändert: vor dem Hintergrund einer Gesell-schaft, die sich für Marcuse nicht mehr durch die totale Mobilmachung, sondern durch die Tendenz zur totalen Be-friedung auszeichnet, ist auch die oppositionelle Substanz jener Kunst, die sich als Kunst aufheben will, nicht mehr zu retten. Das, was Marcuse »Große Weigerung« nennt, läuft sich tot, und die Aufhebung der ästhetischen Distanz, wie sie die künstlerische Avantgarde anstrebt, paßt sich restlos in die herrschende Eindimensionalität ein. Protestiert die Avantgar-de gegen die Sublimierung in der klassischen Kunst, so be-treibt sie letzten Endes das Geschäft der Entsublimierung, deren Funktion als Herrschaftsinstrument er an anderer Stelle triebtheoretisch analysiert:

»Künstlerische Entfremdung ist Sublimierung. Sie bringt die Bilder von Zuständen hervor, die mit dem herrschenden Realitätsprinzip unvereinbar sind, die aber als Bilder der Kultur erträglich, ja erhebend und nützlich werden. Jetzt wird diese Bilderwelt außer Kraft gesetzt. Ihre Einverlei-bung in die Küche, das Büro und den Laden, ihre kommer-zielle Freigabe an Geschäft und Vergnügen ist in gewissem Sinne eine Entsublimierung – vermittelter Genuß wird durch unmittelbaren ersetzt. Aber es ist eine Entsublimie-rung, die von einer ›Position der Stärke‹ seitens der Gesell-schaft ausgeübt wird, die es sich leisten kann, mehr als früher zu gewähren, weil ihre Interessen zu den innersten Trieben ihrer Bürger geworden sind und weil die von ihr gewährten Freuden sozialen Zusammenhalt und Zufrieden-heit befördern.« (*Der eindimensionale Mensch*, S. 91)

Hat die »Große Weigerung« nur noch die Wahl, entweder in

dem Prozeß der Entsublimierung unterzutauchen oder in den museal gewordenen Formen der hohen Kultur zu überwintern, auf die Gefahr hin, dort zu erfrieren?

Die geschichtliche Entwicklung selbst schien diese Wahl zu suspendieren: die amerikanische Jugendrevolte, die Mitte der sechziger Jahre losbrach, dementierte die eindimensionale Befriedung.

Marcuse entwortete darauf mit dem Essay *Versuch über die Befreiung*, der die Idee der Kulturrevolution aufgreift und weiterentwickelt; jenseits der repressiven Entsublimierung des Spätkapitalismus und der Sublimierung in der Kunst öffnet sich für Marcuse auf einmal ein neuer Raum, in dem sich eine ästhetische Kultur entfalten kann, die nicht mehr über den Formenkanon der Kunst vermittelt ist und direkt auf die das Bedürfnis nach Sinnlichkeit, Spiel, Imagination und Widerspruch antwortet. Macht diese Kulturrevolution die Kunst endgültig überflüssig?

In dem vier Jahre später veröffentlichten Essay *Kunst und Revolution* fällt Marcuses Antwort skeptisch aus. Während der Begriff Kulturrevolution beibehalten wird, versucht Marcuse ihm einen dialektischen Sinn zu geben: Veränderung nicht durch Zerstörung, sondern durch Rettung.

»Es gibt kein Kunstwerk, das nicht durch die ›Macht des Negativen‹ seine affirmative Einstellung durchbricht; das nicht in seiner Struktur selbst die Worte, Bilder und Musik einer anderen Wirklichkeit, einer anderen Ordnung beschwört, die durch die bestehende abgewiesen wird und die doch im Gedächtnis und in der Hoffnung der Menschen lebendig ist, in dem, was ihnen widerfährt, und in ihrer Rebellion dagegen. Wo diese Spannung zwischen Affirmation und Negation, zwischen Freude und Leid, zwischen höherer und materieller Kultur nicht mehr besteht, wo das Werk die dialektische Einheit dessen, was ist, und dessen, was sein kann (und sollte), nicht mehr aushält, hat Kunst ihre Wahrheit, ja sich selbst verloren. Und diese kritischen, negierenden, transzendierenden Qualitäten bürgerlicher Kunst sind gerade in der ästhetischen Form verkörpert – sie sind ihre antibürgerlichen Qualitäten. Sie zurückzuerobern und zu verwandeln, sie davor zu retten, beiseite geschoben zu werden, muß eine der Aufgaben der Kulturrevolution sein.« (in: *Konterrevolution und Revolte*, S. 110)

Ist eine konservative Kulturrevolution denkbar? Oder anders gefragt: was ist revolutionär an dieser Rettung der Kultur? »Die Kulturrevolution«, versichert Marcuse, »bleibt eine radikal fortschrittliche Kraft. Jedoch wird sie bei ihrem Bemühen, das politische Potential der Kunst freizusetzen, durch einen *ungelösten Widerspruch* behindert. Der Kunst selbst wohnt ein subversives Potential inne – wie aber kann es in die gegenwärtige Wirklichkeit übersetzt werden, das heißt, wie kann es so ausgedrückt werden, daß es zu Richtschnur und Element verändernder *Praxis* wird, ohne aufzuhören, Kunst zu sein, ohne ihre *innere* subversive Kraft zu verlieren?« (a. a. O., S. 122)

Weder in diesem Essay noch in *Die Permanenz der Kunst*, der letzten Arbeit über Fragen der Ästhetik, gibt Marcuse eine befriedigende und ganz überzeugende Antwort; der »ungelöste Widerspruch« wird immer wieder umkreist, aber nicht in seinem Kern angegangen. Vor allem in *Die Permanenz der Kunst* hat Marcuse sich viel mehr darauf konzentriert, die Ästhetik autonomer Kunst gegen proletkultische und vulgärmarxistische Auffassungen zu verteidigen als einen offensiven Begriff von einer Kunst der Revolte zu entwickeln. Mit der entschiedenen Zurückweisung aller Formen von Anti- und Collagekunst scheint Marcuse ganz zu der klassischen Kunstauffassung seiner Jugendzeit zurückzukehren, wie sie auch von Lukács vertreten wurde; doch dann wieder findet er die Vermittlung mit der Praxis, und zwar nicht in Form einer abstrakten Forderung an die Adresse der Kunst, sondern als Beschreibung eines laufenden gesellschaftlichen Prozesses:

»Aber schon im Spätkapitalismus verlieren die in der Kunst bewahrte Anklage und das in ihr bewahrte Versprechen ihren irrealen und utopischen Charakter in dem Grade, in dem sie in die Strategie oppositioneller Bewegungen in der bestehenden Gesellschaft eingehen – in unreinen, gebrochenen Formen, die aber noch die qualitative Differenz gegenüber den früheren Stufen anzeigen. So erscheinen sie heute

in dem Kampf gegen die gesamte kapitalistische und staats-
sozialistische Organisation der Arbeit (Fließband, Tayloris-
mus, Hierarchie) am Arbeitsplatz; im Kampf für das Ende
des Patriarchats; für die totale Rekonstruktion der zerstör-
ten Umwelt; für eine neue Moral, eine neue Sinnlichkeit.«
(*Permanenz der Kunst*, S. 36 f.)
Wer möchte leugnen, daß die heutigen oppositionellen Bewegungen, mehr als alle vorausgegangenen, ästhetische Intentionen aufgenommen haben?
Eine systematische, in sich kohärente, entwickelte Ästhetik
hat Marcuse nicht hinterlassen; übrigens so wenig wie
Adorno, dessen »Ästhetische Theorie« ihre Wahrheit im Widerspruch zur klassischen philosophischen Ästhetik behauptet. Doch anders als bei Adorno wird das Anti-Systema-
tische in Marcuses Überlegungen zur Kunst nicht aus dem
Fragmentcharakter zeitgenössischer Kunstwerke begründet;
es reflektiert vielmehr die geschichtlichen Veränderungen,
denen sich Marcuses kunsttheoretisches Denken niemals ent-
zog. Nur für eine synchronische Betrachtungsweise erscheint
Marcuses späte Kunstauffassung, wie sie in *Die Permanenz
der Kunst* festgehalten ist, als eine glatte Revision von *Über
den affirmativen Charakter der Kultur*; sobald aber die Geschichte der letzten Jahrzehnte mit ins Blickfeld tritt, wird
eine Kontinuität sichtbar, die den absoluten Kontrast über-
strahlt: das Beharren auf dem utopischen Überschuß, der der
Kunst unter wechselnden Bedingungen auf immer neue Weise
abzutrotzen ist. Gerade weil Marcuses Kunsttheorie sich weder einer bestimmten Philosophie noch einer bestimmten
Richtung der Kunst verschwor, war sie imstande, sowohl
kritisch auf den Zugriff der Kulturindustrie zu reagieren als
auch Impulse der Kulturrevolution von unten aufzunehmen.
Daß sie selbst zu deren agens werden konnte, spricht für ihre
geschichtliche Angemessenheit. Mögen Marcuses späte Überlegungen auch wie ein Zurückschrecken vor den Konsequenzen des eigenen Eingriffs wirken: ihr Motiv, die Rettung des
Glücksversprechens in der Kunst, bleibt davon unberührt. Es
fragt sich nur, ob die klassische Ästhetik das richtige Ufer ist,
um von dort diesen Rettungsversuch zu unternehmen.

## 2. Herbert Marcuse
Der Sieg über das unglückliche Bewußtsein:
repressive Entsublimierung

(aus: *Der eindimensionale Mensch. Studien zur Ideologie der fortgeschrittenen Industriegesellschaft.* © 1967 Luchterhand, Darmstadt und Neuwied, 15. Aufl. 1980, S. 76–91. Orig.: Boston, Mass., 1964)

Nachdem wir die politische Integration der fortgeschrittenen Industriegesellschaft erörtert haben – eine Leistung, die durch die anwachsende technische Produktivität und die sich erweiternde Unterwerfung von Mensch und Natur ermöglicht wird –, wollen wir uns jetzt einer entsprechenden Integration im kulturellen Bereich zuwenden. In diesem Kapitel werden bestimmte Schlüsselbegriffe und Bilder der Literatur und ihr Schicksal verdeutlichen, wie der Fortschritt technologischer Rationalität dabei ist, die oppositionellen und transzendierenden Elemente in der »höheren Kultur« zu beseitigen. Sie fallen praktisch dem Prozeß der *Entsublimierung* zum Opfer, der in den fortgeschrittenen Bereichen der gegenwärtigen Gesellschaft die Oberhand gewinnt.

Die Errungenschaften und Mißerfolge dieser Gesellschaft entwerten ihre höhere Kultur. Die Feier des autonomen Charakters, des Humanismus, tragischer und romantischer Liebe erscheint als das Ideal einer rückständigen Entwicklungsstufe. Was heute geschieht, ist nicht die Herabsetzung der höheren Kultur zur Massenkultur, sondern die Widerlegung dieser Kultur durch die Wirklichkeit. Diese übertrifft ihre Kultur. Der Mensch vermag heute *mehr* als die Helden der Kultur und die Halbgötter; er hat viele unlösbare Probleme gelöst. Aber er hat auch die Hoffnung verraten und die Wahrheit zerstört, die in den Sublimationen der höheren Kultur aufgehoben waren. Freilich befand die höhere Kultur sich stets im Widerspruch mit der gesellschaftlichen Realität, und nur eine privilegierte Minderheit erfreute sich ihrer Segnungen und vertrat ihre Ideale. Die beiden antagonistischen Sphären der Gesellschaft haben immer nebeneinander bestanden; die höhere

Kultur paßte sich stets an, während die Wirklichkeit durch ihre Ideale und ihre Wahrheit selten gestört wurde.

Als neues Merkmal kommt hinzu, daß der Antagonismus zwischen Kultur und gesellschaftlicher Wirklichkeit dadurch eingeebnet wird, daß die oppositionellen, fremden und transzendenten Elemente der höheren Kultur getilgt werden, kraft deren sie *eine andere Dimension* der Wirklichkeit bildete. Diese Liquidation der *zweidimensionalen* Kultur findet nicht so statt, daß die »Kulturwerte« geleugnet und verworfen werden, sondern so, daß sie der etablierten Ordnung unterschiedslos einverleibt und in massivem Ausmaß reproduziert und zur Schau gestellt werden.

Praktisch dienen sie als Instrumente gesellschaftlichen Zusammenhalts. Die Größe einer freien Literatur und Kunst, die Ideale des Humanismus, die Sorgen und Freuden des Individuums, die Erfüllung der Persönlichkeit sind wichtige Punkte im Konkurrenzkampf zwischen Ost und West. Sie sprechen schwerwiegend gegen die heutigen Formen des Kommunismus, und sie werden täglich verordnet und verkauft. Die Tatsache, daß sie der Gesellschaft widersprechen, die sie verkauft, zählt nicht. Ebenso wie die Menschen wissen oder fühlen, daß Reklame und Parteiprogramme nicht notwendig wahr oder gerechtfertigt sein müssen, und sie sich doch anhören, sie lesen und sich sogar von ihnen leiten lassen, so akzeptieren sie die traditionellen Werte und machen sie zum Bestandteil ihres geistigen Rüstzeugs. Wenn die Massenkommunikationsmittel Kunst, Politik, Religion und Philosophie harmonisch und oft unmerklich mit kommerziellen Mitteilungen vermischen, so bringen sie diese Kulturbereiche auf ihren gemeinsamen Nenner – die Warenform. Die Musik der Seele ist auch die der Verkaufstüchtigkeit. Der Tauschwert zählt, nicht der Wahrheitswert. In ihm faßt sich die Rationalität des Status quo zusammen, und alle andersartige Rationalität wird ihr unterworfen.

Indem die großen Worte über Freiheit und Erfüllung von Führern und Politikern bei Wahlkampagnen verkündet werden, in den Kinos, im Radio und Fernsehen, verkehren sie sich in sinnlose Laute, die nur im Zusammenhang mit Propaganda,

Geschäft, Disziplin und Zerstreuung einen Sinn erhalten. Diese Angleichung des Ideals an die Realität bezeugt, wie sehr das Ideal überboten worden ist. Es wird dem sublimierten Bereich der Seele oder des Geistes oder des inneren Menschen entzogen und in operationelle Begriffe und Probleme übersetzt. Hierin bestehen die fortschrittlichen Elemente der Massenkultur. Die Abkehr von der Innerlichkeit deutet auf die Tatsache hin, daß die fortgeschrittene Industriegesellschaft der Möglichkeit einer Materialisierung der Ideale gegenübersteht. Die Kapazitäten dieser Gesellschaft verringern immer mehr den sublimierten Bereich, in dem die Lage des Menschen dargestellt, idealisiert und angeklagt wurde. Die höhere Kultur wird ein Teil der materiellen und büßt bei dieser Umformung ihre Wahrheit weitgehend ein.

Die höhere Kultur des Westens – zu deren moralischen, ästhetischen und gedanklichen Werten sich die Industriegesellschaft immer noch bekennt – war im funktionellen wie historischen Sinne eine vortechnische Kultur. Ihre Verbindlichkeit ging hervor aus der Erfahrung einer Welt, die nicht mehr besteht und nicht wiedererlangt werden kann, weil sie von der technischen Gesellschaft in einem strengen Sinne außer Kraft gesetzt wird. Zudem blieb sie weitgehend eine feudale Kultur, auch wenn es während der bürgerlichen Periode zu einigen ihrer nachhaltigsten Formulierungen kam. Sie war nicht nur feudal, weil sie auf privilegierte Minderheiten begrenzt blieb, und nicht nur, weil ihr ein romantisches Element innewohnte (das sogleich erörtert werden soll), sondern auch deshalb, weil ihre authentischen Werke eine bewußte, methodische Entfremdung von der ganzen Geschäfts- und Industriesphäre und ihrer kalkulierbaren und einträglichen Ordnung ausdrückten.

Obwohl diese bürgerliche Ordnung ihre reiche – und sogar affirmative – Darstellung in Kunst und Literatur fand (wie bei den holländischen Malern des siebzehnten Jahrhunderts, in Goethes *Wilhelm Meister*, im englischen Roman des neunzehnten Jahrhunderts, bei Thomas Mann), blieb sie eine Ordnung, die von einer anderen Dimension überschattet, durchbrochen und widerlegt wurde, welche der Ordnung des Geschäfts unversöhnlich antagonistisch gegenüberstand, sie anklagte und verneinte. Und in der Literatur wird diese andere Dimension *nicht* durch die religiösen, geistigen und moralischen Helden dargestellt (die oft die herrschende Ordnung stützen), sondern vielmehr durch solche auflösenden Charaktere wie den Künstler, die Prostituierte, die Ehebrecherin, den großen Verbrecher und Geächteten, den Räuber, den rebellischen Dichter, den Schelm, den Narren – jene, die sich ihren Lebensunterhalt nicht verdienen, zumindest nicht auf ordentliche und normale Weise.

Freilich sind diese Charaktere nicht aus der Literatur der fortgeschrittenen Industriegesellschaft verschwunden, aber sie überleben wesentlich verändert. Der Vamp, der Nationalheld, der Beatnik, die neurotische Hausfrau, der Gangster, der Star, der charismatische Industriekapitän üben eine Funktion aus, die von der ihrer kulturellen Vorläufer sehr verschieden ist, ja im Gegensatz zu ihr steht. Sie sind keine Bilder einer anderen Lebensweise mehr, sondern eher Launen oder Typen desselben Lebens, die mehr als Affirmation denn als Negation der bestehenden Ordnung dienen.

Die Welt ihrer Vorläufer war gewiß eine rückständige, vortechnische Welt, eine Welt, die angesichts von Ungleichheit und Plackerei ein gutes Gewissen hatte und in der die Arbeit noch ein vom Schicksal verhängtes Unglück war – aber eine Welt, in der Mensch und Natur noch nicht als Dinge und Mittel organisiert waren. Mit ihrem Formen- und Sittenkodex, mit dem Stil und Vokabular ihrer Literatur und Philosophie drückte diese vergangene Kultur den Rhythmus und Inhalt eines Universums aus, in dem Täler und Wälder, Dörfer und Schenken, Edelleute und Leibeigene, Salons und Höfe zur erfahrenen Wirklichkeit gehörten. In der Lyrik und Prosa dieser vortechnischen Kultur ist der Rhythmus von Menschen enthalten, die wandern oder in Kutschen fahren und die Zeit und Lust haben, nachzudenken, etwas zu betrachten, zu fühlen und zu erzählen.

Es ist eine altmodische und überholte Kultur, und nur Träume und kindliche Regressionen können sie wieder einfangen. Aber diese Kultur ist in einigen ihrer entscheidenden Elemente zugleich eine *nach*technische. Ihre fortgeschrittensten Bilder und Positionen scheinen ihr Aufgehen in verordnetem Trost und in Reizmitteln zu überleben; sie verfolgen das Bewußtsein noch immer mit der Möglichkeit ihrer Wiedergeburt in der Vollendung des technischen Fortschritts. Sie sind der Ausdruck jener freien und bewußten Entfremdung von den herrschenden Lebensformen, mit der Literatur und Kunst sich diesen Formen selbst dort widersetzten, wo sie sie ausschmückten.

In Gegensatz zu dem Marxschen Begriff, der das Verhältnis des Menschen zu sich und seiner Arbeit in der kapitalistischen Gesellschaft bezeichnet, ist die *künstlerische Entfremdung* das bewußte Transzendieren der entfremdeten Existenz – ein »höheres Niveau« oder vermittelte Entfremdung. Der Konflikt mit der Welt des Fortschritts, die Negation der Ordnung des Geschäfts, die antibürgerlichen Elemente in der bürgerlichen Literatur und Kunst gehen weder auf den ästhetischen Tiefstand dieser Ordnung zurück noch auf romantische Reaktion – die sehnsuchtsvolle Weihe einer verschwindenden Zivilisationsstufe. »Romantisch« ist ein Begriff herablassender Diffamierung, schnell zur Hand, um avantgardistische Positionen zu verunglimpfen, wie auch der Begriff »dekadent« weit häufiger die wahrhaft fortschrittlichen Züge einer sterbenden Kultur denunziert als die wirklichen Faktoren des Verfalls. Die traditionellen Bilder künstlerischer Entfremdung sind in der Tat insofern romantisch als sie mit der sich entwickelnden Gesellschaft ästhetisch unvereinbar sind. Diese Unvereinbarkeit ist das Zeichen ihrer Wahrheit. Woran sie erinnern und was sie im Gedächtnis aufbewahren, erstreckt sich auf die Zukunft: Bilder einer Erfüllung welche die Gesellschaft auflösen würde, die sie unterdrückt. Die große surrealistische Kunst der zwanziger und dreißiger Jahre hat sie in ihrer subversiven und befreienden Funktion noch einmal eingefangen. Aufs Geratewohl herausgegriffene Beispiele aus dem literarischen Grundvokabular mögen die Reichweite und Verwandtschaft dieser Bilder andeuten sowie die von ihnen offenbarte Dimension: Seele und Geist und Herz; *la recherche de l'absolu, Les fleurs du mal, la femme-entfant;* das Königreich am Meer; *Le bateau ivre* und *The Long-legged Bait*; Ferne und Heimat; aber auch Dämon Alkohol, Dämon Maschine und Dämon Geld; Don Juan und Romeo; *Baumeister Solneß* und *Wenn wir Toten erwachen*.

Ihre bloße Aufzählung zeigt, daß sie einer verlorenen Dimension angehören. Sie haben nicht nur deshalb ihre Kraft eingebüßt, weil sie literarisch veraltet sind. Einige dieser Bilder gehören zur zeitgenössischen Literatur und überleben in ihren avanciertesten Schöpfungen. Entkräftet wurde ihre subversive Gewalt, ihr zerstörerischer Inhalt – ihre Wahrheit. Derart umgeformt, finden sie im Alltagsleben ihre Stätte. Die fremden und entfremdenden Werke der geistigen Kultur werden zu vertrauten Gütern und Dienstleistungen. Bedeutet ihre massive Reproduktion und Konsumtion nur einen quantitativen Wandel, das heißt zunehmende Wertschätzung, zunehmendes Verständnis, eine Demokratisierung der Kultur?

Die Wahrheit von Literatur und Kunst war stets nur (wenn überhaupt) zugelassen als die einer »höheren« Ordnung, welche die Ordnung des Geschäfts nicht stören sollte und auch nicht störte. Was sich in der gegenwärtigen Periode geändert hat, ist die Differenz zwischen den beiden Ordnungen und ihren Wahrheiten. Die absorbierende Macht der Gesellschaft höhlt die künstlerische Dimension aus, indem sie sich ihre antagonistischen Inhalte angleicht. Im Bereich der Kultur manifestiert sich der neue Totalitarismus gerade in einem harmonisierenden Pluralismus, worin die einander widersprechendsten Werke und Wahrheiten friedlich nebeneinander koexistieren.

Vor dieser kulturellen Versöhnung waren Literatur und Kunst wesentlich Entfremdung, hielten den Widerspruch aus und bewahrten ihn – das unglückliche Bewußtsein der gespaltenen Welt, der vereitelten Möglichkeiten, der unerfüllten Hoffnungen, der verratenen Versprechen. Sie waren eine rationale, eine Kraft der Erkenntnis, die eine Dimension von Mensch und Natur bloßlegte, die in der Wirklichkeit unterdrückt und verstoßen wurde. Ihre Wahrheit bestand im beschworenen Schein, im Bestehen darauf, eine Welt zu schaffen, worin der Schrecken des Lebens wachgerufen und suspendiert wurde

– gemeistert durch Anerkennung. Das ist die Wunderkraft des *chef-d'œuvre;* die bis zum Letzten ertragene Tragödie und das Ende der Tragödie – ihre unmögliche Lösung. Seiner Liebe und seinem Haß zu leben, so zu leben, wie man *ist*, bedeutet Niederlage, Resignation und Tod. Die Verbrechen der Gesellschaft, die Hölle, die der Mensch dem Menschen bereitet hat, werden zu unbesiegbaren kosmischen Mächten. Die Spannung zwischen dem Wirklichen und dem Möglichen wird zu einem unlösbaren Konflikt verklärt, in dem Versöhnung kraft des Œuvres als *Form* besteht: Schönheit als »promesse de bonheur«. In der Form des Œuvres werden die tatsächlichen Umstände in eine andere Dimension versetzt, worin die gegebene Wirklichkeit sich als das erweist, was sie ist. Sie berichtet so die Wahrheit über sich; ihre Sprache hört auf, die von Täuschung, Unwissenheit und Unterwerfung zu sein. Der Roman nennt die Tatsachen beim Namen, und ihre Herrschaft bricht zusammen; er untergräbt die Alltagserfahrung und zeigt, daß sie verstümmelt und falsch ist. Kunst hat jedoch diese magische Kraft nur als die Kraft der Negation. Sie kann ihre eigene Sprache nur so lange sprechen, wie die Bilder lebendig sind, welche die etablierte Ordnung ablehnen und widerlegen.

Flauberts *Madame Bovary* unterscheidet sich von ebenso traurigen Liebesgeschichten der zeitgenössischen Literatur durch die Tatsache, daß das bescheidene Vokabular ihres Gegenstücks im wirklichen Leben noch die Bilder der Heldin enthielt – dort las man Geschichten, die solche Bilder noch enthielten. Ihre Angst war verhängnisvoll, weil es keinen Psychoanalytiker gab, und es gab keinen Psychoanalytiker, weil er in ihrer Welt außerstande gewesen wäre, sie zu heilen. Sie hätte ihn als einen Teil der Ordnung von Yonville zurückgewiesen, die sie zerstörte. Ihre Geschichte war »tragisch«, weil sie sich in einer rückständigen Gesellschaft abspielte mit einer noch nicht liberalisierten Geschlechtsmoral und einer noch nicht institutionalisierten Psychologie. Die Gesellschaft, die ihr Problem »gelöst« hat, indem sie es unterdrückte, sollte erst noch kommen. Sicher wäre es Unsinn zu sagen, daß ihre Tragödie oder die von Romeo und Julia in der modernen

Demokratie gelöst sei, aber es wäre ebenso Unsinn, das geschichtliche Wesen der Tragödie zu leugnen. Die sich entwik-
kelnde technologische Realität untergräbt nicht nur die traditionellen Formen, sondern auch die gesamte Grundlage der
künstlerischen Entfremdung – das heißt, sie tendiert dazu,
nicht nur bestimmte »Stile« zu entwerten, sondern auch die
Substanz der Kunst selbst.

Freilich ist Entfremdung nicht das einzige Charakteristikum
der Kunst. Eine Analyse oder auch nur Darlegung des Problems geht über den Rahmen dieses Werks hinaus, aber einige
Hinweise zur Klärung lassen sich geben. Während ganzer
Perioden der Zivilisation erscheint die Kunst als völlig in ihre
Gesellschaft integriert. Die ägyptische, griechische und goti-
sche Kunst sind bekannte Beispiele; auch werden Bach und
Mozart gewöhnlich als Belege für die »positive« Seite der
Kunst angeführt. Der Ort des Kunstwerks in einer vortechnischen und zweidimensionalen Kultur ist sehr verschieden von
dem in einer eindimensionalen Zivilisation, aber Entfremdung
charakterisiert affirmative ebenso wie negative Kunst.

Der entscheidende Unterschied ist nicht der psychologische
zwischen Kunst, die in Freude und Kunst, die in Trauer
geschaffen wurde, zwischen Gesundheit und Neurose, sondern der zwischen der künstlerischen und der gesellschaftlichen Wirklichkeit. Der Bruch mit der letzteren, ihr magisches
oder rationales Überschreiten, ist eine wesentliche Qualität
selbst der affirmativsten Kunst; sie ist ferner gerade jener
Öffentlichkeit entfremdet, der sie sich zuwendet. Ganz gleich,
wie nahe und vertraut der Tempel oder die Kathedrale den
Menschen waren, die um sie herum lebten, sie verblieben in
erschreckendem oder erhebendem Gegensatz zum täglichen
Leben des Sklaven, des Bauern und des Handwerkers – und
vielleicht sogar zu dem ihrer Herren.

Ob ritualisiert oder nicht, enthält Kunst die Rationalität der
Negation. In ihren fortgeschrittenen Positionen ist sie die
Große Weigerung – der Protest gegen das, was ist. Die
Weisen, in denen die Menschen und Dinge dazu gebracht
werden, zu erscheinen, zu singen, zu tönen und zu sprechen,
sind Weisen, ihre tatsächliche Existenz zu widerlegen, zu

durchbrechen und neuzuschaffen. Aber diese Weisen der Negation zahlen der antagonistischen Gesellschaft Tribut, mit der sie verbunden sind. Getrennt von der Sphäre der Arbeit, worin die Gesellschaft sich und ihr Elend reproduziert, bleibt die von ihnen geschaffene Welt der Kunst bei all ihrer Wahrheit ein Privileg und ein Schein.

Trotz aller Demokratisierung und Popularisierung besteht sie in dieser Form fort während des neunzehnten Jahrhunderts und bis ins zwanzigste Jahrhundert hinein. Die »hohe Kultur«, in der diese Entfremdung gefeiert wird, hat ihre eigenen Riten und ihren eigenen Stil. Der Salon, das Konzert, Oper und Theater sind dazu bestimmt, eine andere Dimension der Wirklichkeit zu schaffen und zu beschwören. Ihr Besuch erfordert feiertägliche Vorbereitung; sie unterbrechen die Alltagserfahrung und transzendieren sie.

Jetzt wird diese wesentliche Kluft zwischen den Künsten und der Forderung des Tages, die in der künstlerischen Entfremdung offen gehalten wurde, durch die fortschreitende technologische Gesellschaft immer mehr geschlossen. Und indem sie geschlossen wird, wird die Große Weigerung ihrerseits verweigert; die »Dimension des Anderen« wird vom herrschenden Zustand aufgesogen. Die Werke der Entfremdung werden selbst dieser Gesellschaft einverleibt und zirkulieren als wesentlicher Bestandteil der Ausstattung, die den herrschenden Zustand ausschmückt und psychoanalysiert. Sie werden so zu Reklameartikeln – sie lassen sich verkaufen, sie trösten oder erregen.

Die neokonservativen Kritiker der linken Kritik an der Massenkultur bespötteln, daß gegen Bach als Hintergrundmusik in der Küche protestiert wird, gegen Platon und Hegel, Shelley und Baudelaire, Marx und Freud im Kaufhaus. Statt dessen bestehen sie auf der Anerkennung der Tatsache, daß die Klassiker das Mausoleum verlassen haben und wieder lebendig wurden, daß die Menschen eben sehr viel gebildeter sind. Das stimmt, aber indem sie als Klassiker lebendig werden, werden sie als etwas anderes lebendig als sie waren; sie werden ihrer antagonistischen Kraft beraubt, der Entfremdung, worin gerade die Substanz ihrer Wahrheit bestand. Absicht und

Funktion dieser Werke haben sich daher grundlegend geändert. Wenn sie einmal zum Status quo in Widerspruch standen, so wird dieser Widerspruch jetzt eingeebnet.

Solche Angleichung ist jedoch historisch verfrüht; sie stellt kulturelle Gleichheit her und behält die Herrschaft bei. Die Gesellschaft beseitigt die Vor- und Sonderrechte der feudalaristokratischen Kultur mitsamt ihrem Inhalt. Die Tatsache, daß die transzendierenden Wahrheiten der schönen Künste, die Ästhetik von Leben und Denken nur den wenigen Wohlhabenden und Gebildeten zugänglich waren, war der Mangel einer repressiven Gesellschaft. Aber dieser Mangel wird nicht durch Paperbacks, Allgemeinbildung, Langspielplatten und das Abschaffen feiertäglicher Kleidung in Theater und Konzertsaal behoben[1]. Die kulturellen Privilegien drückten die Ungerechtigkeit der Freiheit aus, den Widerspruch zwischen Ideologie und Wirklichkeit, die Trennung geistiger von materieller Produktivität; sie gewährten aber auch einen umhegten Bereich, in dem die tabuierten Wahrheiten in abstrakter Integrität überleben konnten – der Gesellschaft enthoben, die sie unterdrückte.

Jetzt ist diese Distanziertheit beseitigt – und mit ihr Transzendenz und Anklage. Text und Ton sind noch vorhanden, aber die Distanz ist bewältigt, die sie zur »Luft von anderen Planeten« machte[2]. Die künstlerische Entfremdung ist so funktional wie die Architektur der neuen Theater und Konzerthallen geworden, in denen sie dargeboten wird. Und auch hier sind Rationales und Schlechtes nicht zu trennen. Fraglos ist die neue Architektur besser, das heißt schöner und praktischer als die Monstrositäten der viktorianischen Ära. Aber sie ist auch »integrierter« – das Kulturzentrum wird zu einem geeigneten Teil des Einkaufs-, Stadt- oder Regierungszentrums. Herrschaft hat ihre eigene Ästhetik, und demokratische Herrschaft hat ihre demokratische Ästhetik. Es ist gut, daß heute fast jeder die schönen Künste in den Fingerspitzen

[1] Kein Mißverständnis: an und für sich sind Paperbacks, Allgemeinbildung und Langspielpatten durchaus erfreulich.
[2] Stefan George, in Arnold Schönbergs Quartett in fis-Moll. Cf. Th. W. Adorno, *Philosophie der neuen Musik*, Tübingen 1949, S. 19 ff.

haben kann, indem er einfach an einem Knopf seines Radios dreht oder ins nächste Kaufhaus geht. Bei dieser Verbreitung werden sie jedoch zu Zahnrädern einer Kulturmaschine, die ihren Inhalt ummodelt.

Die künstlerische Entfremdung erliegt mit den anderen Weisen der Negation dem Prozeß technologischer Rationalität. Der Wandel offenbart seine Tiefe und das Maß, indem er unwiderruflich ist, wenn er als Ergebnis des technischen Fortschritts angesehen wird. Die gegenwärtige Stufe bestimmt die Möglichkeiten von Mensch und Natur neu, gemäß den neuen Mitteln, die ihrer Verwirklichung zu Gebote stehen, und in ihrem Licht verlieren die vortechnischen Bilder ihre Macht.

Ihr Wahrheitswert hing weitgehend von einer unbegriffenen und unbewältigten Dimension von Mensch und Natur ab, von den engen Grenzen, die der Organisation und Manipulation gesteckt waren, von dem »unauflöslichen Kern«, der sich der Integration widersetzte. In der vollentwickelten Industriegesellschaft wird dieser unauflösliche Kern immer mehr geschmälert. Offenkundig hat die materielle Umgestaltung der Welt die geistige Umgestaltung ihrer Symbole, Bilder und Ideen im Gefolge. Wenn Städte, Autobahnen und Naturschutzgebiete die Dörfer, Täler und Wälder ersetzen, wenn Motorboote über die Seen rasen und Flugzeuge den Himmel durchstoßen – dann verlieren diese Bereiche offenkundig ihren Charakter als eine qualitativ andere Wirklichkeit, als Gebiete des Widerspruchs.

Und da Widerspruch das Werk des Logos ist – die rationale Konfrontation dessen, »was nicht ist«, mit dem, »was ist« –, muß er ein Medium haben, worin er sich mitteilt. Der Kampf um dieses Medium oder vielmehr der Kampf dagegen, daß es von der herrschenden Eindimensionalität aufgesogen wird, tritt hervor in den avantgardistischen Versuchen, eine Verfremdung zu schaffen, welche die künstlerische Wahrheit wieder kommunizierbar machen soll.

Bertolt Brecht hat die theoretischen Grundlagen für diese Anstrengungen skizziert. Der totale Charakter der bestehenden Gesellschaft stellt den Dramatiker vor die Frage, »ob die heutige Welt durch Theater überhaupt noch wiedergegeben werden kann« – das heißt so, daß der Zuschauer die Wahrheit anerkennt, die das Stück übermitteln soll. Brecht antwortet, daß die heutige Welt nur dann in dieser Weise wiedergegeben werden kann, wenn sie als veränderbar wiedergegeben wird[3] – als der Zustand zu negierender Negativität. Das ist die Lehre, die gelernt, begriffen und nach der gehandelt werden muß; aber das Theater ist Unterhaltung, Vergnügen, und das sollte es sein. Unterhaltung und Lernen sind jedoch keine Gegensätze; Unterhaltung kann die wirksamste Art des Lernens sein. Um zu lehren, was die heutige Welt hinter dem ideologischen und materiellen Schleier wirklich ist und wie sie geändert werden kann, muß das Theater die Identifikation des Zuschauers mit den Ereignissen auf der Bühne durchbrechen. Nicht Einfühlung und Empfindung, sondern Distanz und Reflexion sind erforderlich. Der »Verfremdungseffekt« soll diese Dissoziation bewirken, in der die Welt als das anerkannt werden kann, was sie ist. »Alltägliche Dinge werden . . . aus dem Bereich des Selbstverständlichen gehoben . . .«.[4] »Das ›Natürliche‹ muß das Moment des Auffälligen bekommen. Nur so können die Gesetze von Ursache und Wirkung zu Tage treten.«[5] Der »Verfremdungseffekt« wird der Literatur nicht von außen aufgenötigt. Er ist vielmehr die Antwort der Literatur selbst auf ihre Bedrohung durch den totalen Behaviorismus – der Versuch, die Rationalität des Negativen zu retten. In diesem Versuch schließt sich der große »Konservative« der Literatur dem radikalen Aktivisten an. Paul Valéry besteht auf der unvermeidlichen Gebundenheit der poetischen Sprache an die Negation. Die Verse dieser Sprache »ne parlent jamais que de choses absentes«.[6] Sie sprechen von dem, was – wenn auch abwesend – das bestehende Universum von Sprache und Verhalten als dessen tabuierteste Möglichkeit heimsucht – weder Himmel noch Hölle, weder Gut noch Böse, sondern einfach »le bonheur«. Damit spricht die dichterische Sprache von dem, was von dieser Welt ist, was in

3  Bertolt Brecht, *Schriften zum Theater*, Berlin und Frankfurt, S. 7, 9.
4  Ibid., S. 76 f.
5  Ibid., S. 63.
6  Paul Valéry, *Poésie et pensée abstraite*, in: *Œuvres*, Band 1, Paris 1957, S. 1324.

Mensch und Natur sichtbar, fühlbar, hörbar ist – und von dem, was nicht gesehen, nicht berührt, nicht gehört wird.

Indem sie ein Medium schafft und sich in ihm bewegt, worin das Abwesende dargestellt wird, ist die dichterische Sprache eine der Erkenntnis – aber einer Erkenntnis, die das Positive unterhöhlt. In ihrer Erkenntnisfunktion kommt Dichtung der großen Aufgabe des *Denkens* nach: »le travail qui fait vivre en nous ce qui n'existe pas«.[7]

Die »abwesenden Dinge« nennen, heißt den Bann der seienden Dinge brechen; es liegt darin ferner, daß eine andere Ordnung der Dinge in die bestehende eindringt – »le commencement d'un monde«.[8]

Weil sie diese andere Ordnung ausdrückt – Transzendenz innerhalb der einen Welt –, hängt die dichterische Sprache von den transzendenten Elementen der Alltagssprache ab[9]. Die totale Mobilisation aller Medien zur Verteidigung der bestehenden Wirklichkeit hat jedoch die Ausdrucksmittel derart gleichgeschaltet, daß die Mitteilung transzendierender Inhalte technisch unmöglich wird. Das Gespenst, von dem das künstlerische Bewußtsein seit Mallarmé heimgesucht worden ist – die Unmöglichkeit, eine nichtverdinglichte Sprache zu sprechen, das Negative mitzuteilen, hat aufgehört, ein Gespenst zu sein. Es hat Gestalt angenommen.

Die wahrhaft avantgardistischen Werke der Literatur kommunizieren den Bruch mit der Kommunikation. Mit Rimbaud und dann im Dadaismus und Surrealismus weist die Literatur gerade jene Struktur der Rede zurück, die während der gesamten Kulturgeschichte künstlerische und Alltagssprache verbunden hat. Das Satzsystem[10] (mit dem Satz als seiner Bedeutungseinheit) war das Medium, worin die beiden Dimensionen der Wirklichkeit sich treffen, kommunizieren und kommuniziert werden konnten. Die erhabenste Dichtung und die gemeinste Prosa hatten teil an diesem Ausdrucksmedium. Die

---

7 »die Anstrengung, die in uns leben macht, was nicht existiert«. Ibid., S. 1333.
8 Ibid., S. 1327 (mit Bezug auf die Sprache der Musik).
9 Cf. Kapitel 7.
10 Cf. Kapitel 5.

moderne Dichtung jedoch »détruisait les rapports du langage et ramenait le discours à des stations de *mots*«.[11]

Das Wort verweigert sich der vereinheitlichenden, vernünftigen Herrschaft des Satzes. Es sprengt die im voraus festgelegte Struktur der Bedeutung und bezeichnet, indem es ein »absolutes Objekt« wird, ein unerträgliches, sich selbst zunichte machendes Universum – ein Diskontinuum. Diese Umwälzung der sprachlichen Struktur schließt eine Umwälzung der Erfahrung von Natur ein:

> »La nature devient un discontinu d'objets solitaires et terribles, parce qu'ils n'ont que des liaisons virtuelles; personne ne choisit pour eux un sens privilégié ou un emploi ou un service, personne ne les réduit à la signification d'un comportement mental ou d'une intention, c'est-à-dire finalement d'une tendresse. ... Ces mots-objets sans liaison, parés de toute la violence de leur éclatement ... ces mots poétiques excluent les hommes; il n'y a pas d'humanisme poétique de la modernité: ce discours debout est un discours plein de terreur, c'est-à-dire qu'il met l'homme en liaison non pas avec les autres hommes, mais avec les images les plus inhumaines de la nature; le ciel, l'enfer, le sacré, l'enfance, la folie, la matière pure, etc«.[12]

Der traditionelle Stoff der Kunst (Bilder, Harmonien, Farben) kehrt nur wieder in »Zitaten«, Überbleibseln eines vergangenen Sinnes in einem Zusammenhang von Verweigerung. So sind die surrealistischen Gemälde

11 »zerstörte die Beziehungen in der Sprache und führte die Rede auf *Wort*stationen zurück.« Roland Barthes, Le Degré Zéro de l'Ecriture, Paris 1953; dt.: *Am Nullpunkt der Literatur*, Hamburg 1959, S. 50 (Hervorhebung vom Verfasser).

12 Die Natur wird ... ein Nichtzusammenhängendes von Objekten, die einsam und furchtbar sind, weil sie nur mögliche Verbindungen besitzen; niemand wählt für sie einen bestimmten Sinn, einen vor anderen privilegierten Gebrauch oder Dienst, ... niemand reduziert sie auf das Bedeuten eines geistigen Verhaltens oder einer Absicht, das heißt letztlich einer Zärtlichkeit ... Diese Objektworte ohne Verbindung, die mit der ganzen Gewalt ihres Zerspringens geschmückt sind ..., diese lyrischen Worte schließen die Menschen aus: es gibt keinen lyrischen Humanismus der Modernität; dieser Diskurs ist voller Schrekken, das heißt, daß er den Menschen nicht in Verbindung mit den anderen Menschen setzt, sondern mit den unmenschlichsten Bildern der Natur: dem Himmel, der Hölle, dem Heiligen, der Kindheit, dem Wahnsinn, der reinen Materie etc. Ibid.

»der Inbegriff dessen, was die Sachlichkeit mit einem Tabu zudeckt, weil es sie an ihr eigenes dinghaftes Wesen gemahnt und daran, daß sie nicht damit fertig wird, daß ihre Rationalität irrational bleibt. Der Surrealismus sammelt ein, was die Sachlichkeit den Menschen versagt; die Entstellungen bezeugen, was das Verbot dem Begehrten antat. Durch sie errettete er das Veraltete, ein Album von Idiosynkrasien, in denen der Glückanspruch verraucht, den die Menschen in ihrer eigenen technifizierten Welt verweigert finden«.[13]

Oder das Werk von Bertolt Brecht bewahrt die in Romanze und Kitsch (Mondschein und das blaue Meer; Melodie und süße Heimat; Treue und Liebe) enthaltene *»promesse de bonheur«*, indem es sie in ein politisches Ferment überführt. Seine Gestalten singen von verlorenen Paradiesen und unvergeßlicher Hoffnung (»Siehst du den Mond über Soho, Geliebter?«, »Jedoch eines Tages, und der Tag war blau«, »Zuerst war es immer Sonntag«, »Und ein Schiff mit acht Segeln«, »Alter Bilbao Mond, Da wo noch Liebe lohnt«) – und das Lied ist eines von Grausamkeit und Gier, Ausbeutung, Betrug und Lüge. Die Getäuschten singen von ihrer Täuschung, aber sie erfahren deren Ursachen (oder haben sie erfahren), und nur, indem sie die Ursachen erfahren (und wie sie zu bewältigen sind), gelangen sie wieder zur Wahrheit ihres Traums.

Die Anstrengungen, die Große Weigerung in der Sprache der Literatur wiederzugewinnen, erleiden das Schicksal, von dem absorbiert zu werden, was sie widerlegen. Als moderne Klassiker haben die Avantgardisten und Beatniks an der Funktion teil zu unterhalten, ohne das gute Gewissen der Menschen guten Willens zu gefährden. Diese Absorption wird durch den technischen Fortschritt gerechtfertigt und die Weigerung widerlegt durch die Linderung des Elends in der fortgeschrittenen Industriegesellschaft. Die Liquidation der hohen Kultur ist ein Nebenprodukt des Sieges über die Natur und der fortschreitenden Bewältigung des Mangels.

Indem diese Gesellschaft die festgehaltenen Bilder der Tran-

13  Th. W. Adorno, *Noten zur Literatur*, Berlin und Frankfurt 1958, S. 160.

szendenz dadurch entkräftet, daß sie sie ihrer allgegenwärtigen täglichen Realität einverleibt, bezeugt sie das Ausmaß, in dem unlösbare Konflikte behandelt werden können – in dem Tragödie und Romanze, archetypische Träume und Ängste für eine technische Lösung und Auflösung empfänglich gemacht werden. Der Psychiater kümmert sich um die Don Juans, Romeos, Hamlets und Fauste, indem er sich um Oedipus kümmert – er heilt sie. Die Herren der Welt verlieren ihre metaphysischen Züge. Ihr Auftreten im Fernsehen, auf Pressekonferenzen, im Parlament und bei öffentlichen Kundgebungen ist kaum für ein Drama geeignet, das über das der Reklame[14] hinausgeht, während die Konsequenzen ihres Handelns den Rahmen des Dramas überschreiten.

Die Rezepte zur Unmenschlichkeit und Ungerechtigkeit werden von einer rationell organisierten Bürokratie verabfolgt, die jedoch in ihrem eigentlichen Zentrum unsichtbar ist. Die Seele enthält wenige Geheimnisse und Sehnsüchte, die nicht vernünftig diskutiert und analysiert werden können, über die man nicht abstimmen kann. Einsamkeit, diejenige Bedingung, die dem Individuum gegen seine Gesellschaft und jenseits ihrer Stärke verlieh, ist technisch unmöglich geworden. Logische und sprachliche Analyse beweisen, daß die alten metaphysischen Probleme Scheinprobleme sind; das Verlangen nach dem »Sinn« der Dinge läßt sich als das nach dem Sinn von Wörtern neuformulieren, und das bestehende Universum von Sprache und Verhalten kann der Antwort völlig hinreichende Kriterien bieten.

Es handelt sich um ein rationales Universum, das aufgrund des bloßen Gewichts und der Leistungsfähigkeit seines Apparats jedes Entrinnen vereitelt. In ihrer Beziehung zur Realität des täglichen Lebens bestand die hohe Kultur der Vergangenheit in mancherlei – in Opposition und Ausschmückung, in Aufschrei und Resignation. Aber sie war auch die Erscheinung des Reichs der Freiheit: die Weigerung, sich zusammenzunehmen. Einer solchen Weigerung läßt sich kein Riegel vorschieben, ohne daß ein Ersatz gewährt würde, der befriedigender

---

14 Der sagenhafte revolutionäre Held, der selbst Fernsehen und Presse trotzen kann, existiert noch – seine Welt ist die der »unterentwickelten« Länder.

scheint als die Weigerung. Die Bewältigung und Vereinigung der Gegensätze, die in der Transformation von höherer in populäre Kultur ideologisch verklärt wird, findet statt auf einem materiellen Boden erhöhter Befriedigung. Dieser ist es denn auch, der eine durchgreifende *Entsublimierung* gestattet. Künstlerische Entfremdung ist Sublimierung. Sie bringt die Bilder von Zuständen hervor, die mit dem bestehenden Realitätsprinzip unvereinbar sind, die aber als Bilder der Kultur erträglich, ja erhebend und nützlich werden. Jetzt wird diese Bilderwelt außer Kraft gesetzt. Ihre Einverleibung in die Küche, das Büro und den Laden, ihre kommerzielle Freigabe an Geschäft und Vergnügen ist in gewissem Sinne eine Entsublimierung – vermittelter Genuß wird durch unmittelbaren ersetzt. Aber es ist eine Entsublimierung, die von einer »Position der Stärke« seitens der Gesellschaft ausgeübt wird, die es sich leisten kann, mehr als früher zu gewähren, weil ihre Interessen zu den innersten Trieben ihrer Bürger geworden sind und weil die von ihr gewährten Freuden sozialen Zusammenhalt und Zufriedenheit befördern.

## 3. Detlev Claussen
## Die Gewalt der Überwältigten

Marcuses Essay *Repressive Toleranz*, 1965 geschrieben, erreichte 1966 in der Übersetzung Deutschland und verbreitete sich wie ein Lauffeuer unter den politisch Interessierten. Wenn man sich heute diese Seiten durchliest, scheint seine Wirkung kaum verständlich. Er machte Marcuse zum Haßobjekt der etablierten Kräfte, die ihn zum »geistigen Vater der APO« stempelten, aber ihn eher als »Drahtzieher« und »Jugendverderber« meinten.

Das nach dem Faschismus frisch erworbene deutsche Weltbild geriet durcheinander. Die Werte des »American Way of Life« und der hochgehaltenen angloamerikanischen Demokratie, die offiziell nach der Niederlage des Faschismus propagiert wurden, unterzieht Marcuse in diesem Aufsatz einer schonungslosen Kritik. In Deutschland platzten diese Thesen in eine Situation der demokratischen Selbstzufriedenheit und einer sich dagegen stauenden Frustration, die aus dem Gefühl gespeist wurde, daß die neugewonnene Unschuld der herrschenden Klassen in Westdeutschland auf einer bis ins Irrwitzige gehenden Verleugnung der eigenen Vergangenheit beruhte. Aber diese Probleme kommen in dem Essay Marcuses gar nicht vor – und seine erklärte Absicht kann man gleich am Anfang lesen: »Dieser Essay ist meinen Studenten an der Brandeis University zugeeignet.« (*Repressive Toleranz*, S. 93) Heute, 1981, scheint es notwendig, daran zu erinnern, was vor fast zwanzig Jahren geschah. Im gelobten Land der Demokratie brachen Studenten auf, um die Bürgerrechtsbewegung im Süden der USA zu unterstützen. Zunächst ging es um scheinbar formaldemokratische Forderungen, wie Eintragung der Schwarzen ins Wahlregister, die von der reaktionären weißen Mehrheit mit brutaler Gewalt beantwortet wurden: zusammen mit den bürokratischen Schikanen gingen Lynchjustiz, geheimer Mord und offene Bedrohung durch Schußwaffen einher. Gleichzeitig vertiefte sich das Engagement der USA in Vietnam: die Anwesenheit von Rekrutierungsbüros auf den nordamerikanischen Campusses führte zur unmittelbaren

Konfrontation mit Kriegsgegnern. Seit langer Zeit, seit der Einbindung der amerikanischen Arbeiterbewegung ins System, griff in den USA eine praktische Bewegung um sich, die den American Way of Life nicht mehr leben wollte.

Als Marcuse 1967 nach Berlin kam, um mit der neu entstandenen außerparlamentarischen Opposition zu diskutieren, nannte er eines seiner Referate »Das Problem der Gewalt in der Opposition«. Er wußte aus Vordiskussionen, auf welche Mißverständnisse er mit seiner »Repressiven Toleranz« gestoßen war. »Gewalt« wurde in Deutschland tabuisiert: die Nazidiktatur wurde mit Abscheu als Gewaltherrschaft bezeichnet und mit ebensolchem Abscheu konnte man mit dem Begriff »Gewaltherrschaft« das System jenseits der Mauer verurteilen. Die öffentliche Tabuisierung von Gewalt hing mit der Verdrängung der Tatsache zusammen, »daß die militärische und administrative Bewältigung des Faschismus die gesellschaftlichen Strukturen, aus denen er hervorgegangen war, modernisieren und leistungsfähiger machen, nicht aber sie beseitigen würde.« (Vorwort zu: *Kultur und Gesellschaft*, S. 7) Zur Beseitigung des Faschismus, zur Befreiung war Gewalt nötig gewesen – aber in Deutschland kam sie vor allem von außen. Marcuses Betonung *einer möglichen, befreienden Wirkung von Gewalt* erregte deshalb vor allem den Widerspruch des schlechten Gewissens.

Aus den Erläuterungen, die Marcuse in Berlin gab, wird deutlich, daß er keineswegs Gewalt um der Gewalt willen meinte.

»Ich möchte wenigstens ein paar Worte über das Widerstandsrecht sagen, weil ich erstaunt bin, immer wieder zu erfahren, wie wenig eigentlich ins Bewußtsein gedrungen ist, daß die Anerkennung des Widerstandsrechts, nämlich der ›civil disobediance‹, zu den ältesten und geheiligsten Elementen der westlichen Zivilisation gehört. Die Idee, daß es ein Recht gibt, das höher ist als das positive Recht, ist so alt wie diese Zivilisation selbst. Hier ist der Konflikt der Rechte, vor den jede mehr als private Opposition gestellt ist; denn das Bestehende hat das legale Monopol der Gewalt und das positive Recht, ja die Pflicht, diese Gewalt zu seiner

Verteidigung auszuüben. Dem gegenüber steht die Anerkennung und Ausübung eines höheren Rechts und die Pflicht des Widerstandes als Triebkraft der geschichtlichen Entwicklung der Freiheit, ›civil disobedience‹, als potentiell befreiende Gewalt.« (*Das Problem der Gewalt . . .*, in: *Das Ende der Utopie*, S. 52)

Diese Worte konnten ihre Wirkung auf eine Generation nicht verfehlen, die durch den Ekel zur Politik angetrieben wurde – Ekel vor dem Mangel an Widerstand gegen den deutschen Faschismus, den ihre Elterngeneration gestützt hatte.

Das Zurückziehen der etablierten Politik auf die durch Wahlen repräsentierte Mehrheit wurde von Marcuse am wundesten Punkt getroffen: daß die Mehrheit ein System stützt, ist noch lange kein Beweis seiner Menschlichkeit. Schrien die Zustände nicht nach Aktionen? Die Mehrheit der Menschen in den USA und in der Bundesrepublik billigten den Krieg der USA in Vietnam; doch hatte die Mehrheit der deutschen Bevölkerung nicht auch den Einfall in Polen 1939 gebilligt? Aber gab es nicht jetzt die demokratischen »Spielregeln« – die immer wiederholte Formulierung legt es schon nahe: was nützen Spielregeln, wenn es Ernst wird?

»Von einer Legalität des Widerstandes zu sprechen ist sinnlos: kein Gesellschaftssystem, selbst das freieste nicht, kann verfassungsmäßig eine gegen dieses System gerichtete Gewalt legalisieren . . . Es gibt eine Gewalt der Unterdrückung und eine Gewalt der Befreiung; es gibt eine Gewalt der Verteidigung des Lebens und es gibt eine Gewalt der Aggression. Und beide Formen der Gewalt sind geschichtliche Kräfte gewesen und werden geschichtliche Kräfte bleiben. So steht die Opposition von Anfang an im Felde der Gewalt. Recht steht gegen Recht, nicht nur als abstrakte Versicherung, sondern als Aktion.« (*Das Problem der Gewalt . . .*, S. 52)

So klar diese Sätze klingen, so verlangen sie doch weiteres Nachdenken. Die Aktionen der Bürgerrechts- und Protestbewegung hatten Gewaltverhältnisse einer Gesellschaft zur Erscheinung gebracht, die sich selbst als gewaltfrei darstellt. Zunächst geht es um einen verleugneten Tatbestand:

»Die Diskussion sollte nicht von vornherein durch Ideologien vernebelt werden, die der Verewigung von Gewalt
dienen. Selbst in den fortgeschrittensten Zentren der Zivilisation herrscht faktisch Gewalt: sie wird ausgeübt durch die
Polizei, in Straf- und Irrenanstalten, im Kampf gegen rassische Minderheiten; sie wird von den Verteidigern der
›freien Welt‹ in die rückständigen Gegenden getragen.«
(*Repressive Toleranz*, S. 113)

Der internationale Zusammenhang von Gewalt wird sichtbar:
Das Gewaltmonopol des Staates erscheint als regulierende
Kraft innerhalb der Gesellschaft und als militärische Gewalt
nach außen. Durch die Tatsache, daß die Gewalt im Normalzustand der entwickelten Gesellschaft nicht offen erscheint,
sondern nur ausnahmsweise, entsteht falsches Bewußtsein:
nicht die Herrschaft erscheint gewalttätig, sondern der Protest
dagegen.

Das System weiß mit diesem Pfund zu wuchern. Eine Opposition, die sich nicht mit der Spielwiese der gesetzlichen Regeln
zufrieden gibt, muß damit rechnen, öffentlich als gewalttätig
und undemokratisch hingestellt zu werden. Die Kritik repressiver Toleranz hat in diesem Verhältnis ihren Ausgangspunkt;
denn Toleranz hat in der spätkapitalistischen Demokratie den
Zweck, das praktische Verhalten der Menschen auf den Status
quo zu beschränken und jede tiefgreifende Veränderung der
Gesellschaft zur unrealisierbaren Utopie zu entwerten. Unter
den herrschenden Umständen gewinnt Tolerenz ihre eigene
Dynamik: als allgemein anerkannte macht sie eine fundamentale Stärke des Systems aus, aber als eine von einer radikalen
Opposition praktisch kritisierte wird sie zunehmend denen
entzogen, die gegen sie aufbegehren. Toleranz als allgemein
praktizierte setzt Abwesenheit von Gewalt voraus; die spätkapitalistische Gesellschaft, die ohne institutionalisierte Gewalt
nicht existieren kann, erfüllt diese Bedingung nicht: deswegen
versucht das System, jede Opposition auf prinzipielle Anerkennung von Legalität und Gewaltlosigkeit festzulegen. Seit
den sechziger Jahren erleben wir immer wieder den Druck auf
alle neu entstehenden sozialen Bewegungen, auf jede Gewalt
zu verzichten. Dieser Druck hat zweifellos den Sinn, den

Bewegungen den systemoppositionellen Zahn zu ziehen. Herbert Marcuses Begründung von *Gegengewalt* beruht nicht auf theoretischer Willkür oder »Gesinnung«, sondern auf Erfahrung:

»Aber, wenn diese Demonstrationen im Rahmen der Legalität bleiben, so unterwerfen sie sich der institutionalisierten Gewalt, die autonom den Rahmen der Legalität bestimmt und ihn auf ein erstickendes Minimum einschränken kann, zum Beispiel indem sie Gesetze benutzt, wie unerlaubtes Betreten von Staatseigentum, Störung des Verkehrs, Störung der nächtlichen Ruhe usw. Hier kann von einem Augenblick zum andern was legal war, illegal werden . . . In dieser Situation scheinen Konfrontationen mit der Gewalt, mit der institutionalisierten Gewalt, unvermeidlich – es sei denn, daß die Opposition zum harmlosen Ritual wird, zur Beruhigung des Gewissens und zum Kronzeugen für die Rechte und Freiheiten im Rahmen des Bestehenden. Das war die Erfahrung der Bürgerrechtsbewegung, daß die Gewalt von den andern ausgeübt wird, daß die andern die Gewalt sind, und daß gegen diese Gewalt die Legalität von Anfang an problematisch ist; das wird auch die Erfahrung der Studentenopposition sein, sobald sich das System von ihr bedroht fühlt.« (*Das Problem der Gewalt . . .*, S. 51 f.)

Und tatsächlich wurde dies zur Erfahrung der außerparlamentarischen Opposition – nicht nur in Deutschland, sondern auch in Frankreich, Italien, Japan und den USA. Ohne diese Erfahrung ist die Gründung terroristischer Organisationen gar nicht zu begreifen. Stimmt es also doch, daß Herbert Marcuse mit seiner Begründung von Gegengewalt dem Terrorismus geholfen hat? Ist Terrorismus eine notwendige Folge einer Ablehnung von Gewaltlosigkeit um jeden Preis? Im September 1977 hat Marcuse nach der Entführung von Hans Martin Schleyer diese Konsequenz vehement verneint. War das nur eine Reaktion oder ist die Ablehnung des Terrorismus in seiner Theorie begründet?

In der revolutionären Tradition wird zwischen revolutionärer und konterrevolutionärer Gewalt unterschieden. Scheinbar brutal heißt es bei Marcuse:

»Ethisch gesehen: beide Formen der Gewalt sind unmenschlich und von Übel – aber seit wann wird Geschichte nach ethischen Maßstäben gemessen? Zu dem Zeitpunkt mit ihrer Anwendung beginnen, wo die Unterdrückten gegen die Unterdrücker aufbegehren, die Armen gegen die Verfügenden, heißt dem Interesse der tatsächlichen Gewalt dadurch dienen, daß man den Protest gegen sie schwächt.« (*Repressive Toleranz*, S. 114)

Gewalt als geschichtliches Phänomen läßt sich nicht sinnvoll a priori diskutieren; ihre Beurteilung und Bewertung hängt von der konkreten Situation ab. Bedingungslose Befürwortung von Gewalt bleibt genau so abstrakt wie ihre bedingungslose Ablehnung:

»... die Positionen der apriorischen Ablehnung oder Billigung gesellschaftlicher und politischer Gewalt würden schließlich darauf hinauslaufen, jede auf diese Weise zustande gekommene Veränderung zu sanktionieren, ganz gleich ob sie in eine fortschrittliche oder regressive, befreiende oder versklavende Richtung ginge.« (*Ethik und Revolution*, in: *Kultur und Gesellschaft*, Bd. 2, S. 133)

Die bisherige Geschichte wird von Marcuse in Marxscher Tradition als Vorgeschichte begriffen; als Dialektik von erweiterter Herrschaft und wachsender Möglichkeit der Freiheit. Kontinuität hat aber nur die Herrschaft; Sinn revolutionärer Gewalt ist es, das Kontinuum von Herrschaft und entfremdeter Arbeit aufzusprengen; Gewalt kann dabei nur ein Mittel sein, nicht der Zweck:

»Gewalt als solche wurde von den Führern der historischen Revolutionen niemals zu einem revolutionären Wert gemacht. Seine Zeitgenossen verwarfen den Versuch George Sorels, das Band zwischen Gewalt und Vernunft zu durchschneiden, der zugleich ein Versuch war, den Klassenkampf von allen sittlichen Erwägungen zu befreien. Indem er die Gewalt des Klassenkampfes in seiner revolutionären Phase mit der Gewalt militärischer Operationen im Kriege verglich, unterwarf er jene rein strategischen Berechnungen: der Zweck war die totale Niederlage des Feindes, Gewalt ein Mittel, diesen Zweck zu erreichen – die Beziehung zwischen Mittel und Zweck war eine technische.« (*Ethik und Revolution*, S. 139)

Sorels Anpreisung der Gewalt als bloßes Mittel gehört in die Geschichte des Vorfaschismus; faschistische Gewalt geht über die rein technische Betrachtung der Gewalt hinaus, die noch aus der Rationalität des Militärischen formuliert wird. In der faschistischen Gewalt wird jede Zweck-Mittel-Beziehung aufgehoben: Auschwitz und totaler Krieg sind Endpunkte einer Geschichte von Herrschaft, Ausbeutung und Unterdrückung, in der Mittel und Zweck identisch werden. Diese Erfahrung erzwingt ein neues Reflektieren über Gewalt. In der europäischen Geschichte – und daran knüpft Marcuse in seinem Toleranz-Essay an – hatte sich eine Gewalt gegen die herrschenden Strukturen herausgebildet, die eindeutig als *Gegengewalt* definiert war:

»Robespierre verlangt nach dem ›Despotismus der Freiheit‹ gegen den Despotismus der Tyrannei: ein Kampf um Freiheit, im Interesse des Ganzen gegen partikuläre Interessen der Unterdrückung kann Terror zur Notwendigkeit und Verpflichtung werden. Hier erscheint Gewalt, revolutionäre Gewalt, nicht nur als politisches Mittel, sondern als moralische Pflicht. Der Terror wird definiert als *Gegen*gewalt: er ist nur zur Verteidigung gegen die Unterdrücker ›legitim‹ und so lange, bis sie besiegt sind. In ähnlicher Weise ist der Marxsche Begriff der proletarischen Diktatur der einer vorübergehenden, sich selbst aufhebenden Diktatur: sich selbst aufhebend, weil sie nur so lange währen soll, als die Macht der alten herrschenden Klassen noch den Aufbau der sozialistischen Gesellschaft behindert; nach deren Niederlage sollte die Unterdrückungsmaschinerie zum Stehen gebracht werden. Auch hier wird revolutionäre Gewalt als Gegengewalt definiert.« (*Ethik und Revolution*, S. 134 f.)

Dieses Verhältnis von herrschender Gewalt und Gegengewalt ist aufs engste mit der europäischen Geschichte verknüpft. Es erschwert das Verständnis Marcuses, wenn man diesen Zusammenhang nicht berücksichtigt. Die bürgerliche Gesellschaft selbst mußte mit Gewalt hergestellt werden; aber sie hat das Ziel revolutionärer Gewalt, nämlich die Abschaffung von Gewalt nicht erreicht. Die sich neu bildende Gegengewalt fand ihre Legitimation in der Fortexistenz von Gewalt, die intensivierte Ausbeutung und Unterdrückung schützt. Um die Macht der herrschenden Klasse zu brechen, konnte Gewalt als legitimes Mittel angesehen werden. Dieses rationale Verhältnis zur Gewalt hat nicht nur die Gedanken von Marx, sondern auch die Praxis der russischen Oktoberrevolution bestimmt.

Um eine apriorische Verteidigung oder Ablehnung revolutionärer Gewalt zu vermeiden, führt Marcuse die Kategorie des »historischen Kalküls« in die Diskussion ein. Er erinnert an die alte Frage: sind die Opfer zu rechtfertigen – und zwar schon vorher?

> »Berechenbar sind die verfügbaren materiellen und geistigen Ressourcen, berechenbar sind die produktiven und distributiven Möglichkeiten in einer Gesellschaft und das Ausmaß unbefriedigter lebenswichtiger Bedürfnisse und befriedigter nicht lebenswichtiger Bedürfnisse. Quantifizierbar und berechenbar sind Menge und Größe der Arbeitskraft und die Gesamtbevölkerung. Das ist das empirische Material, das dem historischen Kalkül zur Verfügung steht.« (*Ethik und Revolution*, S. 144)

Das unterdrückte menschliche Potential durch die Revolution in Freiheit zu setzen, wurde zum erklärten Ziel der Bolschewiki.

> »Es schloß die Sozialisierung der Produktionsmittel ein und die Diktatur des Proletariats als vorbereitenden Schritt zu einer klassenlosen Gesellschaft. In der besonderen historischen Lage, in der die bolschewistische Revolution stattfand, erforderte der Sozialismus eine Industrialisierung in Konkurrenz mit den fortgeschrittenen kapitalistischen Ländern des Westens, den Aufbau bewaffneter Streitkräfte und Propaganda im Weltmaßstab. Können wir hier eine Unterscheidung zwischen rational und irrational auf die Ziele und das Maß der in ihnen enthaltenen Unterdrückung anwenden? Im Sinne der Revolution wäre rational die beschleunigte Industrialisierung, die Ausschaltung unproduktiver

Führungsgruppen aus der Wirtschaft, die Einschärfung einer Arbeitsdisziplin, Opfer in der Bedürfnisbefriedigung, erzwungen durch den Vorrang der Schwerindustrie auf den ersten Stufen der Industrialisierung, und Aufhebung der staatsbürgerlichen Freiheiten, sofern sie benutzt würden, diese Ziele zu sabotieren. Doch nicht zu rechtfertigen, auch nicht im Sinne der Revolution, sind die Moskauer Prozesse, der permanente Terror, die Konzentrationslager und die Diktatur über den arbeitenden Klassen.« (*Ethik und Revolution*, S. 145)

Unbefriedigend bleibt an diesem Urteil, daß es post festum, im nachhinein, gefällt wird, während das ethische Problem des Revolutionärs doch darin besteht, daß er eine Entscheidung fällt, deren Folgen nicht allein von ihm bestimmt werden können. Die Oktoberrevolution hat aber das Bewußtsein geschärft, daß die versprochene Zukunft kein allein entscheidendes Motiv im historischen Kalkül sein kann. Die revolutionären Motive »nähren sich an dem Bild der geknechteten Vorfahren, nicht am Ideal der befreiten Enkel« – eine Einsicht Benjamins, die Marcuse in einem Nachwort zur *Kritik der Gewalt* in Erinnerung bringt. Die Problematik des historischen Kalküls wird darin deutlich: setzt er nicht eine Kontinuität voraus, die jede wirkliche Revolution brechen will? Als trennscharfes Kriterium revolutionärer Gewalt formuliert Marcuse die Dialektik von Zweck und Mittel:

»Der Zweck muß in den repressiven Mitteln, ihn zu erreichen, am Werk sein.« (*Ethik und Revolution*, S. 146)

Die Ablehnung einer abstrakten Ethik angesichts der Gewalt zieht die Moral als wesentliches Moment in die Entscheidung zu revolutionärer Praxis ein. Aber hier muß auf eine entscheidende Differenz aufmerksam gemacht werden, die in der Diskussion meist unterzugehen droht:

»Zunächst darf ich noch einmal die Mißverständnisse beseitigen, nach denen ich geglaubt hätte, daß die intellektuelle Opposition an sich eine revolutionäre Kraft wäre, oder daß ich in den Hippies die Erben des Proletariats gesehen hätte. Nur die nationalen Befreiungsfronten der Entwicklungsländer stehen heute im revolutionären Kampf; aber auch sie stellen allein noch keine effektive revolutionäre Bedrohung des Systems des Spätkapitalismus dar. Alle Oppositionskräfte wirken heute zur Vorbereitung und nur zur Vorbereitung für eine mögliche Krise des Systems. Und zu dieser Krise tragen die nationalen Befreiungsfronten und die Getto-Rebellion bei, nicht nur als militärische, sondern auch als politische und moralische Gegner – lebendige, menschliche Negation des Systems.« (*Das Problem der Gewalt* . . ., S. 56)

Die nationalen Befreiungsbewegungen sind fähig, ein historisches Kalkül anzustellen, gegen die alten herrschenden Klassen ein neues allgemeines Prinzip nationaler Unabhängigkeit durchzusetzen; insofern sind sie in der Lage, revolutionäre Gewalt erfolgreich als Gegengewalt anzuwenden. Aber nationale Unabhängigkeit und Entwicklungsdiktatur formulieren kein neues allgemeines Prinzip, das im Spätkapitalismus gegen das Bewußtsein der Massen durchzusetzen wäre. Die oppositionellen Bewegungen im Spätkapitalismus dienen nur zur Vorbereitung, sie können eine menschliche Negation bilden – sie sind *nicht* das neue revolutionäre Subjekt, das in der Lage wäre, das historische Kalkül anzustellen, eine neue Allgemeinheit zu setzen.

Diesen Widerspruch gilt es im Auge zu behalten, wenn man nicht die eigene Vernichtung herausfordern will.

»Dieser Konflikt der beiden Rechte, des Widerstandsrechts und der institutionalisierten Gewalt bringt die ständige Gefahr des Zusammenstoßes mit der Gewalt mit sich, es sei denn, daß das Recht der Befreiung dem Recht der bestehenden Ordnung geopfert wird, und daß, wie bisher in der Geschichte, die Zahl der von der Ordnung geforderten Opfer die der Revolution weiterhin übersteigt. Das aber bedeutet, daß die Predigt der prinzipiellen Gewaltlosigkeit die bestehende institutionelle Gewalt reproduziert. Und diese Gewalt ist in der monopolistischen Industriegesellschaft in noch nie dagewesenem Maße in der Herrschaft konzentriert, die das Ganze der Gesellschaft durchdringt. Diesem Ganzen gegenüber ist das Recht der Befreiung unmittelbar ein partikulares Recht. Daher erscheint der

Gewaltkonflikt als Zusammenstoß der allgemeinen mit der partikularen Gewalt und in diesem Zusammenstoß wird die partikulare Gewalt geschlagen werden, bis sie selbst eine neue Allgemeinheit der bestehenden gegenüberstellen kann.« (*Das Problem der Gewalt . . .*, S. 53)

Der Terror, wie er von der »Roten Armee Fraktion« (RAF) und der »Bewegung 2. Juni« ausgeübt wurde, hat sich in die Logik des Machtkampfes begeben: zunächst sollte er die Kräfte der Revolte durch bewaffneten Kampf in revolutionäre Kräfte verwandeln. Das konnte nicht gelingen. Die Exklusivität bewaffneter Praxis unter spätkapitalistischen Bedingungen ist ein partikulares Prinzip, das dem zukünftigen allgemeinen der massenhaften Selbsttätigkeit entgegengesetzt ist. Von den sozialen Zielen blieb nichts mehr übrig als die partikulare militärische Gewalt. Je weniger die Terroristen die Bedingungen des Spätkapitalismus wahrhaben wollten, um so leichter ließen sich ihre Taten zur Stabilisierung des Systems umfunktionieren. Marcuses Ablehnung des Terrors scheint deshalb nur konsequent:

»Die Erzeugung von Unsicherheit und Angst in der herrschenden Klasse ist kein revolutionärer Faktor angesichts des schreienden Mißverhältnisses der im Staat konzentrierten Gewalt einerseits und der Schwäche der von den Massen isolierten terroristischen Gruppen andererseits. Unter den in der Bundesrepublik herrschenden Bedingungen (die der präventiven Gegenrevolution) ist daher die Provozierung dieser Gewalt destruktiv für die Linke.« (*Mord darf keine Waffe der Politik sein*, S. 41)

Präventive Gegenrevolution: Marcuses Diskussion der Gegengewalt bleibt auf die Situationsbestimmung bezogen.

»Die Toleranz, welche die große Errungenschaft des liberalen Zeitalters war, wird noch vertreten und (mit starken Einschränkungen) geübt, während der ökonomische und politische Prozeß einer allseitigen und wirksamen Verwaltung im Einklang mit den herrschenden Interessen unterworfen wird. Daraus ergibt sich ein objektiver Widerspruch zwischen der ökonomischen und politischen Struktur auf der einen Seite und der Theorie und Praxis des Gewähren-lassens auf der anderen. Die veränderte Sozialstruktur tendiert dazu, die Wirksamkeit der Toleranz gegenüber abweichenden und oppositionellen Bewegungen zu schwächen und konservative und reaktionäre Kräfte zu stärken.« (*Repressive Toleranz*, S. 126)

Die oppositionellen Bewegungen können sich angesichts dieser Tatsache nicht auf eine prinzipielle Gewaltlosigkeit festlegen; aber sie tun gut daran, wenn sie über Gewaltanwendung rational zu diskutieren lernen.

»Konfrontationen zu suchen, nur um der Konfrontation willen, ist nicht nur unnötig, sondern verantwortungslos. Die Konfrontationen sind da. Sie brauchen nicht erst gesucht zu werden. Das Suchen nach Konfrontation würde die Opposition verfälschen – sie ist heute Verteidigung, nicht Angriff . . . Solange die Opposition nicht die gesellschaftliche Kraft einer neuen Allgemeinheit entwickelt hat, ist das Problem der Gewalt primär ein Problem der Taktik.« *(Das Problem der Gewalt . . ., S. 51, 53)*

Marcuses Kritik repressiver Toleranz verherrlicht keineswegs die Gewalt – angesichts der repressiven Kräfte besteht dazu kein Anlaß. Unter bestimmten Bedingungen aber produziert die repressiv tolerante Gesellschaft eine minoritäre Gegengewalt, die sich um den Preis ihres Untergangs ihrer eigenen Möglichkeiten bewußt werden muß:

»Aber ich glaube, daß es für unterdrückte und überwältigte Minderheiten ein ›Naturrecht‹ auf Widerstand gibt, außergesetzliche Mittel anzuwenden, sobald die gesetzlichen sich als unzulänglich herausgestellt haben. Gesetz und Ordnung sind überall und immer Gesetz und Ordnung derjenigen, welche die etablierte Hierarchie schützen; es ist unsinnig, an die absolute Autorität dieses Gesetzes und dieser Ordnung denen gegenüber zu appellieren, die unter ihr leiden und gegen sie kämpfen – nicht für persönlichen Vorteil und aus persönlicher Rache, sondern weil sie Menschen sein wollen.« (*Repressive Toleranz*, S. 127)

Diese Minoritäten bilden aber keine Avantgarde; sondern ein vitales Bedürfnis treibt sie dazu, der herrschenden Praxis zu widerstehen. Den Konflikt zwischen der etablierten Autorität und ihrem Gewissen müssen sie selbst austragen. Der Sprengstoff, den diese Argumentation Marcuses auch heute enthält, liegt in seiner Weigerung, als Intellektueller oder Erzieher sich als Staatsphilosoph zu betätigen. Seine Reflexionen über Gewalt sind ein Angebot, in diesem Konflikt rationale Entscheidungen zu treffen.

»Da man sie schlagen wird, kennen sie das Risiko, und wenn sie gewillt sind, es auf sich zu nehmen, hat kein Dritter, und am allerwenigsten der Erzieher und Intellektuelle, das Recht, ihnen Enthaltung zu predigen.« (*Repressive Toleranz*, S. 127 f.)

# 4. Herbert Marcuse
## Repressive Toleranz

(aus: R. Paul Wolff u. a., *Kritik der reinen Toleranz,* © Suhrkamp, Frankfurt/M., 1966, S. 93–128)

Dieser Essay* untersucht die Idee der Toleranz in der fortgeschrittenen Industriegesellschaft. Er gelangt zu dem Schluß, daß die Verwirklichung der Toleranz Intoleranz gegenüber den herrschenden politischen Praktiken, Gesinnungen und Meinungen erheischen würde – sowie die Ausdehnung der Toleranz auf politische Praktiken, Gesinnungen und Meinungen, die geächtet oder unterdrückt werden. Die Idee der Toleranz erscheint, mit anderen Worten, heute wieder als dasjenige, was sie an ihren Ursprüngen war, zu Beginn der Neuzeit – als ein parteiliches Ziel, ein subversiver, befreiender Begriff und als ebensolche Praxis. Umgekehrt dient, was heute als Toleranz verkündet und praktiziert wird, in vielen seiner wirksamsten Manifestationen den Interessen der Unterdrückkung.

Der Verfasser ist sich dessen voll bewußt, daß gegenwärtig keine Macht, Autorität oder Regierung vorhanden ist, die eine befreiende Toleranz in Praxis übersetzen würde, doch er meint, daß es Aufgabe und Pflicht des Intellektuellen ist, an geschichtliche Möglichkeiten, die zu utopischen geworden zu sein scheinen, zu erinnern und sie zu bewahren – daß es seine Aufgabe ist, die unmittelbare Konkretheit der Unterdrückung zu durchbrechen, um die Gesellschaft als das zu erkennen, was sie ist und tut.

Toleranz ist ein Selbstzweck. Daß die Gewalt beseitigt und die Unterdrückung so weit verringert wird, als erforderlich ist, um Mensch und Tier vor Grausamkeit und Aggression zu schützen, sind die Vorbedingungen einer humanen Gesellschaft. Eine solche Gesellschaft existiert noch nicht; mehr

---

* Dieser Essay ist meinen Studenten an der Brandeis University zugeeignet.

denn je wird heute der Fortschritt zu ihr hin aufgehalten durch Gewalt und Unterdrückung. Als Abschreckungsmittel gegen einen nuklearen Krieg, als Polizeiaktion gegen Umsturz, als technische Hilfe im Kampf gegen Imperialismus und Kommunismus, als Methoden zur Befriedung in neokolonialistischen Massakern werden Gewalt und Unterdrückung gleichermaßen von demokratischen und autoritären Regierungen verkündet, praktiziert und verteidigt, und den Menschen, die diesen Regierungen unterworfen sind, wird beigebracht, solche Praktiken als notwendig für die Erhaltung des Status quo zu ertragen. Toleranz wird auf politische Maßnahmen, Bedingungen und Verhaltensweisen ausgedehnt, die nicht toleriert werden sollten, weil sie die Chancen, ein Dasein ohne Furcht und Elend herbeizuführen, behindern, wo nicht zerstören.

Diese Art von Toleranz stärkt die Tyrannei der Mehrheit, gegen welche die wirklichen Liberalen aufbegehrten. Der politische Ort der Toleranz hat sich geändert: während sie mehr oder weniger stillschweigend und verfassungsmäßig der Opposition entzogen wird, wird sie hinsichtlich der etablierten Politik zum Zwangsverhalten. Toleranz wird von einem aktiven in einen passiven Zustand überführt, von der Praxis in eine Nicht-Praxis: ins Laissez-faire der verfassungsmäßigen Behörden. Gerade vom Volk wird die Regierung geduldet, die wiederum Opposition duldet im Rahmen der verfassungsmäßigen Behörden.

Toleranz gegenüber dem radikal Bösen erscheint jetzt als gut, weil sie dem Zusammenhalt des Ganzen dient auf dem Wege zum Überfluß oder zu größerem Überfluß. Die Nachsicht gegenüber der systematischen Verdummung von Kindern wie von Erwachsenen durch Reklame und Propaganda, die Freisetzung von unmenschlicher zerstörender Gewalt in Vietnam, das Rekrutieren und die Ausbildung von Sonderverbänden, die ohnmächtige und wohlwollende Toleranz gegenüber unverblümtem Betrug beim Warenverkauf, gegenüber Verschwendung und geplantem Veralten von Gütern sind keine Verzerrungen und Abweichungen, sondern das Wesen eines Systems, das Toleranz befördert als ein Mittel, den Kampf

ums Dasein zu verewigen und die Alternativen zu unterdrük-
ken. Im Namen von Erziehung, Moral und Psychologie ent-
rüstet man sich laut über die Zunahme der Jugendkriminalität,
weniger laut über die Kriminalität immer mächtigerer Ge-
schosse, Raketen und Bomben – das reifgewordene Verbrechen einer ganzen Zivilisation.

Einem dialektischen Satz zufolge bestimmt das Ganze die
Wahrheit – nicht in dem Sinne, daß das Ganze vor oder über
seinen Teilen ist, sondern in der Weise, daß seine Struktur und
Funktion jede besondere Bedingung und Beziehung bestimmen. So drohen in einer repressiven Gesellschaft selbst fortschrittliche Bewegungen in dem Maße in ihr Gegenteil umzu-
schlagen, wie sie die Spielregeln hinnehmen. Um einen höchst
kontroversen Fall anzuführen: die Ausübung politischer
Rechte (wie das der Wahl, das Schreiben von Briefen an die
Presse, an Senatoren usw., Protestdemonstrationen, die von
vornherein auf Gegengewalt verzichten) in einer Gesellschaft
totaler Verwaltung dient dazu, diese Verwaltung zu stärken,
indem sie das Vorhandensein demokratischer Freiheiten bezeugt, die in Wirklichkeit jedoch längst ihren Inhalt geändert
und ihre Wirksamkeit verloren haben. In einem solchen Falle
wird die Freiheit (der Meinungsäußerung, Versammlung und
Rede) zu einem Instrument, die Knechtschaft freizusprechen.
Und doch (und nur hier zeigt der dialektische Satz seine volle
Intention) bleiben das Vorhandensein und die Ausübung dieser Freiheiten eine Vorbedingung für das Wiederherstellen
ihrer ursprünglichen oppositionellen Funktion, vorausgesetzt,
daß die Anstrengung, ihre (oft selbstauferlegten) Beschränkungen zu überschreiten, intensiviert wird. Im allgemeinen
hängen Funktion und Wert der Toleranz von der Gleichheit
ab, die in der Gesellschaft herrscht, in welcher Toleranz geübt
wird. Toleranz selbst bleibt umfassenderen Kriterien unterworfen: ihre Reichweite und Grenzen lassen sich nicht gemäß
der jeweiligen Gesellschaft definieren. Mit anderen Worten:
Toleranz ist nur dann ein Selbstzweck, wenn sie wahrhaft
allseitig ist und von den Herrschern so geübt wird wie von den
Beherrschten, von den Herren wie von den Knechten, von
den Häschern wie von ihren Opfern. Solch allseitige Toleranz

ist nur dann möglich, wenn kein wirklicher oder angeblicher Feind die Erziehung und Ausbildung des Volkes zu Aggressivität und Brutalität erforderlich macht. Solange diese Bedingungen nicht herrschen, sind die Bedingungen der Toleranz »belastet«: sie werden geprägt und bestimmt von der institutionalisierten Ungleichheit (die sicher mit verfassungsmäßiger Gleichheit vereinbar ist), das heißt von der Klassenstruktur der Gesellschaft. In einer derartigen Gesellschaft wird Toleranz de facto eingeschränkt auf dem Boden legalisierter Gewalt oder Unterdrückung (Polizei, Armee, Aufseher aller Art) und der von den herrschenden Interessen und deren »Konnexionen« besetzten Schlüsselstellung.

Diese im Hintergrund wirkenden Beschränkungen der Toleranz gehen normalerweise den expliziten und juristischen Beschränkungen voraus, wie sie festgelegt werden durch Gerichte, Herkommen, Regierungen usw. (zum Beispiel »Notstand«, Bedrohung der nationalen Sicherheit, Häresie). Im Rahmen einer solchen Sozialstruktur läßt sich Toleranz üben und verkünden, und zwar 1. als passive Duldung verfestigter und etablierter Haltungen und Ideen, auch wenn ihre schädigende Auswirkung auf Mensch und Natur auf der Hand liegt; und 2. als aktive, offizielle Toleranz, die der Rechten wie der Linken gewährt wird, aggressiven ebenso wie pazifistischen Bewegungen, der Partei des Hasses ebenso wie der der Menschlichkeit. Ich bezeichne diese unparteiische Toleranz insofern als »abstrakt« und »rein«, als sie davon absteht, sich zu einer Seite zu bekennen – damit freilich schützt sie in Wirklichkeit die bereits etablierte Maschinerie der Diskriminierung.

Die Toleranz, die Reichweite und Inhalt der Freiheit erweiterte, war stets parteilich intolerant gegenüber den Wortführern des unterdrückenden Status quo. Worum es ging, war nur der Grad und das Ausmaß der Intoleranz. In der festgefügten liberalen Gesellschaft Englands und der Vereinigten Staaten wurde Rede- und Versammlungsfreiheit selbst den radikalen Gegnern der Gesellschaft gewährt, sofern sie nicht vom Wort zur Tat, vom Reden zum Handeln übergingen.

Indem sie sich auf die wirksamen, im Hintergrund stehenden

Beschränkungen verließ, schien die Gesellschaft allgemeine Toleranz zu üben. Aber bereits die liberalistische Theorie hatte die Toleranz unter eine wichtige Bedingung gestellt: sie sollte »nur für Menschen in der Reife ihrer Anlagen gelten«. John Stuart Mill spricht nicht nur von Kindern und Minderjährigen; er führt näher aus: »Als Prinzip ist Freiheit nicht anwendbar auf einen Zustand vor der Zeit, in der die Menschheit die Fähigkeit erlangte, sich durch freie und gleiche Diskussion fortzuentwickeln.« Vor jener Zeit dürfen die Menschen noch Barbaren sein, und »der Despotismus ist eine im Umgang mit Barbaren legitime Regierungsform, vorausgesetzt, daß sie darauf abzielt, jene höher zu entwickeln, und die Mittel dadurch gerechtfertigt sind, daß sie tatsächlich zu diesem Ziel führen«. Mills oft zitierte Worte enthalten eine wenig bekannte Implikation, von der ihr Sinn abhängt: den inneren Zusammenhang von Freiheit und Wahrheit. Es gibt einen Sinn, in dem Wahrheit der Zweck der Freiheit ist und die Freiheit durch Wahrheit bestimmt und umgrenzt werden muß. In welchem Sinn kann nun Freiheit um der Wahrheit willen sein? Freiheit ist Selbstbestimmung, Autonomie – das ist fast eine Tautologie, aber eine Tautologie, die sich aus einer ganzen Reihe synthetischer Urteile ergibt. Sie unterstellt die Fähigkeit, daß man sein eigenes Leben bestimmen kann: daß man imstande ist zu entscheiden, was man tun und lassen, was man erleiden und was man nicht erleiden will. Aber das Subjekt dieser Autonomie ist niemals das zufällige, private Individuum als das, was es gegenwärtig oder zufällig gerade ist; vielmehr das Individuum als ein menschliches Wesen, das imstande ist, frei zu sein mit den anderen. Und das Problem, eine solche Harmonie zwischen der individuellen Freiheit und dem Anderen zu ermöglichen, besteht nicht darin, einen Kompromiß zwischen Konkurrenten zu finden oder zwischen Freiheit und Gesetz, zwischen allgemeinem und individuellem Interesse, öffentlicher und privater Wohlfahrt in einer *etablierten* Gesellschaft, sondern darin, die Gesellschaft *herbeizuführen*, worin der Mensch nicht an Institutionen versklavt ist, welche die Selbstbestimmung von vornherein beeinträchtigen. Mit anderen Worten, Freiheit ist selbst für die freiesten der bestehenden Gesellschaften erst noch herzustellen. Und die Richtung, in der sie gesucht werden muß, und die institutionellen und kulturellen Veränderungen, die dazu beitragen können, dieses Ziel zu erreichen, sind – zumindest in der entwickelten Zivilisation – *begreiflich*, das heißt, sie lassen sich identifizieren und entwerfen auf der Basis der Erfahrung, durch Vernunft.

Im Wechselspiel von Theorie und Praxis werden wahre und falsche Lösungen unterscheidbar – niemals im Sinne bewiesener Notwendigkeit, niemals als das Positive, sondern nur mit der Gewißheit einer durchdachten und vernünftigen Chance und mit der überzeugenden Kraft des Negativen. Denn das wahrhaft Positive ist die Gesellschaft der Zukunft und deshalb jenseits von Definition und Bestimmung, während das bestehende Positive dasjenige ist, über das hinausgegangen werden muß. Doch die Erfahrung und das Verständnis der bestehenden Gesellschaft können durchaus identifizieren, was *nicht* zu einer freien und vernünftigen Gesellschaft führt, was die Möglichkeiten ihrer Herbeiführung verhindert oder verzerrt. Freiheit ist Befreiung, ein spezifischer geschichtlicher Prozeß in Theorie und Praxis und hat als solcher sein Recht und Unrecht, seine Wahrheit und Falschheit.

Die Ungewißheit der Chance bei dieser Unterscheidung setzt die geschichtliche Objektivität nicht außer Kraft, sie erfordert jedoch Denk- und Ausdrucksfreiheit als Vorbedingungen, den Weg zur Freiheit zu finden – sie erfordert *Toleranz*. Diese Toleranz kann allerdings nicht unterschiedslos und gleich sein hinsichtlich der Inhalte des Ausdrucks in Wort und Tat; sie kann nicht falsche Worte und unrechte Taten schützen, die demonstrierbar den Möglichkeiten der Befreiung widersprechen und entgegenwirken. Solche unterschiedslose Toleranz ist gerechtfertigt in harmlosen Debatten, bei der Unterhaltung, in der akademischen Diskussion; sie ist unerläßlich im Wissenschaftsbetrieb, in der privaten Religion. Aber die Gesellschaft kann nicht dort unterschiedslos verfahren, wo die Befriedung des Daseins, wo Freiheit und Glück selbst auf dem Spiel stehen: hier können bestimmte Dinge nicht gesagt, bestimmte Ideen nicht ausgedrückt, bestimmte politische Maßnahmen nicht vorgeschlagen, ein bestimmtes Verhalten nicht gestattet werden, ohne daß man Toleranz zu einem Instrument der Fortdauer von Knechtschaft macht.

Die Gefahr »zerstörerischer Toleranz« (Baudelaire), »wohlwollender Neutralität« gegenüber der *Kunst* ist erkannt worden: der Markt, der (obgleich oft mit ganz plötzlichen Schwankungen) gleich gut Kunst, Anti-Kunst und Nicht-Kunst, alle möglichen einander widerstreitenden Stile, Schulen und Formen in sich aufnimmt, liefert ein »behagliches Gefäß, einen freundlichen Abgrund« (Edgar Wind, *Art and Anarchy*, New York, Knopf, 1964, S. 101), in dem der radikale Impuls der Kunst, ihr Protest gegen die etablierte Wirklichkeit untergeht. Gleichwohl ist die Zensur von Kunst und Literatur unter allen Umständen rückschrittlich. Das authentische Kunstwerk ist keine Stütze der Unterdrückung und kann keine sein, und Pseudokunst (die eine solche Stütze sein kann) ist keine Kunst. Die Kunst steht gegen die Geschichte, leistet ihr Widerstand, einer Geschichte, welche stets die der Unterdrückung gewesen ist; denn die Kunst unterwirft die Wirklichkeit Gesetzen, die andere als die etablierten sind: den Gesetzen der Form, welche eine andere Wirklichkeit hervorbringt – die Negation der etablierten selbst dort, wo Kunst die etablierte Wirklichkeit abschildert. Freilich unterwirft sich die Kunst in ihrem Kampf mit der Geschichte selbst der Geschichte: die Geschichte geht ein in die Definition der Kunst sowie in die Unterscheidung von Kunst und Pseudokunst. So geschieht es, daß zur Pseudokunst wird, was einmal Kunst war. Frühere Formen, Stile und Qualitäten, frühere Weisen von Protest und Absagen lassen sich nicht in einer anderen Gesellschaft oder gegen sie wiederaufnehmen. Es gibt Fälle, in denen ein authentisches Werk eine rückschrittliche politische Aussage enthält – das gilt von Dostojewskij. Dann aber wird die Aussage durch das Werk selbst widerrufen: der rückschrittliche politische Inhalt wird absorbiert, *aufgehoben* in der künstlerischen Form: im Werk als Literatur.

Die Toleranz der freien Rede ist der Weg der Vorbereitung, und des Fortschreitens der Befreiung, *nicht* weil es keine objektive Wahrheit gibt und Befreiung notwendigerweise ein

Kompromiß zwischen einer Mannigfaltigkeit von Meinungen sein muß, sondern weil es eine objektive Wahrheit gibt, die nur dadurch aufgedeckt und ermittelt werden kann, daß erfahren und begriffen wird, was ist, sein kann und zur Verbesserung des Loses der Menschheit getan werden sollte. Dieses öffentliche und historische »Sollen« ist nicht unmittelbar einsichtig, liegt nicht auf der Hand: es muß enthüllt werden, indem das gegebene Material »durchschnitten«, »aufgespalten«, »zerbrochen« (*dis-cutio*) wird – wodurch Recht und Unrecht, Gut und Schlecht, Richtig und Falsch auseinandergehalten werden. Das Subjekt, dessen »Vervollkommnung« von einer progressiven geschichtlichen Praxis abhängt, ist jeder Mensch als Mensch, und diese Universalität reflektiert sich in der Diskussion, die a priori keine Gruppe, kein Individuum ausschließt. Aber selbst der alles einschließende Charakter der liberalistischen Toleranz beruhte, zumindest in der Theorie, auf dem Grundsatz, daß alle Menschen (potentielle) Individuen wären, die lernen könnten, selbst zu hören, zu sehen und zu fühlen, ihre eigenen Gedanken zu entfalten, ihre wahren Interessen, Rechte und Fähigkeiten zu erfassen, auch gegen die eingerichtete Autorität und Meinung. Das war die rationale Grundlage der Rede- und Versammlungsfreiheit. Allseitige Duldung wird fragwürdig, wenn ihre rationale Grundlage nicht mehr besteht, wenn Toleranz manipulierten und geschulten Individuen verordnet wird, die die Meinung ihrer Herren als ihre eigene nachplappern, für die Heteronomie zur Autonomie geworden ist.

Das Telos der Toleranz ist Wahrheit. Es ist eine geschichtlich klare Tatsache, daß die authentischen Wortführer der Toleranz auf mehr und eine andere Wahrheit aus waren als die der Aussagenlogik und akademischen Theorie. John Stuart Mill spricht von der Wahrheit, die in der Geschichte verfolgt wird und die über die Verfolgung *nicht* aufgrund der ihr »eigenen Macht« triumphiert, die wirklich »gegenüber dem Kerker und dem Pfahl« keine eigene Macht hat. Und er zählt die »Wahrheiten« auf, die grausam und erfolgreich in den Kerkern und am Pfahl liquidiert wurden: die von Arnold von Brescia, von Fra Dolcino, von Savonarola, die der Albigenser, Waldenser,

Lollarden und Hussiten. Der Toleranz bedarf es zunächst und vor allem um der Ketzer willen – der geschichtliche Weg zur *humanitas* erscheint als Ketzerei: Ziel der Verfolgung durch die bestehenden Mächte. Indessen ist Ketzerei als solche noch kein Zeichen für Wahrheit.

Das Kriterium des Fortschritts in der Freiheit, wonach Mill diese Bewegungen beurteilt, ist die Reformation. Es handelt sich um eine Bewertung *ex post*, und seine Liste enthält Gegensätze (auch Savonarola hätte Fra Dolcino verbrannt). Selbst die Bewertung ex post ist in ihrer Wahrheit anfechtbar: die Geschichte korrigiert das Urteil – zu spät. Die Korrektur hilft den Opfern nicht und spricht ihre Henker nicht frei. Die Lehre daraus ist jedoch klar: die Intoleranz hat den Fortschritt aufgehalten, das Hinschlachten und Foltern Unschuldiger um Jahrhunderte weitergehen lassen. Spricht dies nun für unterschiedslose, »reine« Toleranz? Gibt es geschichtliche Bedingungen, unter denen eine solche Toleranz die Befreiung hemmt und die Opfer des Status quo vermehrt? Kann die unterschiedslose Garantie politischer Rechte und Freiheiten rückschrittlich sein? Kann eine solche Toleranz dazu dienen, eine qualitative gesellschaftliche Änderung zu hintertreiben? Ich werde diese Frage nur in bezug auf politische Bewegungen, Einstellungen, Denkrichtungen und Philosophien erörtern, die im weitesten Sinne »politisch« sind. Außerdem werde ich den Brennpunkt der Diskussion verlagern: sie wird sich nicht nur und nicht in erster Linie mit der Toleranz gegenüber radikalen Extremen, Minderheiten, Umstürzlern usw. befassen, sondern eher mit der Toleranz gegenüber Mehrheiten, der offiziellen und öffentlichen Meinung, den etablierten Schutzherren der Freiheit. Damit kann die Diskussion nur eine demokratische Gesellschaft zum Bezugsrahmen haben, in der das Volk in Gestalt von Individuen und Mitgliedern politischer und anderer Organisationen an der Durchführung, Beibehaltung und Änderung der Politik teilhat. In einem autoritären System toleriert das Volk die etablierte Politik nicht – es erleidet sie.

Unter einem System verfassungsmäßig garantierter und (im allgemeinen und ohne zu viele und zu augenfällige Ausnah-

men) ausgeübter bürgerlicher Rechte und Freiheiten werden
Opposition und abweichende Ansichten geduldet, sofern sie
nicht zur Gewaltanwendung führen und sofern nicht zu einem gewaltsamen Umsturz aufgerufen und dieser organisiert
wird. Zugrunde liegt die Annahme, daß die etablierte Gesellschaft frei sei und daß jede Verbesserung, selbst eine Änderung der gesellschaftlichen Struktur und Werte, im normalen
Gang der Ereignisse zustande käme, vorbereitet, bestimmt
und untersucht in freier und gleicher Diskussion auf dem
offenen Forum der Ideen und Güter.* Indem ich nun an die
Stelle aus John Stuart Mill erinnerte, machte ich auf die in
dieser Annahme versteckte Prämisse aufmerksam: freie und
gleiche Diskussion kann die ihr zugeschriebene Funktion nur
erfüllen, wenn sie *rational* ist – Ausdruck und Entfaltung
unabhängigen Denkens, frei von geistigem Drill, Manipulation, äußerer Autorität. Der Begriff des Pluralismus und des
Ausgleichs der Mächte kann dieses Erfordernis nicht ersetzen.
Man könnte theoretisch einen Staat konstruieren, in dem eine
Vielheit verschiedener Zwänge, Interessen und Autoritäten
einander ausbalancieren und zu einem wahrhaft allgemeinen
und vernünftigen Interesse führen. Eine solche Konstruktion
paßt jedoch schlecht zu einer Gesellschaft, in der die Mächte
ungleich sind und bleiben und ihr ungleiches Gewicht noch
erhöhen, wenn sie ihren eigenen Lauf nehmen. Sie paßt noch
schlechter, wenn die Mannigfaltigkeit von Zwängen sich zu
einem überwältigenden Ganzen vereinigt und verfestigt und
dabei die einzelnen ausgleichenden Mächte integriert aufgrund
eines zunehmenden Lebensstandards und einer zunehmenden
Machtkonzentration. Die Arbeiter, deren wirkliches Interesse
dem der Betriebsleitung widerstreitet, der gewöhnliche Kon-
sument, dessen wirkliches Interesse dem des Produzenten
entgegengesetzt ist, der Intellektuelle, dessen Beruf in Kon-

---

* Ich möchte bezüglich der anschließenden Diskussion nochmals betonen, daß
Toleranz selbst in der demokratischen Gesellschaft *de facto nicht* unterschiedslos
und »rein« ist. Die auf S. 223 [dieses Bandes, D. C.] aufgeführten, »im Hintergrund wirkenden Beschränkungen« erlegen der Toleranz Schranken auf, noch
ehe sie wirksam zu werden beginnt. Die antagonistische Struktur der Gesellschaft
beeinträchtigt die Spielregeln. Die gegen das etablierte System Stehenden sind
a priori im Nachteil, was durch die Duldung ihrer Ideen, Reden und Zeitungen
nicht behoben wird.

flikt gerät mit dem seines Arbeitgebers, sehen dann, daß sie sich einem System unterwerfen, dem gegenüber sie machtlos sind und unvernünftig erscheinen. Die Idee verfügbarer Alternativen verflüchtigt sich in eine äußerst utopische Dimension, in der sie auch beheimatet ist; denn eine freie Gesellschaft ist in der Tat unrealistisch und wesentlich verschieden von allen bestehenden Gesellschaften. Welche Verbesserung auch »im normalen Gang der Ereignisse« und ohne Umwälzung eintreten mag, unter diesen Umständen wird sie eine Verbesserung sein, die in der von den partikulären Interessen bestimmten Richtung liegt, die das Ganze kontrollieren.

Aus demselben Grunde wird man es jenen Minderheiten, die bestrebt sind, das Ganze selbst zu ändern, unter optimalen Bedingungen (die selten herrschen) gestatten, Erwägungen anzustellen und zu diskutieren, zu sprechen und sich zu versammeln – und diese werden angesichts der überwältigenden Mehrheit, die sich einer qualitativen gesellschaftlichen Änderung widersetzt, harmlos und hilflos dastehen. Diese Mehrheit ist fest gegründet in der zunehmenden Befriedigung der Bedürfnisse sowie der technologischen und geistigen Gleichschaltung, die die allgemeine Hilflosigkeit radikaler Gruppen in einem gut funktionierenden Gesellschaftssystem bezeugen.

In der Überflußgesellschaft herrscht Diskussion im Überfluß, und im etablierten Rahmen ist sie weitgehend tolerant. Alle Standpunkte lassen sich vernehmen: der Kommunist und der Faschist, der Linke und der Rechte, der Weiße und der Neger, die Kreuzzügler für Aufrüstung und die für Abrüstung. Ferner wird bei Debatten in den Massenmedien die dumme Meinung mit demselben Respekt behandelt wie die intelligente, der Ununterrichtete darf ebenso lange reden wie der Unterrichtete, und Propaganda geht einher mit Erziehung, Wahrheit mit Falschheit. Diese reine Toleranz von Sinn und Unsinn wird durch das demokratische Argument gerechtfertigt, daß niemand, ob Gruppe oder Individuum, im Besitz der Wahrheit und imstande wäre zu bestimmen, was Recht und Unrecht ist, Gut und Schlecht. Deshalb müssen alle miteinander wetteifernden Meinungen »dem Volk« zur Erwägung und

Auswahl vorgelegt werden. Ich habe jedoch bereits angedeutet, daß das demokratische Argument eine notwendige Bedingung einschließt, nämlich: daß das Volk fähig sein muß, auf der Basis von Erkenntnis etwas zu erwägen und auszuwählen, daß ihm wahrhafte Information zugänglich sein und deren Bewertung autonomem Denken entspringen muß.

In der gegenwärtigen Periode wird das demokratische Argument zunehmend dadurch hinfällig, daß der demokratische Prozeß selbst hinfällig wird. Die befreiende Kraft der Demokratie lag in der Chance, die sie abweichenden Ansichten auf der individuellen wie gesellschaftlichen Ebene gewährte, in ihrer Offenheit gegenüber qualitativ anderen Formen der Regierung, Kultur und Arbeit – des menschlichen Daseins im allgemeinen. Die Duldung der freien Diskussion und das gleiche Recht gegensätzlicher Positionen sollte die verschiedenen Formen abweichender Ansichten bestimmen und klären: ihre Richtung, ihren Inhalt, ihre Aussichten. Aber mit der Konzentration ökonomischer und politischer Macht und der Integration gegensätzlicher Standpunkte einer Gesellschaft, welche die Technik als Herrschaftsinstrument benutzt, wird effektive Abweichung dort gehemmt, wo sie unbehindert aufkommen konnte: in der Meinungsbildung, im Bereich von Information und Kommunikation, in der Rede und der Versammlung. Unter der Herrschaft der monopolistischen Medien – selber bloße Instrumente ökonomischer und politischer Macht – wird eine Mentalität erzeugt, für die Recht und Unrecht, Wahr und Falsch vorherbestimmt sind, wo immer sie die Lebensinteressen der Gesellschaft berühren.

Das ist, vor allem Ausdruck und aller Kommunikation, ein semantischer Tatbestand: blockiert wird die effektive Abweichung, die Anerkennung dessen, was nicht dem Establishment angehört; das beginnt in der Sprache, die veröffentlicht und verordnet wird. Der Sinn der Wörter wird streng stabilisiert. Rationale Diskussion, eine Überzeugung vom Gegenteil ist nahezu ausgeschlossen. Der Zugang zur Sprache wird denjenigen Wörtern und Ideen versperrt, die anderen Sinnes sind als der etablierte – etabliert durch die Reklame der bestehenden Mächte und verifiziert in deren Praktiken. Andere Wörter können zwar ausgesprochen und gehört, andere Gedanken zwar ausgedrückt werden, aber sie werden nach dem massiven Maßstab der konservativen Mehrheit (außerhalb solcher Enklaven wie der Intelligenz) sofort »bewertet« (das heißt: automatisch verstanden) im Sinne der öffentlichen Sprache – einer Sprache, die »a priori« die Richtung festlegt, in welcher sich der Denkprozeß bewegt. Damit endet der Prozeß der Reflexion dort, wo er anfing: in den gegebenen Bedingungen und Verhältnissen. Sich selbst bestätigend, stößt der Diskussionsgegenstand den Widerspruch ab, da die Antithese im Sinne der These neubestimmt wird. Zum Beispiel, These: wir arbeiten für den Frieden; Antithese: wir bereiten Krieg vor (oder gar: wir führen Krieg); Vereinigung der Gegensätze: Kriegsvorbereitung *ist* Arbeit für den Frieden. Frieden wird dahingehend neubestimmt, daß er, bei der herrschenden Lage, Kriegsvorbereitung (oder sogar Krieg) notwendig einschließt, und in dieser Orwellschen Form sind der Sinn des Wortes »Frieden« stabilisiert. So wirkt das Grundvokabular der Orwellschen Sprache im Sinne apriorischer Kategorien des Verstehens: aller Inhalt wird präformiert. Diese Bedingungen entkräften die Logik der Toleranz, welche die rationale Entwicklung des Sinnes einschließt und dessen Abriegelung verbietet. Folglich verlieren die Überzeugung durch Diskussion und die gleichberechtigte Darstellung gegensätzlicher Positionen (selbst wo sie wirklich gleichberechtigt ist) leicht ihre befreiende Kraft als Faktoren des Verstehens und Erfahrens; weit wahrscheinlicher ist es jedoch, daß sie die etablierte These stärken und die Alternativen abwehren.

Unparteilichkeit bis zum äußersten, gleiche Behandlung konkurrierender und im Konflikt liegender Meinungen ist in der Tat ein Grunderfordernis dafür, daß im demokratischen Prozeß Entscheidungen getroffen werden können – und sie ist ein Grunderfordernis zur Bestimmung der Grenzen der Toleranz. Aber in einer Demokratie mit totalitärer Organisation kann Objektivität eine ganz andere Funktion erfüllen, nämlich die, eine geistige Haltung zu fördern, die dazu tendiert, den Unterschied zwischen Wahr und Falsch, Information und Propaganda, Recht und Unrecht zu verwischen. Faktisch ist die

Entscheidung zwischen gegensätzlichen Ansichten schon vollzogen, ehe es dazu kommt, sie vorzutragen und zu erörtern
– vollzogen nicht durch eine Verschwörung, einen Führer
oder Propagandisten, nicht durch irgendeine Diktatur, sondern vielmehr durch den »normalen Gang der Ereignisse«, der
der Gang verwalteter Ereignisse ist, sowie durch die darin
geformte Mentalität. Auch hier bestimmt das Ganze die
Wahrheit. Denn ohne daß die Objektivität offen verletzt
würde, setzt die Entscheidung sich durch in Dingen wie der
Aufmachung einer Zeitung (darin, daß eine höchst wichtige
Information zerstückelt und mit nicht dazu gehörigem Material und unwesentlichen Einzelheiten durchsetzt wird, wodurch einige radikal negative Nachrichten eine unauffällige
Stelle zugewiesen bekommen), in der Nebeneinanderstellung
von prächtigen Annoncen und unabgeschwächtem Grauen,
darin, daß Rundfunksendungen, die Tatsachen mitteilen,
durch eine überwältigende Reklame eingeleitet und unterbro-
chen werden. Das Ergebnis ist eine *Neutralisierung* der Gegensätze, eine Neutralisierung freilich, die auf dem festen
Boden der strukturellen Einschränkung der Toleranz und im
Rahmen einer präformierten Mentalität stattfindet. Wenn eine
Zeitschrift nebeneinander einen negativen und einen positiven
Bericht über den FBI abdruckt, dann erfüllt sie ehrlich die
Erfordernisse der Objektivität: es ist jedoch mit Wahrschein-
lichkeit anzunehmen, daß der positive das Rennen macht, weil
das Image der Institution dem Bewußtsein des Volkes tief
eingeprägt ist. Oder wenn ein Nachrichtensprecher über die
Folterung und Ermordung von Menschen, die für die Bürger-
rechte eintraten, in dem gleichen geschäftlichen Tonfall berichtet, dessen er sich bedient, wenn er den Aktienmarkt oder
das Wetter beschreibt, oder mit der gleichen großen Gemüts-
bewegung, mit der er seine Reklamesprüche aufsagt, dann ist
solche Objektivität unecht, mehr noch, sie verstößt gegen
Humanität und Wahrheit, weil sie dort ruhig ist, wo man
wütend sein sollte, und sich dort der Anklage enthält, wo
diese in den Tatsachen selbst enthalten ist. Die in solcher
Unparteilichkeit ausgedrückte Toleranz dient dazu, die herrschende Intoleranz und Unterdrückung möglichst klein dar-

zustellen oder gar freizusprechen. Wenn jedoch Objektivität irgend etwas mit Wahrheit zu tun hat und wenn Wahrheit mehr als eine Sache der Logik und Wissenschaft ist, dann ist diese Art Objektivität falsch und diese Art Toleranz unmenschlich. Und wenn es notwendig ist, das etablierte Universum der Bedeutung (und der in diesem Universum enthaltenen Praxis) zu durchbrechen, um den Menschen in den Stand zu setzen, herauszufinden, was wahr und was falsch ist, dann müßte diese trügerische Unparteilichkeit aufgegeben werden. Die dieser Unparteilichkeit ausgesetzten Menschen sind keine *tabulae rasae*, sie werden geschult von den Verhältnissen, unter denen sie leben und denken und über die sie nicht hinausgehen. Um sie zu befähigen, autonom zu werden, von sich aus herauszufinden, was für den Menschen in der bestehenden Gesellschaft wahr und was falsch ist, müßten sie von der herrschenden Schulung (die nicht mehr als Schulung erkannt wird) befreit werden. Das aber bedeutet, daß der Trend umgekehrt werden müßte: sie hätten Information zu bekommen, die in entgegengesetzter Richtung präformiert ist. Denn die Tatsachen sind niemals unmittelbar gegeben und niemals unmittelbar zugänglich; sie werden durch jene, die sie herbeiführten, etabliert und »vermittelt«; die Wahrheit, »die ganze Wahrheit«, geht über die Tatsachen hinaus und erfordert den Bruch mit ihrer Erscheinung. Dieser Bruch – Vorbedingung und Zeichen aller Denk- und Redefreiheit – läßt sich nicht im etablierten Rahmen abstrakter Toleranz und unechter Objektivität vollziehen, weil eben sie die Faktoren sind, die den Geist *gegen* den Bruch präformieren.

Die tatsächlichen Schranken, welche die totalitäre Demokratie gegen die Wirksamkeit qualitativ abweichender Ansichten errichtet, sind, verglichen mit den Praktiken einer Diktatur, die das Volk in der Wahrheit zu erziehen beansprucht, schwach und angenehm genug. Bei all ihren Grenzen und Verzerrungen ist demokratische Toleranz unter allen Umständen humaner als ein institutionalisierte Intoleranz, welche die Rechte und Freiheiten der lebenden Generationen künftigen Generationen zuliebe hinopfert. Es fragt sich, ob dies die einzige Alternative ist. Ich werde jetzt versuchen, die Richtung anzudeuten, in der eine Antwort gesucht werden kann. Auf jeden Fall geht es nicht um den Gegensatz von Demokratie in abstracto und Diktatur in abstracto.

Demokratie ist eine Regierungsform, die sich für sehr verschiedene Typen der Gesellschaft eignet (das gilt sogar für eine Demokratie mit allgemeinem Stimmrecht und Gleichheit vor dem Gesetz), und die menschlichen Kosten einer Demokratie sind stets und überall die von der Gesellschaft verlangten, deren Regierung sie ist. Der Umfang dieser Kosten erstreckt sich von normaler Ausbeutung, Armut und Unsicherheit bis auf die Opfer von Kriegen, Polizeiaktionen, militärischer Hilfe usw., auf welche die Gesellschaft sich eingelassen hat – und nicht nur auf die Opfer innerhalb der eigenen Landesgrenzen. Solche Erwägungen können zwar niemals rechtfertigen, daß andere Sach- und Menschenopfer im Namen einer künftigen, besseren Gesellschaft gefordert werden, aber sie gestatten doch, die mit der Erhaltung einer bestehenden Gesellschaft verbundenen Kosten gegen das Risiko abzuwägen, Alternativen zu befördern, die der Befriedung und Befreiung eine vernünftige Chance bieten. Sicher ist von keiner Regierung zu erwarten, daß sie ihre eigene gewaltsame Beseitigung begünstige, aber in der Demokratie ist ein solches Recht im Volk verankert (das heißt in der Mehrheit des Volkes). Das bedeutet, daß die Wege, auf denen sich eine umstürzende Mehrheit entwickeln könnte, nicht versperrt werden sollten, und wenn sie durch organisierte Unterdrückung und Indoktrination versperrt werden, dann wird ihre Wiedereröffnung offenkundig undemokratische Mittel erheischen. Dazu würde gehören, daß Gruppen und Bewegungen die Rede- und Versammlungsfreiheit entzogen wird, die eine aggressive Politik, Aufrüstung, Chauvinismus und Diskriminierung aus rassischen und religiösen Gründen befürworten oder sich der Ausweitung öffentlicher Dienste, sozialer Sicherheit, medizinischer Fürsorge usw. widersetzen. Darüber hinaus kann die Wiederherstellung der Denkfreiheit neue und strenge Beschränkungen der Lehren und Praktiken in den pädagogischen Institutionen erfordern, die ihren ganzen Methoden und Begriffen nach dazu dienen, den Geist ins etablierte

Universum von Rede und Verhalten einzuschließen – und dadurch a priori einer rationalen Einschätzung der Alternativen vorzubeugen. Und in dem Maße, wie Denkfreiheit den Kampf gegen Unmenschlichkeit mit sich bringt, schlösse die Wiederherstellung einer solchen Freiheit auch Intoleranz gegenüber wissenschaftlicher Forschung ein, die im Interesse tödlicher »Abschreckungsmittel«, des Ertragens unmenschlicher, abnormer Bedingungen usw. erfolgt. Ich werde jetzt die Frage diskutieren, wer über die Unterscheidung zwischen befreienden und repressiven, menschlichen und unmenschlichen Lehren und Praktiken befinden soll; ich habe bereits angedeutet, daß diese Unterscheidung keine Sache bloß subjektiven Vorziehens von Werten, sondern rationaler Kriterien ist.

Während es denkbar ist, daß die Umkehrung des Trends wenigstens im erzieherischen Bereich sich von den Schülern und Lehrern selbst durchsetzen ließe und damit selbstauferlegt wäre, ließe sich der systematische Entzug von Toleranz gegenüber rückschrittlichen und repressiven Meinungen und Bewegungen nur als Ergebnis eines massiven Drucks vorstellen, was auf eine Umwälzung hinausliefe. Er würde, mit anderen Worten, voraussetzen, was noch zu leisten ist: die Umkehrung des Trends. Jedoch kann Widerstand bei besonderen Anlässen vielleicht dafür den Boden bereiten. Der umstürzlerische Charakter der Wiederherstellung von Freiheit erscheint am deutlichsten in derjenigen Dimension der Gesellschaft, in der falsche Toleranz wahrscheinlich den größten Schaden anrichtet: in Geschäft und Publicity. Ich bestehe darauf, daß Praktiken wie geplantes Veralten von Gütern, das Einverständnis zwischen Gewerkschaften und den Politikern des Establishment, die betrügerische Publizität nicht einfach von oben einer ohnmächtigen breiten Masse auferlegt, sondern von dieser *geduldet* werden – und von den Konsumenten insgesamt. Es wäre jedoch lächerlich, wollte man hinsichtlich dieser Praktiken und der von ihnen geförderten Ideologien von einem möglichen Entzug der Toleranz reden. Denn sie gehören zur Basis, auf der die repressive Gesellschaft beruht und sich und ihre lebenswichtigen Abwehrstellungen reproduziert – ihre Beseitigung wäre jene totale Revolution, die von dieser Gesellschaft so wirksam unterbunden wird.

Toleranz in einer solchen Gesellschaft diskutieren heißt, den Tatbestand der Gewalt und die traditionelle Unterscheidung von gewaltsamer und gewaltloser Aktion neu zu untersuchen. Die Diskussion sollte nicht von vornherein durch Ideologien vernebelt werden, die der Verewigung von Gewalt dienen. Selbst in den fortgeschrittenen Zentren der Zivilisation herrscht faktisch Gewalt: sie wird ausgeübt durch die Polizei, in Straf- und Irrenanstalten, im Kampf gegen rassische Minderheiten; sie wird von den Verteidigern der »freien Welt« in die rückständigen Gegenden getragen. Allerdings gebiert diese Gewalt neue. Aber sich angesichts einer weit überlegenen Gewalt dieser Gewalt zu enthalten, ist ein Ding, a priori aus ethischen oder psychologischen Gründen (weil sie Sympathisanten verschrecken kann) auf Gewalt gegen Gewalt zu verzichten, ein anderes. Gewaltlosigkeit wird den Schwachen normalerweise nicht nur gepredigt, sondern abgezwungen – sie ist mehr eine Notwendigkeit als eine Tugend, und normalerweise gefährdet sie die Interessen der Starken nicht ernstlich. (Ist der Fall Indiens eine Ausnahme? Dort wurde passiver Widerstand in großem Umfang geleistet, der das Wirtschaftsleben des Landes auflöste oder auzulösen drohte. Quantität schlägt in Qualität um: in solchem Ausmaß ist passiver Widerstand nicht mehr passiv – er hört auf, gewaltlos zu sein. Dasselbe gilt für den Generalstreik.) Robespierres Unterscheidung zwischen dem Terror der Freiheit und dem des Despotismus und seine moralische Verherrlichung des ersteren zählen zu den am überzeugendsten verdammten Verirrungen, auch wenn der weiße Terror blutiger war als der rote. Die vergleichende Beurteilung der verschiedenen gesellschaftlichen Systeme nach der Anzahl ihrer Opfer wäre das quantifizierende Verfahren, das den von Menschen bereiteten Schrecken offenbart, der die Gewalt zu einer Notwendigkeit machte. Hinsichtlich der geschichtlichen Funktion gibt es einen Unterschied zwischen revolutionärer und reaktionärer Gewalt, zwischen der von den Unterdrückten und der von den Unterdrückern geübten Gewalt. Ethisch gesehen: beide

Formen der Gewalt sind unmenschlich und von Übel – aber seit wann wird Geschichte nach ethischen Maßstäben gemacht? Zu dem Zeitpunkt mit ihrer Anwendung beginnen, wo die Unterdrückten gegen die Unterdrücker aufbegehren, die Armen gegen die Verfügenden, heißt dem Interesse der tatsächlichen Gewalt dadurch dienen, daß man den Protest gegen sie schwächt.

»Comprenez enfin ceci: si la violence a commencé ce soir, si l'exploitation ni l'oppression n'ont jamais existé sur terre, peut-être la non-violence affichée peut apaiser la querelle. Mais si le régime tout entier et jusqu'à vos non-violentes pensées sont conditionnées par une oppression millénaire, votre passivité ne sert qu'à vous ranger du côté des oppresseurs.«* (Sartre, Vorwort zu Frantz Fanon, *Les Damnés de la Terre*, Paris 1961, S. 22. Deutsche Ausgabe: *Die Verdammten dieser Erde*, Frankfurt am Main 1966.)

Gerade der Begriff der falschen Toleranz und die Unterscheidung zwischen gerechtfertigten und ungerechtfertigten Grenzen der Toleranz, zwischen progressiver und regressiver Schulung, revolutionärer und reaktionärer Gewalt erfordern, daß Kriterien ihrer Gültigkeit festgesetzt werden. Diese Maßstäbe müssen allen verfassungsmäßigen und gesetzlichen Kriterien (wie »Notstand« und anderen etablierten Definitionen bürgerlicher Rechte und Freiheiten) vorausgehen, die in einer bestehenden Gesellschaft aufgestellt und angewandt werden; denn solche Definitionen setzen selbst Maßstäbe von Freiheit und Unterdrückung als in der jeweiligen Gesellschaft anwendbar oder nicht anwendbar voraus: sie sind Spezifikationen allgemeiner Begriffe. – Durch wen und nach welchen Maßstäben läßt sich die politische Unterscheidung zwischen wahr und falsch, progressiv und regressiv (denn in diesem Bereich sind diese Begriffspaare gleichbedeutend) treffen und ihre Gültigkeit rechtfertigen? Ich behaupte, daß sich die Frage

* »Man verstehe dies endlich: wenn die Gewalt heute abend angefangen hätte, wenn Ausbeutung und Unterdrückung niemals auf Erden existiert hätten, dann könnte vielleicht die sich anpreisende Gewaltlosigkeit den Streit beilegen. Wenn aber das gesamte Regime bis in euere gewaltlosen Gedanken hinein durch eine tausendjährige Unterdrückung bedingt ist, dann dient euere Passivität nur dazu, euch ins Lager der Unterdrückung einzugliedern.«

238

nicht anhand der Alternative von Demokratie und Diktatur beantworten läßt, der zufolge in der Diktatur ein Individuum oder eine Gruppe sich ohne wirksame Kontrolle von unten die Entscheidung anmaßen. Historisch sind selbst in den demokratischsten Demokratien diejenigen lebenswichtigen Entscheidungen, welche die Gesellschaft als Ganzes berühren, verfassungsmäßig oder faktisch durch eine oder mehrere Gruppen getroffen worden, ohne daß das Volk selbst eine wirksame Kontrolle ausgeübt hätte. Die ironische Frage: wer erzieht die Erzieher? (das heißt die politischen Führer), gilt auch für die Demokratie. Die einzige wahrhafte Alternative zur Diktatur und deren Negation wäre (im Hinblick auf diese Frage) eine Gesellschaft, in der »das Volk« zu autonomen Individuen geworden ist, die befreit sind von den repressiven Erfordernissen eines Kampfes ums Dasein im Interesse von Herrschaft und als solche befreite Menschen ihre Regierung wählen und ihr Leben bestimmen. Eine solche Gesellschaft existiert nirgendwo. Inzwischen muß die Frage *in abstracto* behandelt werden – ein Abstraktion nicht von den geschichtlichen Möglichkeiten, sondern von den Realitäten in den herrschenden Gesellschaften.

Ich gab zu verstehen, daß die Unterscheidung zwischen wahrer und falscher Toleranz, zwischen Fortschritt und Regression sich rational auf empirischem Boden treffen läßt. Die realen Möglichkeiten menschlicher Freiheit sind relativ zur erreichten Zivilisationsstufe. Sie hängen von den auf der jeweiligen Stufe verfügbaren materiellen und geistigen Ressourcen ab, und sie lassen sich weitgehend quantifizieren und berechnen. Das gilt auf der Stufe der fortgeschrittenen Industriegesellschaft für die rationalsten Weisen, diese Ressourcen zu nutzen und das Sozialprodukt bei vorrangiger Befriedigung der Lebensbedürfnisse und mit einem Minimum von harter Arbeit und Ungerechtigkeit zu verteilen. Mit anderen Worten: es ist möglich, die Richtung zu bestimmen, in der die herrschenden Institutionen, politischen Praktiken und Meinungen geändert werden müßten, um die Chance eines Friedens zu vergrößern, der nicht mit Kaltem Krieg identisch ist, sowie einer Befriedigung der Bedürfnisse, die nicht von Armut, Unterdrückung und Ausbeutung lebt. Es ist dem zufolge auch möglich, politische Praktiken, Meinungen und Bewegungen zu bestimmen, die diese Chance befördern würden, und diejenigen, die das Gegenteil täten; die Unterdrückung der regressiven ist eine Vorbedingung für die Stärkung der fortschrittlichen.

Die Frage, wer qualifiziert sei, alle diese Unterscheidungen, Definitionen und Ermittlungen für die Gesamtgesellschaft vorzunehmen, hat jetzt eine logische Antwort: jedermann »in der Reife seiner Anlagen«, jeder, der gelernt hat, rational und autonom zu denken. Die Antwort auf Platons erzieherische Diktatur ist die demokratische erzieherische Diktatur freier Menschen. John Stuarts Mills Konzeption der *res publica* ist nicht das Gegenteil der Platonischen: auch der Liberale fordert die Autorität der Vernunft nicht nur als geistige, sondern auch als politische Macht. Bei Platon ist die Rationalität auf die kleine Zahl der Philosophen-Könige begrenzt; bei Mill hat jeder Mensch teil an der Diskussion und Entscheidung – aber nur als vernünftiges Wesen. Wo die Gesellschaft in die Phase totaler Verwaltung und Indoktrination eingetreten ist, wäre das allerdings eine kleine Anzahl und nicht notwendig die der gewählten Volksvertreter. Es geht nicht um das Problem einer erzieherischen Diktatur, sondern darum, die Tyrannei der öffentlichen Meinung und ihrer Hersteller in der geschlossenen Gesellschaft zu brechen.

Angenommen selbst, daß die Unterscheidung zwischen Fortschritt und Regression empirisch als rational ausgewiesen werden kann, und angenommen, daß sie auf die Toleranz angewandt werden und aus politischen Gründen eine streng unterscheidende Praxis rechtfertigen kann (Abschaffung des liberalen Glaubens an freie und gleiche Diskussion), so ergibt sich daraus noch eine unmögliche Konsequenz. Ich sagte, daß kraft innerer Logik der Entzug der Toleranz gegenüber regressiven Bewegungen und eine unterscheidende Toleranz zugunsten fortschrittlicher Tendenzen gleichbedeutend wäre mit der »offiziellen« Förderung des Umsturzes. Der geschichtliche Fortschrittskalkül (der gegenwärtig der Kalkül der voraussichtlichen Verringerung von Grausamkeit, Elend und Unterdrückung ist) scheint die wohlüberlegte Wahl zwischen zwei Formen politischer Gewalt einzuschließen: die seitens der gesetzlich bestellten Mächte (durch ihre legitime Aktion, ihr stillschweigendes Einverständnis oder ihr Unvermögen, Gewalt zu verhindern) und die seitens potentiell umstürzlerischer Bewegungen. Außerdem würde im Hinblick auf die letzteren eine Politik ungleicher Behandlung den Radikalismus von links gegen den von rechts schützen. Kann der geschichtliche Kalkül vernünftigerweise auf die Rechtfertigung der einen Form von Gewalt gegen die andere ausgedehnt werden? Oder besser (da »Rechtfertigung« einen moralischen Beigeschmack hat), gibt es einen geschichtlichen Beweis, der dahin geht, daß der gesellschaftliche Ursprung und Impuls der Gewalt (ausgehend von den beherrschten oder den herrschenden Klassen, den Verfügenden oder den Armen, der Linken oder der Rechten) sich in einem nachweisbaren Verhältnis zum Fortschritt (wie er oben definiert wurde) befindet?

Bei allen Einschränkungen, deren eine Hypothese bedarf, die auf einer unabgeschlossenen geschichtlichen Vergangenheit beruht, scheint es, daß die aus dem Aufstand der unterdrückten Klassen erwachsene Gewalt das geschichtliche Kontinuum von Ungerechtigkeit, Grausamkeit und Stillschweigen für einen kurzen Augenblick durchbrach, kurz aber explosiv genug, um eine Erweiterung des Spielraums von Freiheit und Gerechtigkeit, eine bessere und gleichmäßigere Verteilung von Elend und Unterdrückung in einem Gesellschaftssystem zu erreichen – mit einem Wort: einen Fortschritt der Zivilisation. Die englischen Bürgerkriege, die Französische Revolution, die Chinesische und die Kubanische Revolution können diese Hypothese veranschaulichen. Demgegenüber wurde der eine geschichtliche Wechsel von einem Gesellschaftssystem zum anderen, der den Beginn einer neuen Epoche der Zivilisation markierte, *nicht* von einer wirksamen Bewegung »von unten« inspiriert und durchgesetzt, nämlich der Zusammenbruch des Römischen Reiches im Westen, der zu einer langen Verfallsperiode führte, die Jahrhunderte währte, bis eine neue, höhere Periode der Zivilisation in der Gewalt der ketzerischen Revolten des dreizehnten Jahrhunderts und in den Bauern- und

Arbeiteraufständen des vierzehnten Jahrhunderts entstand.*

Hinsichtlich der geschichtlichen Gewalt, die von den herrschenden Klassen ausging, scheint sich kein derartiges Verhältnis zum Fortschritt nachweisen zu lassen. Die lange Reihe
dynastischer und imperialistischer Kriege, die Liquidation von
Spartakus in Deutschland im Jahre 1919, der Faschismus und
der Nationalsozialismus durchbrachen das Kontinuum der
Unterdrückung nicht, sondern festigten und modernisierten
es vielmehr. Ich sagte, »ausgehend von den herrschenden
Klassen«: freilich gibt es kaum eine organisierte Gewalt von
oben, die keine Massenunterstützung mobilisiert und aktiviert; die entscheidende Frage ist, im Namen und im Interesse
welcher Gruppen und Institutionen wird solche Gewalt freigesetzt? Und die Antwort ist nicht notwendigerweise eine
Antwort ex post: bei den soeben erwähnten geschichtlichen
Beispielen ließ sich vorwegnehmen und wurde vorweggenom-
men, ob die Bewegung dazu dienen würde, die alte Ordnung
zu stärken, oder dazu, eine neue herbeizuführen.

Befreiende Toleranz würde mithin Intoleranz gegenüber Bewegungen von rechts bedeuten und Duldung von Bewegungen von links. Was die Reichweite dieser Toleranz und Intoleranz angeht, so müßte sie sich ebenso auf die Ebene des
Handelns erstrecken wie auf die der Diskussion und Propaganda, auf Worte wie auf Taten. Das traditionelle Kriterium
»eindeutiger und gegenwärtiger Gefahr« scheint einer Stufe
nicht mehr angemessen, auf der sich die ganze Gesellschaft in
der Lage des Theaterpublikums befindet, wenn jemand
»Feuer« schreit. Es ist eine Lage, in der sich in jedem Augenblick die totale Katastrophe auslösen ließe, nicht nur durch ein
technisches Versagen, sondern auch durch eine rationale Fehl-
einschätzung der Risiken oder eine unbesonnene Rede eines
der Führer. Unter den vergangenen Umständen waren die
Reden der faschistischen und nationalsozialistischen Führer
das unmittelbare Vorspiel zum Massaker. Der Abstand zwi-

---

* In der neuesten Zeit war der Faschismus eine Folge des Übergangs zur
  Industriegesellschaft *ohne* Revolution. Cf. dazu Barrington Moores demnächst
  erscheinendes Buch *Social Origins of Dictatorship and Democracy.*

schen der Propaganda und der Aktion, zwischen der Organisation und ihrer Entfesselung gegen die Menschen war zu gering geworden. Aber die Verbreitung des Wortes hätte unterbunden werden können, ehe es zu spät war: hätte man die demokratische Toleranz aufgehoben, als die künftigen Führer mit ihrer Kampagne anfingen, so hätte die Menschheit eine Chance gehabt, Auschwitz und einen Weltkrieg zu vermeiden.

Die gesamte nachfaschistische Periode ist eine Periode eindeutiger und gegenwärtiger Gefahr. Folglich erfordert wahre Befriedung, daß die Toleranz vor der Tat entzogen werde: auf der Stufe der Kommunikation in Wort, Druck und Bild. Allerdings ist eine derart extreme Aufhebung des Rechts der freien Rede und freien Versammlung nur dann gerechtfertigt, wenn die Gesamtgesellschaft in äußerster Gefahr ist. Ich behaupte, daß unsere Gesellschaft sich in einer solchen Notsituation befindet und daß diese zum Normalzustand geworden ist. Verschiedene Meinungen und »Philosophien« können nicht mehr friedlich um Anhängerschaft und Überzeugung aus rationalen Gründen wetteifern: das »Forum der Ideen« wird durch diejenigen organisiert und begrenzt, die über das nationale und individuelle Interesse verfügen. In dieser Gesellschaft, für welche die Ideologen das »Ende der Ideologie« verkündet haben, ist das falsche Bewußtsein zum allgemeinen Bewußtsein geworden – von der Regierung bis hinunter zu ihren letzten Objekten. Den kleinen und ohnmächtigen Gruppen, die gegen das falsche Bewußtsein kämpfen, muß geholfen werden: ihr Fortbestehen ist wichtiger als die Erhaltung mißbrauchter Rechte und Freiheiten, die jenen verfassungsmäßige Gewalt zukommen lassen, die diese Minderheiten unterdrücken. Es sollte mittlerweile klar sein, daß die Ausübung bürgerlicher Rechte durch die, die sie nicht haben, voraussetzt, daß die bürgerlichen Rechte jenen entzogen werden, die ihre Ausübung verhindern, und daß die Befreiung der Verdammten dieser Erde nicht nur die Unterdrückung ihrer alten, sondern auch ihrer neuen Herren voraussetzt.

Daß rückschrittlichen Bewegungen die Toleranz entzogen wird, *ehe* sie aktiv werden können, daß Intoleranz auch gegenüber dem Denken, der Meinung und dem Wort geübt wird (Intoleranz vor allem gegenüber den Konservativen und der politischen Rechten) – diese antidemokratischen Vorstellungen entsprechen der tatsächlichen Entwicklung der demokratischen Gesellschaft, welche die Basis für allseitige Toleranz zerstört hat. Die Bedingungen, unter denen Toleranz wieder eine befreiende und humanisierende Kraft werden kann, sind erst herzustellen. Wenn Toleranz in erster Linie dem Schutz und der Erhaltung einer repressiven Gesellschaft dient, wenn sie dazu herhält, die Opposition zu neutralisieren und die Menschen gegen andere und bessere Lebensformen immun zu machen, dann ist Toleranz pervertiert worden. Und wenn diese Perversion im Geist des Individuums anfängt, in seinem Bewußtsein, seinen Bedürfnissen, wenn heteronome Interessen Besitz von ihm ergreifen, ehe es seine Knechtschaft erfahren kann, dann müssen die Anstrengungen, seiner Entmenschlichung entgegenzuwirken, am Eingang beginnen, dort, wo das falsche Bewußtsein Form annimmt (oder vielmehr: systematisch geformt wird) – sie müssen damit beginnen, den Werten und Bildern ein Ende zu bereiten, die dieses Bewußtsein nähren. Das ist allerdings Zensur, sogar Vorzensur, aber eine, die sich offen gegen die mehr oder weniger verkappte Zensur richtet, welche die Massen-Medien durchdringt. Wo das falsche Bewußtsein im nationalen und Massenverhalten vorherrschend geworden ist, übersetzt es sich fast augenblicklich in Praxis: der beruhigende Abstand von Ideologie und Wirklichkeit, von repressivem Denken und repressivem Handeln, zwischen dem zerstörerischen Wort und der zerstörerischen Tat verkürzt sich gefährlich. So kann das Durchbrechen des falschen Bewußtseins den archimedischen Punkt liefern für eine umfassendere Emanzipation – an einer allerdings unendlich kleinen Stelle, aber von der Erweiterung solcher kleinen Stellen hängt die Chance einer Änderung ab. Die Kräfte der Emanzipation lassen sich nicht mit einer gesellschaftlichen Klasse gleichsetzen, die aufgrund ihrer materiellen Lage von falschem Bewußtsein frei ist. Heute sind sie hoffnungslos über die Gesellschaft zerstreut, und die kämpfenden Minderheiten und isolierten Gruppen stehen oft in

Opposition zu ihrer eigenen Führung. In der Gesamtgesellschaft muß der geistige Raum für Verneinung und Reflexion erst wieder hergestellt werden. Zurückgeworfen durch die verwaltete Gesellschaft, wird die Anstrengung zur Emanzipation »abstrakt«; sie wird darauf reduziert, die Anerkennung dessen zu erleichtern, was geschieht, die Sprache von der Tyrannei der Orwellschen Syntax und Logik zu befreien, die Begriffe zu entwickeln, welche die Realität erfassen. Mehr denn je gilt der Satz, daß Fortschritt in der Freiheit Fortschritt im *Bewußtsein* der Freiheit erfordert. Wo der Geist zum Subjekt-Objekt der Politik und ihrer Praktiken gemacht worden ist, ist geistige Autonomie, die Anstrengung des reinen Denkens, eine Sache *politischer Erziehung* (oder vielmehr: Gegenerziehung) geworden.

Das bedeutet, daß vormals neutrale, wertfreie, formale Momente des Lernens und Lehrens jetzt auf eigenem Boden und aus eigenem Recht politisch werden: zu lernen, die Tatsachen, die ganze Wahrheit zu kennen und zu begreifen, bedeutet in jeder Beziehung radikale Kritik, intellektueller Umsturz. In einer Welt, in der die menschlichen Fähigkeiten und Bedürfnisse gehemmt oder verkehrt sind, führt autonomes Denken zu einer »verkehrten Welt«: Widerspruch und Gegenbild zur etablierten Welt der Unterdrückung. Und dieser Widerspruch ist nicht einfach ersonnen, nicht einfach das Produkt wirren Denkens oder der Phantasie, sondern die logische Entwicklung der gegebenen, der bestehenden Welt. In dem Maße, wie die Befreiung durch das Gewicht einer repressiven Gesellschaft und die Notwendigkeit, in ihr ein Auskommen zu finden, behindert wird, wandert die Unterdrückung in den akademischen Betrieb selbst ein, noch vor allen Beschränkungen der akademischen Freiheit. Daß der Geist im vorhinein mit Beschlag belegt wird, beeinträchtigt die Unparteilichkeit und Objektivität: wenn der Student nicht in entgegengesetzter Richtung zu denken lernt, wird er geneigt sein, die Tatsachen in den herrschenden Rahmen der Werte einzuordnen. Gelehrsamkeit, das heißt der Erwerb und die Übermittlung von Kenntnissen verbietet, die Tatsachen vom Zusammenhang der ganzen Wahrheit zu reinigen und zu isolieren. Zur Wahrheit gehört wesentlich die Anerkennung des erschreckenden Ausmaßes, in dem Geschichte von den Siegern gemacht und für sie aufgezeichnet wurde, daß heißt des Ausmaßes, in dem Geschichte fortschreitende Unterdrückung war. Und diese Unterdrückung ist in den von ihr eingesetzten Tatsachen selbst enthalten; damit sind sie selbst mit einem negativen Wert als Teil und Aspekt ihrer Tatsächlichkeit behaftet. Die großen Kreuzzüge *gegen* die Humanität (wie die gegen die Albigenser) mit derselben Unparteilichkeit zu behandeln wie die verzweifelten Kämpfe *für* die Humanität, bedeutet ihre gegensätzliche historische Funktion zu neutralisieren, die Henker mit ihren Opfern zu versöhnen und die Überlieferung zu verzerren. Solch trügerische Neutralität dient dazu, die Hinnahme der Herrschaft der Sieger im Bewußtsein des Menschen zu reproduzieren. Auch hier ist in der Erziehung jener, die noch nicht gänzlich integriert sind, im Bewußtsein der jungen Menschen, der Boden für befreiende Toleranz erst noch zu bereiten.

Die Erziehung bietet noch ein weiteres Beispiel für trügerische, abstrakte Toleranz, die sich als Konkretion und Wahrheit verkleidet: sie faßt sich im Begriff der Selbstverwirklichung zusammen. Von der Tendenz, dem Kind alle Arten von Zügellosigkeit zu gestatten, bis zur fortwährenden psychologischen Beschäftigung mit den persönlichen Problemen des Studenten ist eine Bewegung großen Stils im Gange gegen die Übel der psychischen Unterdrückung und für das Bedürfnis, man selbst zu sein. Häufig wird die Frage übergangen, was unterdrückt werden muß, ehe man ein Selbst, man selbst sein kann. Das Potential des Individuums ist zunächst ein negatives, ein Teil des Potentials seiner Gesellschaft: der Aggression, des Schuldgefühls, der Unwissenheit, des Ressentiments, der Grausamkeit, die seine Lebensinstinkte beeinträchtigen. Soll die Identität des Selbst mehr sein als die unmittelbare Verwirklichung dieses Potentials (schädlich für das Individuum), so erfordert sie Unterdrückung und Sublimation, bewußte Umformung. Dieser Prozeß schließt auf jeder Stufe (um die lächerlich gemachten Begriffe zu benutzen, die hier ihre bündige Konkretheit offenbaren) die Negation der Negation ein, die Vermittlung des Unmittelbaren, und Identität ist nicht mehr und nicht weniger als dieser Prozeß. »Entfremdung« ist das beständige und wesentliche Element der Identität, die objektive Seite des Subjekts – und nicht, als was man sie heute erscheinen läßt: eine Krankheit, ein psychologischer Zustand. Freud kannte durchaus den Unterschied zwischen progressiver und regressiver, befreiender und zerstörerischer Unterdrückung. Die Reklame der Selbstverwirklichung fördert die Beseitigung beider, sie fördert das Dasein in der Unmittelbarkeit, die in einer repressiven Gesellschaft (um noch einen Hegelschen Terminus zu verwenden) schlechte Unmittelbarkeit ist. Sie isoliert das Individuum von der einen Dimension, in der es »sich selbst finden« könnte: von seinem politischen Dasein, das den Kern seines gesamten Daseins ausmacht. Statt dessen ermutigt sie Nonkonformität und Entfesselung in Richtungen, welche die wirklichen Unterdrückungsmaschinen der Gesellschaft gänzlich unberührt lassen, die diese Maschinen sogar stärken, indem sie die mehr als private und persönliche und deshalb wirkliche Opposition durch die Befriedigungen einer privaten und persönlichen Rebellion ersetzen. Die mit dieser Art Selbstverwirklichung einhergehende Entsublimierung ist insofern selbst repressiv, als sie die Notwendigkeit und Macht des Intellekts schwächt, die katalytische Kraft jenes unglücklichen Bewußtseins, das nicht in der archetypischen, persönlichen Befreiung von der Frustration schwelgt – hoffnungsloses Wiederaufleben des Es, das früher oder später der allgegenwärtigen Rationalität der verwalteten Welt unterliegen wird –, sondern das den Schrecken des Ganzen in der privatesten Versagung erkennt und sich in dieser Erkenntnis verwirklicht.

Ich habe zu zeigen versucht, wie die Veränderungen in den fortgeschrittenen demokratischen Gesellschaften, die die Grundlage des ökonomischen und politischen Liberalismus untergruben, auch die liberale Funktion der Toleranz verändert haben. Die Toleranz, welche die große Errungenschaft des liberalen Zeitalters war, wird noch vertreten und (mit starken Einschränkungen) geübt, während der ökonomische und politische Prozeß einer allseitigen und wirksamen Verwaltung im Einklang mit den herrschenden Interessen unterworfen wird. Daraus ergibt sich ein objektiver Widerspruch zwischen der ökonomischen und politischen Struktur auf der einen Seite und der Theorie und Praxis des Gewähren-Lassens auf der anderen. Die veränderte Sozialstruktur tendiert dazu, die Wirksamkeit der Toleranz gegenüber abweichenden und oppositionellen Bewegungen zu schwächen und konservative und reaktionäre Kräfte zu stärken. Die Gleichheit der Toleranz wird abstrakt, unecht. Mit dem faktischen Niedergang abweichender Kräfte in der Gesellschaft wird die Opposition in kleine und häufig einander widerstreitende Gruppen isoliert, die selbst dort, wo sie innerhalb der engen Grenzen toleriert werden, wie die hierarchische Struktur der Gesellschaft sie setzt, ohnmächtig sind, weil sie innerhalb dieser Grenzen verbleiben. Aber die ihnen erwiesene Toleranz ist trügerisch und fördert Gleichschaltung. Und auf den festen Grundlagen einer gleichgeschalteten Gesellschaft, die sich gegen qualitative Änderung nahezu abgeriegelt hat, dient selbst die Toleranz eher dazu, eine solche Änderung zu unterbinden, als dazu, sie zu befördern.

Eben diese Bedingungen machen die Kritik solcher Toleranz abstrakt und akademisch, und der Satz, daß das Gleichgewicht zwischen Toleranz gegenüber der Rechten und gegenüber der Linken wiederhergestellt werden müßte, um die befreiende Funktion der Toleranz zu erneuern, erweist sich rasch als eine unrealistische Spekulation. Allerdings scheint eine solche Änderung gleichbedeutend damit, daß ein »Widerstandsrecht« eingesetzt wird, das bis zum Umsturz geht. Es gibt kein derartiges Recht für irgendeine Gruppe oder ein Individuum gegen eine verfassungsmäßige Regierung, die von einer Mehrheit der Bevölkerung getragen wird, und es kann ein solches Recht auch nicht geben. Aber ich glaube, daß es für unterdrückte und überwältigte Minderheiten ein »Naturrecht« auf Widerstand gibt, außergesetzliche Mittel anzuwenden, sobald die gesetzlichen sich als unzulänglich herausgestellt haben. Gesetz und Ordnung sind überall und immer Gesetz und Ordnung derjenigen, welche die etablierte Hierarchie schützen; es ist unsinnig, an die absolute Autorität dieses Gesetzes und dieser Ordnung denen gegenüber zu appellieren, die unter ihr leiden und gegen sie kämpfen – nicht für persönlichen Vorteil und aus persönlicher Rache, sondern weil sie Menschen sein wollen. Es gibt keinen anderen Richter über ihnen außer den eingesetzten Behörden, der Polizei und ihrem eigenen Gewissen. Wenn sie Gewalt anwenden, beginnen sie keine neue Kette von Gewalttaten, sondern zerbrechen die etablierte. Da man sie schlagen wird, kennen sie das Risiko, und wenn sie gewillt sind, es auf sich zu nehmen, hat kein Dritter, und am allerwenigsten der Erzieher und Intellektuelle, das Recht, ihnen Enthaltung zu predigen.

## 5. Xenia Rajewsky
### Die zweite Natur – Feminismus als weibliche Negation?

Marcuse hat die Frauenbewegung, die in den USA in der zweiten Hälfte der sechziger Jahre, in der Bundesrepublik einige Jahre später, zunächst in Zusammenhang mit der antiautoritären Protestbewegung entstanden war, sehr früh wahrgenommen und sie in seine Analyse des Spätkapitalismus einbezogen. (Vgl. dazu etwa seine Ausführungen schon in *Konterrevolution und Revolte*.) In Differenz zu der traditionellen marxistischen Theorie, die die Gleichberechtigung und Emanzipation der Frauen zwar forderte, sie aber eher als eine Art Nebenprodukt der endgültigen Überwindung des Gegensatzes von Lohnarbeit und Kapital begriff und sie damit auf eine Zeit nach der Revolution verlagerte, interpretiert Marcuse die in der Frauenbewegung sich anmeldenden Bedürfnisse und Bewußtseinspotentiale unmittelbar im Zusammenhang mit dem politischen Kampf um eine Revolutionierung der Lebensverhältnisse und der menschlichen Verkehrsformen in der bestehenden Gesellschaft. Gerade wegen der spezifischen Amalgamierung von patriarchaler Herrschaft und kapitalistischer Gesellschaft sah er in der Revolte der Frauen ein kritisches Potential entstehen, das die Möglichkeit und Notwendigkeit einer qualitativ anderen Gesellschaft zu antizipieren und ins Bewußtsein zu heben vermag. Die Relevanz, die er diesem Potential beimaß, wird in seiner Einschätzung deutlich, daß »die Frauenbefreiungs-Bewegung gleichsam zur ›dritten Kraft‹ der Revolution werden könnte« (*Zeit-Messungen*, S. 46).

Zentral für seine Interpretation sind die Kategorien »Sinnlichkeit« und »Rezeptivität«, die er als spezifisch weibliche Qualitäten versteht und die in diametralem Gegensatz zu der Aggressivität und Repressivität stehen, die die von den Männern beherrschte Gesellschaft in zunehmendem Maß kennzeichnen. Es handelt sich dabei nicht um »natürliche« Eigenschaften der Frau, sondern »Rezeptivität« und »Sinnlichkeit« sind Qualitäten, die gerade im Prozeß einer jahrhundertelangen

Unterdrückung in der patriarchalischen Zivilisation den Frauen in einem vom gesellschaftlichen Produktionsprozeß ausgeschlossenen, quasi privaten Bereich zugewiesen wurden und die ihnen im Verlauf dieses Prozesses zur »zweiten Natur« geworden sind.

Der Spätkapitalismus selbst bringt durch seine technisch-sozialen Errungenschaften, durch die Entwicklung der Produktivkräfte die objektiven Bedingungen für die Möglichkeit hervor, die bisher spezifisch weiblichen Qualitäten als *gesellschaftliche* erfahrbar zu machen und zu realisieren. Es ist diese Transformation, die Befreiung jener Eigenschaften aus der vom gesellschaftlichen Zusammenhang isolierten, im patriarchalischen Herrschaftsgefüge gleichsam privatisierten »Domäne der Weiblichkeit« und ihre Artikulation und Konkretisierung im gesamtgesellschaftlichen Zusammenhang, die Marcuse als »Emanzipation weiblicher Sinnlichkeit und Intelligenz« bezeichnet und aus der, nach seiner Interpretation, die Frauenbewegung ihr radikales Potential gewinnt. Denn wenn »Sinnlichkeit« und »Rezeptivität« als gesellschaftliche Qualitäten verstanden und realisiert werden, wenn sie sich als gesellschaftliche Bedürfnisse nach anderen Beziehungen zwischen den Menschen, anderer Sexualität, nach einem anderen Verhältnis zur Natur, anderer Arbeit artikulieren, dann beinhalten sie nicht nur die Negation männlicher Herrschafts- und Verhaltensformen, sondern werden zur praktischen Kritik der Gewalt und Ausbeutung, des aggressiven Leistungsprinzips, der entfremdeten Arbeit, der sich selbst beschleunigenden, destruktiven Produktivität der kapitalistischen Gesellschaft selbst – mit dem Ziel, »in der Organisation des Produktionsprozesses, im Charakter der Arbeit und in der Transformation der Bedürfnisse ... jene Bedingungen herzustellen, unter denen die Menschen fähig sind, sich ihrer Sinnlichkeit und ihres Verstandes zu erfreuen, zu ihren Emotionen zu stehen«. (a. a. O., S. 48)

Marcuses Thesen zur Frauenbewegung, besonders seine Interpretation von »Sinnlichkeit« und »Rezeptivität« als spezifisch weiblichen Eigenschaften haben Diskussionen und auch Kritik in der Frauenbewegung provoziert. Die Kritik versuchte zu zeigen, daß Marcuse mit dieser Zuordnung ein durchaus traditionelles, der bürgerlich-patriarchalischen Kulturtradition entsprechendes Bild der Frau oder des Weiblichen aufnimmt und fortschreibt, ein Bild also, das von vornherein das ideologische Moment männlicher Projektion in sich trägt. Während in der bürgerlichen Kunst und Literatur weibliche Sinnlichkeit und Rezeptivität als Bilder des Glücks, der Gewaltlosigkeit, des möglichen Friedens (oder der Sehnsucht danach) erscheinen, wurden in der Realität der bürgerlich-patriarchalischen Gesellschaft eben diese der Frau zugeordneten Eigenschaften zur Begründung ihrer Inferiorität gegenüber dem (vernunftbegabten, gesellschaftstüchtigen, aktiven etc.) Mann herangezogen. Die geschlechtsspezifische Polarisierung von Vernunft und Sinnlichkeit, die in dieser Kulturtradition zutage tritt, habe von jeher die Funktion gehabt, ein Bild der Frau zu entwerfen, das den jeweiligen Bedürfnissen der Männer entsprochen, ihre eigene Artikulation jedoch verhindert habe. Wenn Marcuse nun den Frauen in dem Moment, in dem sie sich gegen ihre traditionelle Rolle zu wehren beginnen, erneut die dieser Rolle entsprechenden Eigenschaften zuweist, funktionalisiere er sie im Rahmen der Konzeption eines anderen, eines besseren Lebens für alle Menschen noch einmal – einer Konzeption eben, an deren Ausarbeitung sie selbst wiederum keinen Anteil hätten.

Die Kritik ist zweifellos nicht unberechtigt und ich werde auf sie zurückkommen. Gleichwohl erscheint mir der Sachverhalt komplizierter, als er sich hier darstellt, und zwar in zweifacher Hinsicht:

1. Marcuse hat die Kategorien »Sinnlichkeit« und »Rezeptivität« nicht erst in seiner Auseinandersetzung mit der Frauenbewegung entdeckt und thematisiert. Sie haben jenseits davon als theoretische Kategorien einen wesentlichen Stellenwert im Gesamtzusammenhang seiner Gesellschaftstheorie, einer Theorie, die von Anbeginn sowohl die Analyse wie auch die Möglichkeit der Aufhebung von gesellschaftlichen Gewaltverhältnissen zu ihrem zentralen Thema gemacht hat. Es erscheint mir wichtig, zunächst diesem theoretischen Zusammenhang zu folgen, um dann zu fra-

gen, welche Probleme und Fragestellungen sich daraus für die Analyse des spezifischen patriarchalischen Herrschaftsverhältnisses ergeben.

2. Das Interesse und die Hoffnung Marcuses gilt den Kategorien »Sinnlichkeit« und »Rezeptivität« als *gesellschaftlichen* Qualitäten, deren Durchsetzung eine qualitative Veränderung der bestehenden gesellschaftlichen Verhältnisse, die Aufhebung von Herrschaft und Gewalt bedeuten könnte.

Nimmt man diese Fragestellung ernst, so bleibt die Kritik, daß Marcuse diese Kategorien in seiner Interpretation des politischen Potentials der Frauenbewegung als spezifische, den Frauen zur zweiten Natur gewordene Eigenschaften bestimmt und damit ein traditionelles, patriarchalisches Denkmuster reproduziert, zwar berechtigt, aber sie führt das Problem nicht weiter. Wichtiger wäre es, gerade unter Reflexion der repressiven Funktion, die die patriarchalische Festlegung auf »Sinnlichkeit« und »Rezeptivität« bisher hatte oder, genauer, aus der Reflexion der eigenen Beschädigung heraus das Verhältnis der Frauenbewegung zu diesen Qualitäten im Hinblick auf eine Veränderung der gesellschaftlichen Verhältnisse zu präzisieren. Dies erscheint um so dringlicher, als in der Praxis der Frauenbewegung inzwischen »Sinnlichkeit« und »Rezeptivität« nur allzu häufig ohne jede Reflexion dieser Zusammenhänge als natürliche Wesensbestimmungen der Frau in Anspruch genommen werden und ein Selbstverständnis begründen, das, bezieht man die meist gleichzeitig damit verbundene vehemente Theorie- und Kritikfeindlichkeit mit ein, tatsächlich nur noch das traurige Spiegelbild des patriarchalischen Frauenbildes ist, das man vormals kritisiert hatte. Es liegt auf der Hand, daß solche Tendenzen sich dem allenthalben voranschreitenden Rückzug in die »Unmittelbarkeit« bruchlos einpassen und lediglich alten und neuen Ideologien von Mutterschaft, von dem Körperlich-Kreativen (was immer das sein mag), von der besonderen Natur-Nähe etc. der Frau Vorschub leisten.

Im Folgenden möchte ich lediglich ein paar der durch die beiden obengenannten Fragestellungen aufgeworfenen Probleme aufgreifen und einige, sicherlich noch sehr vorläufige Überlegungen zu ihnen formulieren. Wenn Marcuse von »Sinnlichkeit« und »Rezeptivität« als Qualitäten spricht, die den Frauen im Verlauf der Geschichte zur »zweiten Natur« geworden sind, so weist das direkt auf seine Interpretation der menschlichen Triebstruktur zurück, einer Interpretation, die einen konstitutiven Teil seiner Gesellschaftstheorie bildet. Ausgehend von der historischen Erfahrung des Scheiterns möglicher Revolutionen (Sieg des Faschismus in Deutschland, des Stalinismus in der Sowjetunion) und angesichts der sich ständig erweiternden Kluft zwischen den objektiv, auf Grund des erreichten Standes der Produktivkräfte bestehenden Möglichkeiten der Realisierung einer befreiten Gesellschaft und dem tatsächlichen Fortbestehen bzw. der Zunahme von Herrschaft und Ausbeutung, von Gewalt und Destruktion, sieht Marcuse in der Frage, wie die Gesellschaft in die psychische Struktur des Menschen eingreift und sie im Sinn einer Aufrechterhaltung der bestehenden Herrschaftsverhältnisse modifiziert und funktionalisiert, das zentrale Problem einer kritischen Analyse des Spätkapitalismus. In seiner Interpretation der Freudschen Theorie hat er versucht, die spezifische historische Modifikation darzustellen, der die menschliche Triebstruktur unter der Herrschaft des Leistungsprinzips – der besonderen Form des Realitätsprinzips in der bürgerlichen Gesellschaft – unterliegt.

Die menschliche Gesellschaft ist von Anfang an bestimmt durch die Unterwerfung des auf unmittelbare Befriedigung gerichteten Lustprinzips durch das Realitätsprinzip. Die Menschen standen unter der ökonomischen Notwendigkeit, durch die bewußte Auseinandersetzung mit der sie umgebenden Welt in Form von *Arbeit* zu lernen, die unmittelbare Befriedigung ihrer Triebansprüche aufzuschieben, eben um diese später »gesichert« befriedigen zu können. Es ist dieser Prozeß, der die Entstehung der menschlichen Kultur überhaupt erst gewährleistet. Das Leistungsprinzip nun kennzeichnet eine Gesellschaft – die bürgerliche –, in deren Herrschaftsgefüge die allgemeine Arbeit einen spezifischen Charakter angenommen hat. Sie ist

»Arbeit für einen Apparat, den sie (die Menschen) nicht selbst lenken, der als eine unabhängige Macht wirkt, der die Individuen sich zu unterwerfen haben, wenn sie leben wollen. Und diese Macht wird um so fremder, je spezialisierter die Arbeitsteilung wird. Die Menschen leben nicht ihr eigenes Leben, sondern erfüllen schon vorher festgelegte Funktionen. Während sie arbeiten, befriedigen sie damit nicht ihre eigenen Bedürfnisse und Fähigkeiten, sondern arbeiten entfremdet« (vgl. *Triebstruktur und Gesellschaft*, S. 52).

Es ist dieser das Leistungsprinzip kennzeichnende Charakter der Arbeit als entfremdete Arbeit, dessen Auswirkungen auf die menschliche Triebstruktur Marcuse nachgeht. Er kommt zu dem Schluß, daß »die Organisierung der Sexualität ... die Grundzüge des Leistungsprinzips und seiner Organisierung der Gesellschaft aufweist« (a. a. O., S. 52). Die zunächst »polymorph-perverse« Sexualität wird durch Vereinigung und Unterwerfung der »Partialtriebe« unter das Primat der Genitalität im Dienste der Fortpflanzung gezwungen. Die Sexualität wird aus einem den gesamten Organismus beherrschenden Prinzip der autonomen Lustgewinnung in »eine spezialisierte, zeitlich beschränkte Funktion verwandelt, in ein Mittel zum Zweck« (a. a. O., S. 45). Die Virulenz dieser Interpretation gerade für die Diskussion der weiblichen Sexualität liegt auf der Hand – obwohl Marcuse selbst die Differenzierung zwischen den Geschlechtern in diesem Zusammenhang nicht thematisiert. Mir geht es hier jedoch um die spezifische Vermittlung, die Marcuse zwischen der repressiven Organisierung der Sexualität einerseits und der durch das Leistungsprinzip gekennzeichneten Gesellschaft andererseits sieht. Das eigentliche Ziel der Einschränkung der Sexualität ist die gesellschaftlich notwendige Desexualisierung bzw. Entsinnlichung des Körpers:

»... Die Libido wird in einem Teil des Körpers konzentriert, wodurch fast der ganze übrige Körper zum Gebrauch als Arbeitsinstrument frei wird.« (a. a. O., S. 52 f.)

Marcuse betont diesen Zusammenhang immer wieder. Der Körper des Menschen muß desexualisiert, d. h. in seiner Sinnlichkeit eingeschränkt werden, damit er im entfremdeten Arbeitsprozeß, im Produktionsprozeß der kapitalistischen Gesellschaft als Arbeitsinstrument fungibel wird. Nicht jede Form der Arbeit ist unvereinbar mit Sinnlichkeit und Lustgewinn.

> »Der unüberbrückbare Konflikt ist nicht der zwischen Arbeit (Realitätsprinzip) und Eros (Lustprinzip), sondern der zwischen entfremdeter Arbeit (Leistungsprinzip) und Eros.« (a. a. O., S. 51.)

Marcuse geht auf die Möglichkeit nicht-entfremdeter, libidinöser Arbeit an anderer Stelle ein. Der Zwang zu entfremdeter Arbeit jedoch führt nicht nur zu einer quantitativen und qualitativen Veränderung der Sexualität, sondern zu einer Schwächung der erotischen Energie überhaupt und zu einer entsprechenden Freisetzung aggressiver Energien, die allerdings gesellschaftlich »nutzbar« gemacht werden.

Ich möchte an dieser Stelle auf Marcuses Interpretation der Frauenbewegung zurückkommen, denn in diesem Zusammenhang wird es plausibel, warum er den Frauen »Sinnlichkeit« als spezifische Eigenschaft zuspricht. Sie sind, wie er betont, nicht oder zumindest lange Zeit nicht in den entfremdeten Produktionsprozeß der kapitalistischen Gesellschaft einbezogen worden; zwar liegen die Gründe hierfür in der patriarchalischen Herrschaft, aber gleichwohl sind ihre Körper nicht zu (entsinnlichten) Instrumenten entfremdeter Arbeit funktionalisiert worden. In diesem ganz konkreten Sinn ist es zu verstehen, wenn er schreibt, »die Frau ›verkörpert‹ im wörtlichen Sinn« Sinnlichkeit, Zärtlichkeit etc. (*Konterrevolution . . ., a. a. O., S. 93*), und hier setzen auch seine Bedenken gegen eine Gleichstellung der Frauen im Produktionsprozeß im Zuge der Gleichberechtigung ein.

So plausibel und wichtig Marcuses Reflexion der die Sinnlichkeit einschränkenden Instrumentalisierung des menschlichen Körpers durch die entfremdete Arbeit ist, so scheint doch hier eine entscheidende Lücke in seiner Interpretation vorzuliegen. Er reflektiert in der Tat nur die männliche Deformation, nicht aber die spezifische Deformation der Frauen. Demzufolge bleibt seine Bestimmung Frau = Sinnlichkeit in der Spiegelbildlichkeit des Mannes befangen, die »sinnliche« Frau ist nur der Negativabdruck des in seiner Sinnlichkeit eingeschränkten Mannes, sie verkörpert Sinnlichkeit im konkreten Sinn für die gesellschaftlich deformierten Bedürfnisse der Männer. Ihre eigene Instrumentalisierung, die sehr wohl auch eine ihres Körpers ist, liegt gerade in der Instrumentalisierung als Sexualobjekt des Mannes einerseits und in ihrer viel direkteren Festlegung auf die Funktion der Fortpflanzung andererseits. Die fehlende Reflexion hierauf bei Marcuse hat Folgen für seine eigenen Aussagen. So etwa, wenn er feststellt, daß »das gegenwärtige Bild der Frau als Sexualobjekt eine Entsublimierung der bürgerlichen Moral (darstellt), was charakteristisch ist für eine ›höhere Stufe‹ der kapitalistischen Entwicklung«.

Zwar sei »die künstliche Schönheit (etwa im Playboy, X. R.) ... nicht gerade das Wahre; aber man weckt derart ästhetisch-sinnliche Bedürfnisse, die, entwickelt, unvereinbar werden müssen mit dem Körper als Instrument entfremdeter Arbeit« (a. a. O., S. 92). Man kann sich fragen, ob nicht Marcuses eigener Begriff der repressiven Entsublimierung hier gegen ihn selbst zurückschlägt; entscheidender jedoch ist, daß es nicht (nur) um ein *Bild* der Frau als Sexualobjekt geht, sondern daß die Frauen *real* zu Sexualobjekten der Männer funktionalisiert wurden und werden. Diese Instrumentalisierung war gleichzeitig verbunden mit ihrer Nicht-Zulassung als gesellschaftliches Subjekt, sie erfaßte sie mit Haut und Haaren, ihren Körper und ihren Kopf, oder auch, wenn man so will, ihren Körper ohne Kopf. Die völlige Entfremdung von sich selbst, die daraus resultiert, zwingt die Frauen, die sich heute gegen diese Rolle wehren, ihren für sie selbst tabuierten Körper, ihre eigene Sexualität und Sinnlichkeit überhaupt erst zu entdecken. Die Bedeutung dieser Probleme in der heutigen Frauenbewegung und die enormen Schwierigkeiten, sie zu artikulieren, sind nur auf diesem Hintergrund zu verstehen.

Doch kehren wir noch einmal zu dem Begriff von Sinnlichkeit in Marcuses Theorie zurück. Die auf entfremdeter Arbeit basierende Gesellschaft erzwingt nicht nur eine spezifische repressive Organisierung der Sexualität, sondern sie führt auch zu einer Abstumpfung und Erstarrung der Sinne als Träger der Wahrnehmung überhaupt.

>Die Menschen nehmen die Dinge nur in den Formen und Funktionen wahr, in denen sie von der bestehenden Gesellschaft vorgegeben, hergestellt und verwendet werden; und sie nehmen nur die von ihr definierten und auf sie beschränkt bleibenden Möglichkeiten der Veränderung wahr.« (a. a. O., S. 86)

Die Emanzipation der Sinne bedeutet genau die Auflösung dieser verdinglichten Sinnlichkeit, die Zerstörung dieser »repressiven Vertrautheit mit der gegebenen Objektwelt.« (a. a. O., S. 81) Marcuse betont dabei nicht die passive oder rezeptive Funktion der Sinne, sondern ihre aktive tätige Rolle »bei der Formung des Verstandes, das heißt derjenigen Kategorien, mittels deren die Welt geordnet, erfahren und verändert wird« (a. a. O., S. 76). Die Entfaltung und Emanzipation der Sinne ist bei Marcuse also untrennbar mit der Entwicklung von Vernunft verbunden, und zwar mit der Entwicklung einer neuen Vernunft, die in diametralem Gegensatz zu der herrschenden repressiven Vernunft steht. Vernunft hat sich in der Auseinandersetzung der Menschen mit der (inneren und äußeren) Natur entwickelt, sie begreift Natur als gegebenes Objekt, das erobert, bekämpft und ausgebeutet werden muß. In der bürgerlichen Gesellschaft beschleunigt sich dieser Prozeß und bringt eine spezifische Rationalität hervor, »die sich in stets wachsendem Maß zu einer auf die Erfordernisse des Kapitalismus zugeschnittenen technologischen, instrumentalistischen Rationalität entwickelt hat« (a. a. O., S. 73). In »aggressiv wissenschaftlicher Weise« unterwirft sie sich Natur als wertfreie Materie, als bloßes Material. Eine sich in Zusammenhang mit der Entfaltung von Sinnlichkeit artikulierende Rationalität müßte eben dieses Verhältnis des Menschen zur Natur verändern. Sie würde nicht den Objektcharakter von Natur, sondern deren Anerkennung als Subjekt, die Befreiung der ihr innewohnenden »lebenssteigernden, sinnlichen, ästhetischen Qualitäten« (a. a. O., S. 8) implizieren. An dieser Stelle der Marcuseschen Interpretation gewinnt die Kategorie der »Rezeptivität« ihre Relevanz. Er bestimmt sie als die

Fähigkeit, »die Dinge in ihrem eigenen Recht zu sehen, die ihnen einbeschriebene Freude zu erfahren, die erotische Energie der Natur – eine Energie, die befreit werden will« (a. a. O., S. 90). Rezeptivität, wie Marcuse sie versteht, bezeichnet also keineswegs einen passiven Zustand, kein Dulden oder Hinnehmen, sondern sie ist organisierender Teil jener neuen Rationalität, die Voraussetzung ist für eine Transformation der gesellschaftlichen Verhältnisse im Sinne eines befreiten Verhältnisses der Menschen untereinander und zur Natur.

Nehmen wir auf diesem Hintergrund noch einmal Marcuses These auf, daß die Fähigkeit zur Rezeptivität den Frauen im Verlauf der Geschichte zur zweiten Natur geworden sei. In der bürgerlichen Familie haben die Frauen in der Tat Eigenschaften entwickeln müssen, die jenem Begriff zunächst recht ähnlich zu sein scheinen. In ihrer Funktion als Mütter war (und ist) es ihre Aufgabe, ihren Kindern jenes Recht auf eigene Entfaltung zuzugestehen, das ihre Individuation überhaupt erst ermöglichte. Das setzt Fähigkeiten wie Empathie, Geduld und Einfühlung voraus; Fähigkeiten also, die sich nicht an gesellschaftlichen Zwängen orientieren und die nicht den Gesetzen instrumenteller Vernunft gehorchen. Aber dennoch sind diese Fähigkeiten keine emanzipatorischen für die Frauen selbst geworden, da gerade ihre Funktion als Mütter sie in ihrer totalen Abhängigkeit fixierte; sie unterstrich ihre existentielle Auslieferung an den Mann und an ihre Kinder. Rezeptives Verhalten im Mutter-Kind-Verhältnis setzt nicht nur die Anerkennung des Kindes als Subjekt voraus, sondern ebenso umgekehrt die Anerkennung der Frau als gesellschaftliches Subjekt, und eben diese wurde den Frauen verweigert. Unter solchen Bedingungen aber verändern sich die erlernten Fähigkeiten selbst. Was Rezeptivität in menschlichen Beziehungen sein könnte, verkümmert zu sprachloser Passivität oder verkehrt sich in besitzergreifendes Verhalten, das nur die Kehrseite der eigenen Unterdrückung ist.

Das Problem, das Marcuse mit seiner Forderung nach der Emanzipation von Sinnlichkeit und Rezeptivität als Bedingung einer Transformation der gesellschaftlichen Verhältnisse bezeichnet hat, stellt sich, so scheint mir, für die Frauen in dieser Gesellschaft in besonderer Schärfe. Die Reflexion der eigenen spezifischen Deformation und Unterdrückung läßt das Entdecken der eigenen Sinnlichkeit, die damit verbundenen Schwierigkeiten der Artikulation, das Suchen nach einer Sprache, nach einer anderen Rationalität als Bedingungen dafür erfahren, sich selbst überhaupt erst als gesellschaftliche Subjekte zu konstituieren – vielleicht unter Vermeidung der spezifischen Deformation durch entfremdete Arbeit, die Marcuse reflektiert hat.

## 6. Herbert Marcuse
## Marxismus und Feminismus*

(aus: *Zeit-Messungen*, © 1978 Suhrkamp
Verlag, Frankfurt/M., S. 9–20)

Ich möchte mit einigen eher persönlichen Bemerkungen beginnen und schließen. Vorweg möchte ich sagen, daß diese
Einladung zu einem Vortrag die einzige ist, die ich im gesamten akademischen Jahr angenommen habe. Der Grund dafür
ist sehr einfach. Ich bin der Auffassung, daß die Frauenbefrei-
ungsbewegung (Women's Liberation Movement) derzeit die
vielleicht wichtigste und potentiell radikalste politische Bewegung ist, auch wenn das Bewußtsein dieser Tatsache die
Bewegung als ganze noch nicht durchdrungen hat.

Kurze Erklärung einiger Begriffe:

*Realitätsprinzip:*
Die Gesamtsumme der Normen und Werte, die das Verhalten
in einer gegebenen Gesellschaft beherrschen, verkörpert in
deren Institutionen, menschlichen Beziehungen usw.

*Leistungsprinzip:*
Ein Realitätsprinzip, das auf der Effizienz und der Fähigkeit
beruht, in der Konkurrenz erfolgreich zu bestehen.

*Eros*, im Unterschied zur *Sexualität:*
*Sexualität:* Partialtrieb; libidinöse Energie, die sich auf die
erogenen Zonen des Körpers beschränkt und konzentriert,
hauptsächlich: genitale Sexualität.

*Eros:* Libidinöse Energie, die im Kampf mit der aggressiven
Energie nach Intensivierung, Erfüllung und Vereinheitlichung
von Leben und Umwelt strebt: Lebenstrieb gegen Todestrieb
(Freud).

*Verdinglichung:*
Das Erscheinen von Menschen und zwischenmenschlichen
Beziehungen als Objekte, Dinge und als Verhältnisse zwi-
schen Objekten, Dingen.

---

\* Revidierter Text eines Vortrags, gehalten am 7. März 1974 auf Einladung des
*Center for Research on Women* der Stanford University. Aus dem Amerikanischen von Walle Bengs und Uli Laukat.

Nun zwei Vorbemerkungen zur Lage der Frauenbefreiungs-
bewegung, wie ich sie sehe. *Erstens:* Die Bewegung entstand
und entfaltet sich in einer patriarchalischen Zivilisation; daraus folgt, daß zunächst mit Begriffen diskutiert werden muß,
die dem gegenwärtigen Status der Frauen in dieser Zivilisation
entsprechen. *Zweitens* entwickelt sich die Bewegung in einer
Klassengesellschaft; darin liegt das erste Problem. Frauen sind
keine Klasse im Marxschen Sinne des Begriffs. Die Beziehung
zwischen Mann und Frau geht quer durch die Klassen, aber
die unmittelbaren Bedürfnisse und Möglichkeiten der Frauen
sind weitgehend von ihrer Klassenzugehörigkeit geprägt.
Gleichwohl kann man die umfassende Kategorie »Frau« mit
gutem Grund der Kategorie »Mann« gegenüberstellen. Besonders der lange historische Prozeß, in dem die sozialen, mentalen und sogar die physiologischen Merkmale der Frauen sich
als von denen der Männer verschiedene und ihnen entgegen-
gesetzte herausbildeten, rechtfertigt diese Antithese.
Hier ein Wort zu der Frage, ob die »femininen« oder »weiblichen« Qualitäten sozial bedingt oder »natürliche«, biologische
seien. Meine Antwort lautet: Jenseits der offensichtlichen
physiologischen Unterschiede zwischen Mann und Frau sind
die femininen Qualitäten sozial determiniert. Durch den Jahr-
tausende währenden Prozeß sozialer Determinierung können
diese Qualitäten freilich zur »zweiten Natur« werden, die sich
nicht von selbst mit dem Entstehen neuer Institutionen ändert. Auch sozialistische Institutionen können Frauen diskri-
minieren.
In der patriarchalischen Zivilisation wurden und werden die
Frauen einer spezifischen Repression unterworfen, ihre geistige und physische Entwicklung wurde und wird in eine spezifische Richtung gelenkt. Aus diesem Grund ist eine eigenständige Frauenbewegung nicht nur gerechtfertigt, sondern notwendig. Aber gerade die Zielsetzungen dieser Bewegung impliziе-
ren so radikale Veränderungen sowohl der materiellen als auch
der intellektuellen Kultur, daß sie nur durch Veränderung des
gesamten Gesellschaftssystems erreicht werden können. Über
und durch ihre eigene Dynamik ist die Frauenbewegung mit
dem politischen Kampf um die Revolutionierung der beste-

henden Lebensverhältnisse und menschlichen Verkehrsformen, für die Freiheit von Männern *und* Frauen verbunden. Denn hinter der Dichotomie Mann–Frau verbirgt sich das beiden, Mann und Frau, gemeinsame Interesse an der Durchsetzung einer menschenwürdigen Existenzweise, deren Verwirklichung immer noch aussteht.

Die Frauenbewegung agiert auf zwei Ebenen, erstens auf der Ebene des Kampfes um volle ökonomische, soziale und kulturelle Gleichberechtigung. Zu fragen ist, ob solche ökonomische, soziale und kulturelle Gleichberechtigung im Rahmen des Kapitalismus erreichbar ist. Ich werde auf die Frage zurückkommen, will aber schon jetzt eine vorläufige Hypothese vorlegen: Es gibt keine stichhaltigen ökonomischen Gründe, aus denen diese Gleichberechtigung im Rahmen des Kapitalismus – eines allerdings erheblich modifizierten – nicht durchgesetzt werden könnte. Die Möglichkeiten und die Ziele der Frauenbewegung reichen allerdings – und dies ist die zweite Ebene – über dieses Programm weit hinaus, nämlich in Bereiche, die weder unter kapitalistischen Verhältnissen noch unter denen einer anderen Klassengesellschaft erschlossen werden können. Ihre Verwirklichung bedürfte eines zweiten Schritts, in dem die Bewegung ihre erste Struktur und Zielsetzung transzendiert. Auf dieser Stufe »jenseits der Gleichberechtigung« beinhaltet Befreiung den Aufbau einer Gesellschaft, die von einem anderen als dem bisherigen Realitätsprinzip geprägt ist, einer Gesellschaft, in der die bestehende Dichotomie Mann–Frau in den neuen sozialen und personellen Beziehungen überwunden ist.

In diesem Sinne meint die Bewegung selbst die Vorstellung nicht nur neuer gesellschaftlicher Institutionen, sondern auch eines differenten Bewußtseins und einer differenten Triebstruktur in Männern *und* Frauen, die von den Erfordernissen der Herrschaft und Ausbeutung frei sind. Genau darin beruht das radikale, subversive Potential der Frauenbewegung. Es bedeutet nicht nur ein Bekenntnis zum Sozialismus (volle Gleichberechtigung der Frauen war immer eine grundlegende sozialistische Forderung), sondern auch zu einer besonderen Form des Sozialismus, die »feministischer Sozialismus« genannt worden ist. Ich werde auf diese Idee zurückkommen. Das Wesentliche an dieser Transzendierung ist die Umwälzung der ausbeuterischen und repressiven Werte der patriarchalischen Zivilisation, die Negation ihrer aggressiven Produktivität, die diese Gesellschaft, in der Form des Kapitalismus, auf erweiterter Stufenleiter reproduziert. Eine derart fundamentale Umwälzung kann allerdings nie und nimmer ein bloßes Nebenprodukt neuer gesellschaftlicher Institutionen sein; sie muß ihre Wurzeln in den Männern und Frauen haben, die die neuen Institutionen errichten.

Was ist der Inhalt dieser Umwälzung der Werte im Übergang zum Sozialismus? Und ist dieser Übergang in irgendeiner Hinsicht gleichbedeutend mit der Freisetzung und der Entfalgung *spezifisch femininer* Eigenschaften in gesellschaftlichem Maßstab? Die dem kapitalistischen Realitätsprinzip eigentümlichen Werte sind das Leistungsprinzip, die Herrschaft funktionaler Rationalität, die die Emotionen unterdrückt, eine doppelte Moral, die »Arbeitsethik«, die für die große Mehrheit der Bevölkerung Verurteilung zu entfremdeter und entwürdigender Arbeit bedeutet; und der Wille zur Macht, die Zurschaustellung von ›Stärke‹, Virilität.

In dieser Wertehierarchie äußert sich eine Triebstruktur, in der primäre aggressive Energie dazu tendiert, die Lebenstriebe, d. h. die erotische Energie, zu reduzieren und zu schwächen. Nach Freud werden die destruktiven Tendenzen in der Gesellschaft an Stärke gewinnen; die Zivilisation muß notwendig die Repression intensivieren, um die Herrschaft angesichts der zunehmend realistischeren Möglichkeiten der Befreiung aufrechtzuerhalten, und die gesteigerte Repression führt ihrerseits zur zusätzlichen Aktivierung von Aggressivität und zu deren Kanalisierung in sozial nützliche Aggression.

Die Mobilisierung der Aggressivität ist uns heute nur allzu vertraut: Militarisierung, Brutalisierung der Kräfte von »law and order«, die Fusion von Sexualität und Gewalt, die Gegenoffensive gegen den den Lebenstrieben dienenden Kampf für den Umweltschutz usw.

Diese Tendenzen sind in der Infrastruktur des fortgeschrittenen Kapitalismus verwurzelt. Die sich verschärfende ökonomische Krise, die intensivierte Ausbeutung, die Reproduktion der bestehenden Gesellschaft durch Vergeudung und Vernichtung erfordern verstärkte und ausgefeilte Kontrollen, um die Bevölkerung »bei der Stange zu halten« – Kontrollen, die bis in die Tiefen der Triebstruktur reichen. In dem Maße, in dem die Totalisierung der Aggressivität und Repression heute die gesamte Gesellschaft durchdringt, wandeln sich die Vorstellungen vom Sozialismus in einem wichtigen Punkt. Der Sozialismus als eine *qualitativ* andere Gesellschaft muß die Antithese, die bestimmte Negation der aggressiven und repressiven Bedürfnisse und Werte des Kapitalismus als einer vom Mann beherrschten Kultur verkörpern.

Die objektiven Bedingungen für eine derartige Antithese und Umwälzung der Werte reifen heran und ermöglichen – zumindest in einer Übergangsphase – die Realisierung von Qualitäten, die in der langen Geschichte der patriarchalischen Gesellschaft eher der Frau als dem Mann zugeschrieben wurden. Als Antithese zu den herrschenden maskulinen formuliert, wären solche femininen Qualitäten: Rezeptivität, Sensitivität, Gewaltlosigkeit, Zärtlichkeit usw. Diese Qualitäten erscheinen in der Tat als der Herrschaft und Ausbeutung entgegengesetzt. Auf der primären psychologischen Ebene rechnet man sie gewöhnlich dem Bereich des Eros zu; sie stehen für die Kraft der Lebenstriebe, gegen den Todestrieb und gegen die Destruktion.

Und hier erhebt sich die Frage, warum diese Qualitäten als spezifisch *feminine* gelten und erscheinen. Warum formten sie nicht auch die dominante männliche Triebstruktur?

Dieser Prozeß hat eine jahrtausendealte Geschichte, in der die Verteidigung der jeweils bestehenden Gesellschaft und ihrer Hierarchie ursprünglich von physischer Kraft abhing. Eben dies bestimmte und prägte die Rolle der Frau, die, verpflichtet auf Schwangerschaften und die Aufzucht der Kinder, gesellschaftlich benachteiligt war. Die Frau wurde als dem Mann unterlegen betrachtet, als schwächer, als Hilfe oder Anhängsel des Mannes, als Sexualobjekt, als Werkzeug der Reproduktion. Einzig als Arbeiterin erreichte sie eine Art Gleichberechtigung, eine repressive Gleichberechtigung mit dem Mann. Ihr

Körper, ihr Geist wurden verdinglicht, wurden zu Objekten. Ihre intellektuelle wie ihre erotische Entwicklung wurde blockiert; Sexualität wurde als Mittel zum Zweck der Fortpflanzung oder Prostitution objektiviert.

Ein erster Gegenzug wurde zu Beginn der Neuzeit im 12. und 13. Jahrhundert wirksam, und zwar – was höchst bedeutsam ist – im unmittelbaren Kontext der großen und radikalen Ketzerbewegungen, z. B. der Albigenser. In jenen zwei Jahrhunderten wurde von den Troubadours die Autonomie der Liebe, die Autonomie der Frau proklamiert, gegen die männliche Roheit und Macht. »Romantische Liebe« ist zu einem vielbelächelten Begriff geworden, besonders in der Frauenbewegung. Ich nehme ihn nach wie vor ernst und sehe die erste Romantik in dem historischen Kontext, in dem sie gesehen werden sollte: im Zusammenhang der ersten großen Umwälzung der bestehenden Werte; des ersten bedeutenden Protests gegen die feudale Hierarchie und ihre extrem ausgeprägte Unterdrückung der Frau.

Dieser Protest war ganz zweifellos weitgehend ideologisch und auf einen Teil des Adels beschränkt; jedoch war er nicht gänzlich ideologisch. Die vorherrschenden sozialen Normen wurden in den berühmten, von Elinor d'Aquitaine eingerichteten »Gerichtshöfen der Liebe« umgestoßen; das Urteil fiel so gut wie immer gegen den Ehemann und gegen die erzwungene Treuepflicht der Frau aus; das Recht der Liebe verdrängte das Recht des Feudalherrn. Es war eine Frau, die nach den Berichten (oder Legenden?) die letzte Festung der Albigenser gegen die mörderischen Heere aus dem Norden verteidigte.

Die genannten fortschrittlichen Bewegungen wurden grausam unterdrückt. Die schwachen Anfänge des Feminismus, die zudem nur eine schwache Klassenbasis hatten, wurden zerstört. Aber mit der Entwicklung der Industriegesellschaft wandelte sich allmählich auch die Stellung der Frau. Im Zeichen des technischen Fortschritts hängt die soziale Reproduktion immer weniger von physischer Kraft und Geschicklichkeit im Krieg, im materiellen Produktionsprozeß oder im Geschäftsleben ab. In der Folge wurden immer mehr Frauen als Arbeitsinstrumente ausgebeutet. Die Schwächung der sozialen Position der männlichen Herrschaft verhinderte indes nicht ihre Fortsetzung durch die neue herrschende Klasse. Die steigende Beteiligung der Frauen am industriellen Arbeitsprozeß erweiterte die Rekrutierungsbasis der Ausbeutung neben der zusätzlichen Ausbeutung der Frau als Hausfrau, Mutter, Dienstmädchen. Der fortgeschrittene Kapitalismus schuf jedoch allmählich die Bedingungen, um die Ideologie der weiblichen Qualitäten in Realität umzusetzen, um die Schwäche, die ihnen anhaftete, in Stärke zu verwandeln, das sexuelle Objekt zum Subjekt werden zu lassen. Auf Grund der Errungenschaften des Kapitalismus kann der Feminismus zu einer politischen Kraft im Konflikt mit dem Kapitalismus werden. Gerade angesichts dieser Möglichkeiten spricht Angela Davis in ihrem Aufsatz *Women and Capitalism* (Dezember 1971), den sie im Gefängnis von Palo Alto schrieb, von der revolutionären Funktion der Frau als der Antithese zum Leistungsprinzip.

Die Ausgangsbedingungen für eine solche Entwicklung sind im wesentlichen folgende:
– die Erleichterung schwerer körperlicher Arbeit;
– die Verringerung der Arbeitszeit und der mögliche Sieg über die Armut;
– die Produktion von angenehmer und billiger Kleidung;
– die Liberalisierung der sexuellen Moral;
– Geburtenkontrolle;
– allgemeine Bildung.

Diese Faktoren bezeichnen die technisch-soziale Basis der Antithese zum Leistungsprinzip, der Emanzipation der weiblichen Sinnlichkeit und Intelligenz: Versinnlichung der Intelligenz, der Ratio. Gleichzeitig wird diese Emanzipation von der Gesellschaft gefesselt, manipuliert und ausgenutzt; denn der Kapitalismus kann den Aufstieg libidinöser Qualitäten, die die rigide Arbeitsethik des Leistungsprinzips und die Reproduktion dieser Arbeitsethik durch die Individuen selbst gefährden, nicht zulassen. So werden die befreienden Tendenzen auf dieser Stufe in ihrer manipulierten Form Teil der Reproduktion des bestehenden Systems: sie werden zu Tauschwerten, die das System verkaufen und die das System verkauft. Die

Austauschgesellschaft erreicht mit der Kommerzialisierung der Sexualität ihren Höhepunkt; der weibliche Körper ist nicht nur eine Ware, sondern auch ein entscheidender Faktor bei der Realisierung des Mehrwerts. Und die berufstätigen Frauen leiden in immer größerer Zahl unter der doppelten Last als Arbeiterin und Hausfrau. So verewigt sich die Verdinglichung der Frau auf eine äußerst effektive Art und Weise. Wie kann diese Verdinglichung aufgehoben werden? Wie kann die Emanzipation der Frau zu einer entscheidenden Kraft beim Aufbau des Sozialismus als einer qualitativ anderen Gesellschaft werden?

Gehen wir zurück auf die erste Stufe in der Entwicklung dieser Bewegung, und nehmen wir an, die vollständige Gleichberechtigung wäre durchgesetzt. Als Gleichberechtigte in der Wirtschaft und Politik des Kapitalismus müßten die Frauen die wettbewerblichen und aggressiven Qualitäten, die erforderlich sind, um sich in einer Stellung zu halten oder im Beruf vorwärtszukommen, mit den Männern teilen. Es würden das Leistungsprinzip und die ihm inhärente Entfremdung auch von den Frauen aufrechterhalten und reproduziert. Um die Gleichberechtigung zu erreichen, die eine entscheidende Voraussetzung für die Befreiung ist, muß auch die Frauenbewegung aggressiv sein. Aber Gleichberechtigung ist noch keine Freiheit. Als gleichberechtigtes ökonomisches und politisches Subjekt kann die Frau als Frau eine führende Rolle in einer radikalen Rekonstruktion der Gesellschaft übernehmen.

Der Übergang zu einem Bereich »jenseits der Gleichberechtigung« ist als ein bloßes Resultat quantitativen Fortschritts nicht vorstellbar. Er gebietet die Herausbildung einer anderen Qualität. Jene Werte der Frauenbewegung, die die bestehende Gesellschaft transzendieren, müssen sich bereits im Kampf für die ökonomische und kulturelle Gleichberechtigung spiegeln. Wie aber können diese Werte, die eine reale Antithese zu den vorherrschenden sind, in Kombination mit der wettbewerbsorientierten Aggressivität »praktiziert« werden, die mit der Erreichung der Gleichberechtigung erforderlich ist? Hier liegt die große Aufgabe für die Frauenbewegung. Es ist denkbar, daß mit der wachsenden Anzahl der Frauen, die in der ökonomischen und kulturellen Sphäre tätig sind, allmählich ein Wandel in der Art der Ausübung des Berufs, ein Wandel in der Art der Arbeit eintreten könnte. Darüber hinaus könnte sich der Inhalt der Produktion selbst ändern (Verschwinden der Produktion, die auf die kapitalistischen Bedürfnisse von Rüstung, Vergeudung und geplanter Veralterung ausgerichtet ist). Es ist denkbar, daß Gruppen oder »Kollektive« von Frauen eine solche Transformation initiieren und vielleicht sogar durchsetzen können. Auch in dieser Beziehung würde sich die Befreiung der Frau in die radikalen politischen Tendenzen einreihen, die zur Dezentralisation und zur Organisierung von lokalen und regionalen Einheiten des Widerstands und der Revolte tendieren.

Im Schritt über die Gleichberechtigung hinaus würde die Befreiung die bestehende Hierarchie umstürzen – ein Umsturz, der zum Aufbau einer Gesellschaft führen würde, die von einem neuen Realitätsprinzip geleitet wäre. Und gerade darin erblicke ich das revolutionäre Potential des *feministischen Sozialismus*. Seine Verwirklichung wäre weit mehr als die Ersetzung einer Hierarchie durch eine andere. Die Frauenbewegung verfällt heute oft eben jenem Biologismus, den sie am patriarchalischen Bild der Frau zu Recht kritisiert: »der Mann« ist identifiziert mit Unterdrückung und Aggression – trotz der evidenten und zahlreichen »Ausnahmen«. Dieses Bild vom Mann schreibt ihm als biologisch-physiologischem Wesen Qualitäten zu, die gesellschaftlich determiniert sind, und es konstruiert eine Kategorie »Frau« *als* Frau, als wesentliche Antithese zum »Mann«. Eine Gesellschaft jedoch, in der die Frau dominiert, eine Art Matriarchat als geschichtliche Nachfolge des Patriarchats wäre noch nicht per se eine bessere und gerechtere Gesellschaft. Erst und nur dann, wenn die weiblichen Qualitäten, die wirklich antithetisch zu Unterdrückung und Aggression stehen, durch die Emanzipation der Frau zu gesellschaftlichen Qualitäten werden (bestimmend in der Gesellschaft als ganzer), wäre das Patriarchat tatsächlich überwunden. Ein einziger Blick auf die Photographien weiblicher Aufseher in Konzentrationslagern zeigt, bis zu welchem Grade auch Frauen in der kapitalistischen Gesellschaft funktionalisiert und dehumanisiert werden können. Und der Gegensatz zwischen den für ihre Emanzipation kämpfenden Frauen und denen der herrschenden Cliquen mag schärfer sein als der zwischen »Mann« und »Frau«. So wie diese Gesellschaft Frau gegen Frau setzt (trotz aller biologisch-physiologischen Gleichheit), so schafft sie auch die Basis für den gemeinsamen Befreiungskampf von Männern und Frauen, trotz aller biologisch-physiologischen Differenz.

Die Ablehnung solcher Zusammenarbeit, die Verwerfung des Mannes *als* Mann, ist in aller Regel Ausdruck der Revolte gegen das patriarchalische Bild der Frau als libidinöses Objekt, als sexuelles Objekt. Der Kapitalismus belohnt weibliche Schönheit, indem er sie zur Ware macht. Frauen, die dieses Bild nicht verkörpern oder nicht akzeptieren, werden benachteiligt, erniedrigt. Doch die bloße Negation des geltenden Schönheitsideals verfehlt ihr Ziel, wenn sie nicht die emanzipatorische Funktion von Schönheit erkennt und anerkennt. Der gesellschaftliche Wert der Schönheit ist wesentlich ambivalent: einerseits verziert und »verkauft« sie das bestehende System, sie hat hohen Tauschwert; andererseits aktiviert sie, im Bereich des Eros, die triebhafte Rebellion gegen das aggressive Realitätsprinzip.

Im Bereich des Eros erscheint Schönheit in der patriarchalischen Gesellschaft primär als die fast unsublimierte sinnliche Qualität des weiblichen Körpers. (Mit dem Wachstum des Warenreichtums wächst allerdings auch der Marktwert des männlichen Körpers.) Doch selbst der Kult weiblicher Schönheit in Warenform könnte zu einer Kraft werden, die ihre kapitalistische Realisierung transzendiert. Weibliche Sinnlichkeit könnte die repressive Ratio und Arbeitsethik des Kapitalismus unterminieren. Dann würden die *herrschenden* Standards von Schönheit eine gründliche Umwertung erfahren, entsprechend der Entwicklung der Frau vom Sexualobjekt zum erotischen Subjekt. Die Sinnlichkeit des weiblichen Körpers gründet nicht in »plastischer« Schönheit; diese ist vielmehr repressiv und von geringem erotischen Wert. Die Emanzipation der Frau würde die *individuellen, eigenen* erotischen Qualitäten entgegen den herrschenden Normen befreien.

Feministischer Sozialismus: Ich sprach von einer notwendigen Modifikation des Sozialismusbegriffs, weil ich glaube, daß es im Marxschen Konzept vom Sozialismus Überbleibsel, fortwirkende Elemente des Leistungsprinzips und seiner Werte gibt. Diese Elemente sehe ich z. B. in der Betonung einer immer effektiveren Entfaltung der Produktivkräfte, einer immer produktiveren Ausbeutung der Natur, einer Trennung des »Reichs der Freiheit« von der Arbeitswelt.

Die Möglichkeiten des Sozialismus heute transzendieren diese Vorstellungen. Der Sozialismus als eine andere Lebensform würde die Produktivkräfte nicht nur zur Verminderung der entfremdeten Arbeit und der Arbeitszeit verwenden, sondern auch dazu, das Leben zu einem Zweck an sich zu machen, die Sinne und den Intellekt zur Befriedung der Aggressivität zu entfalten. Das wäre die Emanzipation der Sinnlichkeit und der Vernunft von der Rationalität der Herrschaft: *kreative Reziptivität versus repressive Produktivität.* In diesem Zusammenhang erscheint die Befreiung der Frau in der Tat »als die Antithese zum Leistungsprinzip«, als die revolutionäre Funktion der Frau in der Rekonstruktion der Gesellschaft. Weit davon entfernt, Unterwürfigkeit und Schwäche zu begünstigen, würden die femininen Qualitäten in dieser Rekonstruktion aggressive Energie entfalten – allerdings *gegen* Herrschaft und Ausbeutung. Sie träten als Bedürfnisse und Befriedigungen in der sozialistischen Organisation der Produktion auf, in der gesellschaftlichen Arbeitsteilung und bei der Festlegung der gesellschaftlichen, politischen, kulturellen Prioritäten, wenn die Armut dereinst überwunden sein wird. Und wenn dann die femininen Qualitäten in die Infrastruktur der Gesellschaft als ganze eingehen, hören sie auf, spezifisch feminine zu sein. Die primäre Aggressivität würde zwar weiterbestehen, aber sie könnte sehr wohl die spezifisch männliche Form der Herrschaft und Ausbeutung ablegen. Der technische Fortschritt, der hauptsächliche Träger der produktiven Aggressivität, würde seine kapitalistischen Erscheinungsweisen, seine Destruktivität hinter sich lassen.

Ich denke, es gibt gute Gründe dafür, diese Vorstellung von einer sozialistischen Gesellschaft »feministischer Sozialismus«

zu nennen: die Frau hätte in der allgemeinen Ausbildung ihrer Fähigkeiten die volle ökonomische, politische und kulturelle Gleichberechtigung erreicht, und auf der Basis dieser Gleichberechtigung wären sowohl soziale als auch persönliche Beziehungen, der Mensch und sein Verhalten zur Natur, durchdrungen von der rezeptiven Sinnlichkeit, die unter männlicher Herrschaft größtenteils in der Frau konzentriert war: die Antithese »maskulin–feminin« wäre dann zu einer Synthese geworden – die legendäre Vorstellung vom *Androgynismus*.

Ich will einige Worte über diese extrem mythologische Konzeption sagen, von der ich freilich meine, daß sie weder gänzlich extrem noch völlig mythologisch ist. Der Idee des Androgynismus kann unmöglich eine andere rationale Bedeutung zugesprochen werden als die der gesellschaftlichen Fusion der Qualitäten, die in der patriarchalischen Zivilisation bei Männern und Frauen ungleichmäßig entwickelt waren, einer Fusion, in der feminine Charakteristika sich mit der Aufhebung der männlichen Vorherrschaft frei entfalten. Aber auf keiner Stufe der androgynen Fusion werden jemals die natürlichen Unterschiede zwischen Mann und Frau als Individuen erlöschen. Unaufgehoben und unangetastet bliebe diese Differenz in der Beziehung zum anderen, von dem man ein Teil werden will und von dem man will, daß er ein Teil von einem selbst wird, und der doch niemals ein Teil von einem selbst werden kann und werden wird: der auch im Eros unaufhebbare Widerspruch. Der feministische Sozialismus würde also zwar weiterhin von den Konflikten erschüttert, die aus diesem Widerspruch herrühren, den unlösbaren Konflikten von Bedürfnissen und Werten; aber der androgyne Charakter der Gesellschaft könnte die Gewaltsamkeit und die Erniedrigung dieser Konflikte vermindern.

Der Feminismus ist eine Revolte gegen den verfallenden Kapitalismus, gegen die historische Überfälligkeit der kapitalistischen Produktionsweise. Dies ist das prekäre Bindeglied zwischen der Utopie und der Realität: Der soziale Boden für die Bewegung als einer potentiell radikalen und revolutionären Kraft ist bereitet; das ist der harte Kern des Traums. Aber der Kapitalismus ist noch immer in der Lage, ihn einen Traum bleiben zu lassen, die Kräfte zu unterdrücken, die auf den Sturz der menschenfeindlichen Werte unserer Zivilisation drängen.

Der Kampf für die Beseitigung dieser Verhältnisse ist nach wie vor ein politischer, und in diesem Kampf spielt die feministische Bewegung eine immer wichtigere Rolle. Ihre mentalen und physiologischen Kräfte bestätigen sich in der politischen Bildung und Aktion, in den Beziehungen zwischen den Individuen, bei der Arbeit und in der Freizeit. Aber ich wiederhole meine These, daß man die Freiheit nicht als Nebenprodukt neuer Institutionen erwarten darf; sie muß in den Individuen selbst heranwachsen.

Zum Schluß wieder eine persönliche Bemerkung. Wenn Sie wollen, können Sie sie als eine Kapitulationserklärung auffassen oder als ein Bekenntnis. Ich bin der Meinung, daß wir Männer für die Sünden der patriarchalischen Zivilisation und deren Tyrannei bezahlen müssen: die Frauen müssen frei werden, um ihr eigenes Leben selbst zu bestimmen, nicht als Ehefrau, nicht als Mutter, nicht als Hausfrau, nicht als Freundin, sondern als individuelle, menschliche Wesen. Das wird ein Kampf sein voll von bitteren Konflikten, Qual und Leiden. Ein Beispiel sind die Spannungen in den erotischen Beziehungen, die im Verlauf der Befreiung unweigerlich auftreten werden. Sie können weder auf leichte, spielerische Art noch durch Brutalität, noch dadurch gelöst werden, daß man Tauschbeziehungen eingeht. Der feministische Sozialismus wird seine eigene Moral begründen und entwickeln müssen, die mehr und etwas anderes zu sein hätte als die bloße Absage an die bürgerliche Moral.

Die Befreiung der Frau wird ein schmerzhafter Prozeß sein; aber sie wird ein notwendiger, ein entscheidender Schritt sein auf dem Weg zu einer besseren Gesellschaft für Männer *und* Frauen.

# Zitierte Schriften von Herbert Marcuse

*Die Angst des Prometheus,* in: tageszeitung, 31. 7. 1979

*Der eindimensionale Mensch,* Luchterhand, Neuwied und Darmstadt 1967, 15. Aufl. 1980

*Einige gesellschaftliche Folgen moderner Technologie;* in: *Schriften, Bd. 3,* Suhrkamp, Frankfurt 1979

Marcuse, Schmidt, *Existentialistische Marx-Interpretation,* Suhrkamp, Frankfurt/M. 1973

*Das Ende der Utopie,* Verlag Neue Kritik, Frankfurt 1980:
- Das Ende der Utopie
- Das Problem der Gewalt in der Opposition

*Die Gesellschaftslehre des sowjetischen Marxismus,* Luchterhand, Neuwied und Berlin 1964 / Darmstadt und Neuwied 1974

*Gespräche mit Herbert Marcuse, Jürgen Habermas u. a.,* Suhrkamp, Frankfurt/M. 1978

*Ideen zu einer kritischen Theorie der Gesellschaft,* Suhrkamp, Frankfurt 1969:
- Neue Quellen zur Grundlegung des Historischen Materialismus
- Zum Begriff der Negation in der Dialektik
- Studie über Autorität und Familie

*Der Künstlerroman;* in: Schriften, Bd. 1, Suhrkamp, Frankfurt 1978

*Konterrevolution und Revolte,* Suhrkamp, Frankfurt/M. 1973:
- Die Linke angesichts der Konterrevolution
- Kunst und Revolution

*Kultur und Gesellschaft Bd. 1 und 2,* Suhrkamp, Frankfurt 1965:
Bd. 1
- Philosophie und kritische Theorie
- Der Kampf gegen den Liberalismus in der totalitären Staatsauffassung
- Zur Kritik des Hedonismus

- Über den affirmativen Charakter der Kultur
  *Bd. 2*
- Ethik und Revolution
- Das Veralten der Psychoanalyse
- Existentialismus

*Mord darf keine Waffe der Politik sein;* in: Die ZEIT, Nr. 39,
  16. September 1977

*Nachwort;* in: *Walter Benjamin, Zur Kritik der Gewalt und
  andere Aufsätze,* Suhrkamp, Frankfurt 1965

*Triebstruktur und Gesellschaft,* Suhrkamp, Frankfurt/M. 1965

*Die Permanenz der Kunst,* München 1977

*Das Problem der Dialektik;* in: Schriften, Bd. 1, Suhrkamp,
  Frankfurt 1978

*Psychoanalyse und Politik,* Suhrkamp, Frankfurt/M. 1968

*Repressive Toleranz;* in: R. Paul Wolff u. a.: *Kritik der reinen
  Toleranz,* Suhrkamp, Frankfurt/M. 1966

*Über Bahro, den Protosozialismus und den Spätkapitalismus,*
  in: kritik, Nr. 19, 1978

*Vernunft und Revolution,* Luchterhand, Berlin und Neuwied
  1962 / Darmstadt und Neuwied, 5. Aufl. 1979

*Versuch über die Befreiung,* Suhrkamp, Frankfurt 1969

*Zeit-Messungen,* Suhrkamp, Frankfurt 1978

## Über die Autoren

**Lothar Baier,** geb. 1942; er lebt als freier Schriftsteller in der Nähe von Frankfurt/M.; Aufsätze über Literatur, Politik, Regionalismus, Herausgeber von Jean-Paul Sartre »Der Mensch und die Dinge, Aufsätze zur Literatur 1938–1946« (Reinbek 1978)

**Detlev Claussen,** geb. 1948, Studium der Philosophie, Soziologie, Literatur und Politik in Frankfurt/M., Aufsätze und Rundfunkfeatures zu internationalen politischen Problemen, promovierte 1978 in Hannover über »List der Gewalt, Zur gesellschaftstheoretischen Analyse sozialrevolutionärer Gewalt« (erscheint Frühjahr 1982), lehrt seit 1971 theoretische Soziologie an der Universität Hannover.

**Xenia Rajewsky,** arbeitet am Sozialwissenschaftlichen Seminar Hannover. Veröffentlichung u. a.: Arbeitskampfrecht in der Bundesrepublik, Frankfurt 1973.

**Bruno Schoch,** Dr. phil., geb. 1947, studierte in Basel und Frankfurt Philosophie, Germanistik und Geschichte. Er arbeitet jetzt in der Hessischen Stiftung für Friedens- und Konfliktforschung in Frankfurt. Veröffentlichung: Marxismus in Frankreich seit 1945, Campus-Verlag, Frankfurt a. M. 1980.

**Johann Schülein,** geb. 1947, Dozent für Soziologie (Schwerpunkt Sozialpsychologie) an der Universität Gießen; Veröffentlichung u. a.: Das Gesellschaftsbild der Freudschen Theorie, Frankfurt 1975, Psychoanalyse und Psychoboom, in: Psyche, Jg. 1978.